Guadeloupe

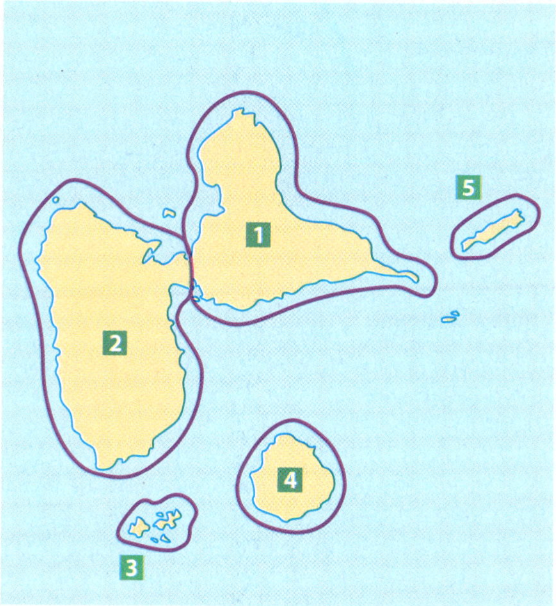

Collection Le Guide Vert sous la responsabilité d'Anne Teffo

Édition
Florence Dyan, Archipel studio

Rédaction
Jean-Moïse Braitberg, Martine Buysschaert, Sandrine Favre, Catherine Zerdoun

Cartographie
Véronique Aissani, Stéphane Anton, Michèle Cana, APEX Cartographie

Relecture
Stéphanie Hémery, Flora Dumoulin

Remerciements
Didier Broussard, Jérôme Saglio, Philippe Orain et le Comité du Tourisme des Îles de Guadeloupe

Conception graphique
Christelle Le Déan

Régie publicitaire et partenariats
michelin-cartesetguides-btob@fr.michelin.com
Le contenu des pages de publicité insérées dans ce guide n'engage que la responsabilité des annonceurs.

Contacts
Michelin Cartes et Guides
Le Guide Vert
46 avenue de Breteuil - 75324 Paris - Cedex 07
✆ 01 45 66 12 34 - Fax 01 45 66 13 75
cartesetguides.michelin.fr

Parution 2011

Note au lecteur

Michelin a apporté le plus grand soin à la rédaction de ce guide et à sa vérification. Toutefois les informations pratiques (formalités administratives, prix, adresses, numéros de téléphone, adresses Internet...) doivent être considérées comme des indications du fait de l'évolution constante de ces données.

Il n'est pas totalement exclu que certaines d'entre elles ne soient plus, à la date de parution du guide, tout à fait exactes ou exhaustives. N'hésitez pas à nous signaler toute omission ou inexactitude que vous pourriez constater ainsi qu'à nous faire part de vos avis et suggestions sur les adresses contenues dans ce guide.

Avant d'entamer toute démarche formalités, administratives ou douanières notamment, vous êtes invité à vous renseigner auprès des organismes officiels. Ces informations ne sauraient, de ce fait, engager notre responsabilité.

Le Guide Vert, mode d'emploi

Le Guide Vert, un guide en 3 parties

- **Organiser son voyage :** les informations pratiques pour préparer et profiter de son séjour sur place
- **Comprendre la destination :** les thématiques pour enrichir son voyage
- **Découvrir** la destination : un découpage en **microrégions**
(voir carte générale dans le 1er rabat de couverture et sommaire p. 1)

En ouverture de chaque **microrégion**, retrouvez un **sommaire** et une **carte** qui indiquent :
- les villes et sites traités dans le chapitre
- les itinéraires conseillés

Pour chaque chapitre, consultez « **Nos adresses...** » :
- des informations pratiques
- des établissements classés par catégories de prix
- des lieux où boire un verre
- des activités à faire en journée ou en soirée
- un agenda des grands événements de l'année

En fin de guide

- un **index général** des lieux et thèmes traités
- un **index** des cartes et plans du guide
- la légende des symboles du guide
- la liste de nos publications

Et en complément de notre guide

- Créez votre voyage sur **Voyage.ViaMichelin.fr**

Votre avis nous intéresse

- Rendez-vous sur **votreaviscartesetguides.michelin.fr**

Sommaire

1/ ORGANISER SON VOYAGE

2/ COMPRENDRE LA GUADELOUPE

3/ DÉCOUVRIR LA GUADELOUPE

1 LA GRANDE-TERRE

2 LA BASSE-TERRE

3 LES SAINTES

4 MARIE-GALANTE

5 LA DÉSIRADE

1/ ORGANISER SON VOYAGE

M. Barraud/Ojo Images/Photononstop

Aller en Guadeloupe

En avion

Le vol direct Paris-Pointe-à-Pitre dure environ 8h. Toutes les compagnies pratiquent des tarifs à peu près similaires et proposent régulièrement des vols promotionnels. Le coût du billet varie beaucoup selon la période du séjour (de 450 € en basse saison à 800 € en haute saison).

LIGNES RÉGULIÈRES

Trois compagnies assurent des vols directs au départ de la France métropolitaine vers la Guadeloupe.

Air Caraïbes – 4 r. de la Croix-Nivert, 75015 Paris - ✆ 01 47 83 38 18 ou 0 820 835 835 (*0,12 €/mn*) - www.aircaraibes.com. 1 vol/j. au départ de Paris à destination de Pointe-à-Pitre.

Air France – ✆ 36 54 (*0,34 €/mn*) - www.airfrance.fr. Au moins 2 vols/j. au départ de Paris, mais pas de vol direct au départ des régions. Certains vols comprennent une escale en Martinique à l'aller et au retour.

Bon à savoir – En réservant à l'avance, vous pouvez bénéficier des différents tarifs Tempo ou Tempo jeunes (pour les moins de 25 ans).

Corsairfly – En vente dans les agences Nouvelles Frontières et au ✆ 0 820 042 042 (*0,12 €/mn*) - www.corsairfly.com. Environ une dizaine de vols directs par sem. pour Pointe-à-Pitre au départ de Paris et parfois de Nantes. En basse saison, certains vols font escale à Fort-de-France.

CENTRALES DE RÉSERVATION SUR INTERNET

On obtient les meilleurs prix en passant par les centrales de réservation en ligne qui proposent des tarifs intéressants, des occasions de dernière minute, des vols bradés ou des *packages* avion + hôtel. Le site **www.voyagermoinscher.com** fonctionne comme un moteur de recherche, faisant jouer les différents prestataires.

Airportail – www.airportail.com.

Anyway – ✆ 0 892 302 301 (*0,34 €/mn*) - www.anyway.com.

Bourse des vols – ✆ 0 892 888 979 (*0,34 €/mn*) - www.bourse-des-vols.com.

Ebookers – ✆ 0 892 234 235 (*0,34 €/mn*) - www.ebookers.fr.

Last Minute – ✆ 0 899 700 170 (*1,35 € par appel puis 0,34 €/mn*) - www.fr.lastminute.com.

Opodo – www.opodo.fr.

Voyages-sncf.com – ✆ 0 892 308 308 (*0,34 €/mn*) - www.voyages-sncf.com.

CONFIRMATION

Au moment d'acheter votre billet, demandez si vous devez confirmer votre retour, et à quel numéro vous devez téléphoner.

AÉROPORTS

La majorité des vols pour la Guadeloupe part de l'aéroport de Paris-Orly, mais certains sont au départ de Roissy. D'autres, plus rares, sont prévus au départ des aéroports de Toulouse, Marseille ou Nantes : renseignez-vous. En Guadeloupe, l'**aéroport Pôle Caraïbes** est situé sur la commune des Abymes, à environ 5 km au nord de Pointe-à-Pitre *(voir p. 116)*.

Avec un voyagiste

Conseil – À moins de choisir un séjour à thème (randonnée, golf, plongée ou voile), il est préférable de prendre un vol sec, avec éventuellement une location de voiture, et de réserver soi-même son hébergement. La plupart des voyagistes alimentent les complexes hôteliers de la Grande-Terre, ce qui limite l'intérêt du séjour. Les formules tout compris dans les villages de vacances sont intéressantes si vous partez en famille.

GÉNÉRALISTES

Bourse des voyages – 0 892 888 949 *(0,34 €/mn)* - www.bourse-des-voyages.com. Réunit les offres promotionnelles des différents voyagistes et propose essentiellement des séjours dans des hôtels de chaîne.

Club Med – 0 820 020 008 *(0,118 €/mn)* - www.clubmed.fr. Formule tout compris au village de Ste-Anne, près de la belle plage de la Caravelle.

Directours – 90 av. des Champs-Élysées, 75008 Paris - 01 45 62 62 62 ou 0 811 906 262 depuis la province - www.directours.com.

Fram – 0 826 463 727 *(0,15 €/mn)* - www.fram.fr. Séjours dans les hôtels de la Grande-Terre.

Go Voyages – 0 899 651 951 *(1,35 € par appel puis 0,34 €/mn)* - www.govoyages.com. Séjours dans les hôtels de chaîne de la Grande-Terre. Prix préférentiels en réservant votre vol en ligne.

Jet Tours – 0 820 830 880 *(0,18 €/mn)* - www.jettours.com. Séjours dans les hôtels de la Grande-Terre.

Look Voyages – 01 45 15 31 70 - www.look-voyages.fr.

Nouvelles Frontières – 0 825 000 747 *(0,15 €/mn)* - www.nouvelles-frontieres.fr. Grand choix de séjours et formules plongée et randonnée dans le massif de la Soufrière.

Pierre et Vacances – 0 892 702 180 *(0,34 €/mn)* - www.pierreetvacances.com.

Voyageurs du monde – 55 r. Ste-Anne, 75002 Paris - 0 892 235 656 *(0,34 €/mn)* - www.vdm.com - lun.-sam. 9h30-19h. Propose notamment une formule itinérante de 8 jours sur les différentes îles de la Guadeloupe, dans des hébergements de qualité.

SPÉCIALISTES DE LA GUADELOUPE

Iles-resa.com – 01 44 88 01 50 - www.iles-resa.com. Séjours haut de gamme, comme dans l'ancienne villa de Coluche au milieu du jardin botanique de Deshaies *(voir p. 213)*.

Nouvelles Antilles – 0 820 850 000 *(0,12 €/mn)* - www.nouvellesantilles.com. Propose croisières, séjours à la carte, formules plongée ou randonnée ainsi que tous les services dont vous pouvez avoir besoin sur place.

Tropicalement Vôtre – 43 r. Basfroi, 75011 Paris - 01 43 70 99 55 - www.tropicalement-votre.com - lun.-vend. 9h-19h, sam. 10h-18h. Ce spécialiste des hébergements de charme propose différentes formules de séjours à la carte.

Un Monde Antilles – 24 r. Chauchat, 75009 Paris - 01 70 37 34 25 - www.unmondeantilles.com.

Karibea – 0 820 343 334 - www.karibea.com. Ce groupe hôtelier antillais propose des séjours avec vol dans l'un de ses établissements à la Guadeloupe.

VOYAGES SPORTIFS

Aéromarine – 22 r. Royer-Collard, 75005 Paris - ✆ 01 43 29 30 22 - www.aeromarine.fr - lun.-vend. 9h30-18h45, 12h30 sam. Séjours plongée en demi-pension aux Saintes.

Nomade Aventure – 40 r. de la Montagne-Ste-Geneviève, 75005 Paris - ✆ 0 825 701 702 *(0,15 €/mn)* - www.nomade-aventure.com - lun.-sam. 9h30-18h30. Plusieurs séjours dont une formule de 12 jours alliant randonnée, VTT, kayak de mer et canyoning.

Terres d'aventure – ✆ 0 825 700 825 *(0,15 €/mn)* - www.terdav.com. Séjours alliant randonnée et kayak.

UCPA – ✆ 0 892 680 599 *(0,15 €/mn)* - www.ucpa.com. Le spécialiste du séjour sportif possède une base à Bouillante pour la plongée et la randonnée, et une autre aux Saintes pour la voile, le windsurf, le catamaran, le kayak et la plongée.

Ultramarina – ✆ 0 825 029 802 *(0,15 €/mn)* - www.ultramarina.com. Séjours plongée à Bouillante ou aux Saintes.

En bateau

Il n'existe plus de ligne maritime transatlantique pour le transport de voyageurs entre la métropole et les Antilles françaises. Toutefois, les **cargos de la CMA-CGM** acceptent une dizaine de passagers. Il s'agit de porte-conteneurs dont la flotte est relativement récente et qui offrent un niveau de confort tout à fait acceptable. Mais il faut être prêt à passer **10 jours en mer** et à vivre à bord d'un cargo pendant la durée de la traversée. En outre, ce mode de voyage revient assez cher : comptez environ 1 000 €. De surcroît, les dates de départ et d'arrivée peuvent varier jusqu'à la dernière minute. Reste que, si vous aimez la mer, cette traversée de l'Atlantique en cargo sera une parenthèse passionnante.
Le dépaysement est garanti !
Pour en savoir plus : Vous pouvez lire le *Guide du voyage en cargo et small ships* de Hugo Verlomme (éd. des Équateurs, 2005).

CMA-CGM – 4 quai d'Arenc, 13235 Marseille cedex 02 - ✆ 04 88 91 90 00 - www.cma-cgm.fr.

Avant de partir

Fiche d'identité

Nom officiel : région monodépartementale de la Guadeloupe
Chef-lieu : Basse-Terre
Superficie : 1 628 km^2
Population : 404 000 habitants
Monnaie : l'euro

Téléphoner à la Guadeloupe

DEPUIS LA MÉTROPOLE

Veillez à tenir compte du décalage horaire (-5h en hiver, -6h en été) lors de vos communications téléphoniques. Pour appeler la Guadeloupe depuis la métropole, composez directement votre numéro, comme vous le feriez pour n'importe quel département. Tous les numéros fixes de l'archipel commencent par **05 90** et les numéros de téléphones mobiles par **06 90**. Le coût d'une communication de la métropole vers la Guadeloupe s'élève à 0,24 €/mn (+ 0,10 € de mise en relation). De nombreux organismes proposent de téléphoner au tarif local à partir d'un numéro en 08 qu'ils vous communiquent. Renseignez-vous par exemple sur www.telerabais.com ou www.telefute.com.

DEPUIS LES AUTRES PAYS FRANCOPHONES

Si vous téléphonez de **Belgique** ou de **Suisse**, composez le **00 33**, suivi du numéro à 9 chiffres, commençant par 590. Du **Canada**, faites le **011 33**, suivi du numéro à 9 chiffres.

Voir aussi « Téléphone » *(p. 35)*.

Météo

La température, autour de **27 °C**, est constante toute l'année. La meilleure période pour se rendre en Guadeloupe va de **décembre à mai** pendant la saison sèche, ou carême. Les autres mois, qui constituent l'hivernage, sont davantage pluvieux. La saison des cyclones, en août-septembre, est la moins propice au tourisme *(voir p. 63)*.
Des vêtements d'été font très bien l'affaire. N'oubliez pas un chapeau ou une casquette, et une bonne paire de lunettes de soleil. Un vêtement chaud (gilet, petit pull) s'avère parfois nécessaire le soir, surtout si vous séjournez dans les hauteurs entre décembre et février.

Voir aussi « Météo » *(p. 23)*.

Adresses utiles

OFFICES DE TOURISME ET ORGANISMES

Comité du tourisme des îles de Guadeloupe – 23-25 r. du Champ-de-l'Alouette, 75013 Paris - ☎ 01 40 62 99 07 - www.lesilesdeguadeloupe.com - lun.-vend. 10h-12h, 14h-17h.
Maison des Gîtes de France et du Tourisme Vert – 56 r. St-Lazare, 75009 Paris - ☎ 01 49 70 75 75 - www.gites-de-france.com - lun.-vend. 11h30-14h30, 16h45-18h. Standard tél. lun.-vend. 9h-13h, 14h-18h. Nombreuses locations que l'on peut réserver en ligne.

Association guadeloupéenne d'écotourisme (AGE) – Parc aquacole, rte des Plaines, 97116 Pointe-Noire - ✆ 05 90 98 11 83 - http://age.ecotourisme.org. S'efforce de promouvoir les activités et les hébergements répondant à une certaine éthique de l'environnement. Hautement recommandable !

Pour les offices de tourisme sur place, voir « Sur place de A à Z » *(p. 24)* et les différents chapitres de la partie « Découvrir la Guadeloupe ».

SITES INTERNET

Vous trouverez un grand nombre de sites Internet consacrés à la Guadeloupe. Les informations diffusées relèvent de la responsabilité de leurs auteurs.

Bon à savoir – De nombreuses muncipalités qui ne possèdent pas d'office du tourisme disposent d'un site Internet sur lequel vous pourrez glaner des informations.

www.antillesdecouvertes.com – Portail spécialisé dans le tourisme aux Antilles en général, avec des informations très complètes sur la Guadeloupe.

www.antilles-info-tourisme.com/guadeloupe – Site très bien réalisé fournissant un panorama complet de la Guadeloupe, avec hébergements, sociétés de location de voitures, activités sportives, etc.

www.cg971.fr – Le site du conseil général fournit de nombreuses données statistiques, mais aussi des informations pratiques, culturelles et touristiques.

www.coconews.com – Un site bien illustré proposant d'excellentes informations dans tous les domaines : culture, activités sportives, baignades, randonnées, aires de pique-nique, sorties, etc.

www.guadeloupe-ecotourisme.fr – Comme son nom l'indique, un site dédié à une autre approche du tourisme dans l'île. Adresses et idées. Complémentaire du site de l'AGE *(voir ci-contre)*.

www.guadeloupe.franceantilles.fr – L'actualité en ligne sur le site du grand quotidien régional.

www.guadeloupe-parcnational.com – Site officiel du Parc national de la Guadeloupe, avec un lien vers le site de la réserve naturelle du Grand Cul-de-Sac Marin.

www.guadeloupe.pref.gouv.fr – Site de la préfecture de la région Guadeloupe. Nombreuses informations pratiques, économiques, et sur les risques majeurs (cyclones, séismes).

www.maximini.com/fr/guadeloupe/default.asp – Magazine d'actualités sur la Guadeloupe.

www.onf.fr/guadeloupe – Site de l'Office national des forêts, publiant d'excellentes informations sur la flore et la faune.

www.potomitan.info – Site très instructif de promotion des cultures et des langues créoles.

www.volcreole.com – Forum de discussion des personnes vivant dans les DOM-TOM.

PERSONNES HANDICAPÉES

La plupart des sites sur l'île sont difficiles, voire impossibles d'accès pour une personne en fauteuil roulant. Quelques hôtels et gîtes proposent cependant des hébergements, en principe, homologués. Mais il est prudent de se renseigner à l'avance pour éviter les mauvaises surprises.

Le *Guide Accessible Guadeloupe* de Franck Vermet, lui-même handicapé, détaille les lieux qu'il a expérimentés. Cet ouvrage est malheureusement épuisé, consultez-le dans les bibliothèques ou au Comité du tourisme à Paris.

Formalités

Les informations qui suivent sont fournies à titre indicatif. Il est conseillé aux visiteurs étrangers de s'assurer auprès de la représentation diplomatique française des conditions en vigueur au moment de leur voyage.

PIÈCES D'IDENTITÉ

Bien que vous voyagiez d'un territoire français à un autre, une **pièce d'identité** (carte d'identité ou passeport) vous est demandée à l'aéroport, au départ et à l'arrivée. Pour les ressortissants français et ceux de l'Union européenne, la carte d'identité est suffisante.
Les enfants mineurs doivent avoir leur carte d'identité ou figurer sur le passeport d'un de leurs parents. S'ils voyagent non accompagnés, ils doivent disposer d'une autorisation de sortie du territoire signée par leurs parents.
Si vous souhaitez vous rendre dans une île non française des Petites Antilles, prévoyez un **passeport**.

ASSURANCES

Vous êtes en France, il est donc inutile de parler de rapatriement. Si votre état de santé nécessite des soins particuliers, vous serez réacheminé vers la métropole après avis d'un médecin local. Si vous avez payé votre billet d'avion avec une carte de crédit qui vous donne droit à une assurance, celle-ci prendra les dépenses en charge. Si vous possédez une **assurance multirisque**, elle comprend généralement ce type de garantie. Renseignez-vous auprès de votre courtier avant votre départ.

DOUANE

Il existe une douane entre la métropole et la Guadeloupe, de même qu'entre la Guadeloupe et la Martinique. Si vous êtes ressortissant français ou de l'Union européenne, ces dispositions ne vous concernent pas, sauf si vous transportez des cigarettes ou du rhum *(voir p. 22 et p. 34)*.

VACCINATION

Il n'y a pas de vaccination obligatoire, sauf pour les passagers en provenance de pays où la fièvre jaune et le choléra sont endémiques.

RÈGLEMENTS SANITAIRES

Il est formellement interdit d'introduire en Guadeloupe plantes, légumes ou fruits sous peine de fortes amendes : le milieu insulaire favorise en effet le développement rapide des maladies et des pestes végétales.

PERMIS DE CONDUIRE

Le permis de conduire français ou international est obligatoire pour louer une voiture, une moto ou un scooter de 80 cm^3.

Budget à prévoir

Le coût de la vie en Guadeloupe est légèrement plus élevé qu'en métropole pour les biens courants il est à peu près le même pour les hébergements en gîte. Les hôtels sont généralement assez chers. En **basse saison** (de fin avril à début juillet et de début septembre à fin novembre), les prix des hébergements diminuent de 20 à 30 %. En revanche, ils grimpent durant les **fêtes de fin d'année**.
Les hôtels et les gîtes disposent en général de chambres familiales, dont le tarif varie selon le nombre d'occupants.
Bon à savoir – De nombreux restaurants proposent des menus enfants. Toutes les attractions et les sites payants pratiquent des réductions pour les moins de 12 ans.

La plupart des clubs sportifs, de randonnée ou de plongée adaptent aussi leurs prix en fonction du nombre de membres d'une famille pratiquant la même activité.
Dans les transports, les enfants bénéficient également d'un tarif réduit.

CALCULEZ VOTRE BUDGET QUOTIDIEN

Afin de vous aider à préparer votre voyage, nous vous proposons quatre catégories de budget journalier. Le prix à la journée a été calculé par personne, sur la base d'un séjour pour deux (hors activités).
Minibudget avec hébergement dans un hôtel modeste ou un gîte, repas sur le pouce (sandwiches et salades à emporter ou en restauration rapide) et utilisation des transports collectifs de base pour les déplacements : comptez environ **45 €** par jour.
Petit budget avec hôtel confortable, au moins un repas dans un restaurant et location d'une voiture de catégorie A pour les déplacements : comptez environ **90 €** par jour.
Budget moyen avec hôtel ou gîte de charme, petit déjeuner et repas complet dans un restaurant, déplacements en voiture de location moyenne catégorie : comptez environ **130 €** par jour.
Petite folie avec hôtel ou gîte de grand standing, repas pris dans des restaurants gastronomiques, déplacements en voiture de location de catégorie supérieure de type 4x4 : comptez environ **280 €** par jour.

Se loger

Retrouvez notre sélection dans « Nos adresses à » de la partie « Découvrir la Guadeloupe ».

NOTRE SÉLECTION

Les établissements sont classés par catégories de prix *(voir tableau p. 17)*. Tous les tarifs que nous indiquons dans la partie « Découvrir » correspondent au **prix d'une chambre double en haute saison**. Pour les gîtes, nous indiquons le **prix moyen par nuitée pour 2 personnes**, sachant que la plupart des gîtes ne sont loués qu'à la semaine ou pour un minimum de 3 nuits.

TYPES D'HÉBERGEMENT

L'hébergement en Guadeloupe comprend de grands hôtels, des gîtes et des chambres d'hôte.
De petites structures hôtelières tendent à se développer, elles allient tous les services d'un hôtel classique et se rapprochent du mode de vie local. Il n'existe pas de camping à proprement parler en Guadeloupe.

Les hôtels

Dans les années 1980, de vastes hôtels ont été construits en Guadeloupe à l'initiative de groupes hôteliers français. Les cyclones, les grèves à répétition, la concurrence des destinations comme Cuba ou la République dominicaine ont été autant de freins au développement de ces hôtels dont plusieurs ont dû fermer.
Aujourd'hui, le taux de remplissage des grands hôtels de la côte sud de la Grande-Terre est faible.
Cette situation s'explique par le prix élevé des nuitées et par le mauvais rapport qualité-prix de ces établissements, comparé aux autres îles des Caraïbes.
Si vous faites appel à un voyagiste, vous avez de fortes chances de loger dans un grand hôtel de la Grande-Terre. Ne vous fiez pas aux catalogues et aux photos que vous pouvez trouver sur Internet. Celles-ci sont souvent prises sous un angle

SERVICES OU ARTICLES	PRIX MOYEN EN EUROS
Une nuit en gîte pour 2 personnes sans petit déjeuner.	40 à 80
Une nuit d'hôtel pour 2 personnes avec petit déjeuner.	120 à 200
Un repas complet dans un petit restaurant de famille.	15 à 20
Un repas complet dans un bon restaurant.	25 à 50
Une location de voiture pour une semaine (catégorie A).	200 à 295
Un litre d'essence super.	1,40
Une traversée en bateau AR pour Les Saintes ou Marie-Galante au départ de Pointe-à-Pitre.	20 ou 36
Une journée de location de scooter aux Saintes.	15 à 20
Un baptême de plongée.	40 à 50
Une excursion d'une journée en bateau dans la mangrove.	50 à 60
Une journée de location d'un kayak de mer / d'un bateau à moteur.	20 / 250
Une bouteille de rhum.	5,50-8

flatteur et la déception peut être grande à l'arrivée.

Les hôtels du Gosier – Le Gosier réunit à lui seul près de 2 000 chambres concentrées pour l'essentiel à la pointe de la Verdure. Un lieu bétonné, réservé aux touristes où seuls les hôtels les plus chers offrent péniblement un confort et une qualité de classe internationale.

Les hôtels de Ste-Anne – Il y a peu de grands établissements dans le secteur de Ste-Anne. Ils sont plus récents que ceux du Gosier, donc de meilleur standing. Toutefois, les nuitées restent chères pour les individuels.

Les hôtels de St-François – Regroupés près de la marina et du golf, ils donnent au lieu des allures de ghetto pour Blancs. Les plus chics sont vraiment hors de prix pour la qualité proposée. En revanche, vous trouverez des produits d'un meilleur rapport qualité-prix dans les Hauts de St-François.

Les hôtels de la Basse-Terre – Il en existe peu. Ils sont, pour la majorité, de très bon niveau, fort bien situés et assez chers.

Les hôtels des Saintes – Les hôtels de Terre-de-Haut offrent, dans l'ensemble, un meilleur rapport qualité-prix que ceux du reste de la Guadeloupe, bien que les tarifs pratiqués soient assez élevés.

Les hôtels de la Désirade – Il n'y a que deux petits établissements sur l'île, simples et corrects.

Les hôtels de Marie-Galante – L'île compte un grand hôtel confortable mais mal situé et un autre petit hôtel très charmant, ainsi que quelques autres établissements corrects.

Les résidences hôtelières

Ce type d'hébergement connaît un certain essor. Il s'agit de structures intermédiaires entre l'hôtel et le gîte, réunissant villas et studios meublés, équipés avec cuisine. Les occupants peuvent également bénéficier de prestations hôtelières (ménage, service de restauration, piscine, etc.).

Les gîtes de France

Bon à savoir – Le gîte est le mode d'hébergement le plus répandu et celui qui offre le meilleur rapport qualité-prix aux voyageurs individuels. Mais

le terme de gîte recouvre des situations fort différentes. L'organisation des gîtes de France assure en principe un contrôle des locations proposées aux particuliers et garantit certaines exigences de confort. Réservation en ligne.
Gîtes de France Guadeloupe – www.gitesdefrance-guadeloupe.com, *voir « Nos Adresses à Pointe-à-Pitre », p. 116*.

Les meublés

Il s'agit de **bungalows**, d'**appartements** ou de **studios** dans une maison indépendante ou dans l'habitation du propriétaire. Ces hébergements, les plus fréquents en Basse-Terre, aux Saintes, à la Désirade et à Marie-Galante, ne font l'objet d'aucun contrôle véritable et beaucoup de ces locations ne sont pas déclarées officiellement. Ceci signifie qu'en cas de problème vous n'avez pratiquement aucun recours. Cela étant, les risques sont faibles et c'est dans cette catégorie de locations que vous trouverez les **meilleurs rapports qualité-prix**. Ce type d'hébergement est de loin le plus pratique et le plus agréable pour un séjour en Guadeloupe. C'est aussi le plus économique si vous voyagez en famille. Quelle que soit la catégorie, les logements sont **meublés**, pourvus d'une salle d'eau et équipés d'une cuisine avec vaisselle, cuisinière et réfrigérateur. On y trouve souvent la télévision et parfois un four à micro-ondes, un lave-linge et/ou un lave-vaiselle.
Conseil – Avant d'envoyer des arrhes, n'hésitez pas à téléphoner aux propriétaires pour leur demander de vous préciser l'emplacement, la vue, l'étage, la situation par rapport à la route, la distance de la plage, la proximité des restaurants et des commerces, etc. Faites-vous aussi confirmer le nombre de lits proposés et non le nombre de **couchages**. De nombreux gîtes sont en effet équipés d'un canapé « clic-clac » d'appoint pour une ou deux personnes, qui se révèle souvent fatigué et inconfortable.
Dans la plupart des cas, les propriétaires peuvent se charger de vous **réserver une voiture** de location ou de **venir vous chercher à l'aéroport**. En général, si vous arrivez le soir, une collation vous attendra et vous aurez de quoi préparer le petit déjeuner du lendemain.
En haute saison, les propriétaires de gîtes louent rarement pour une durée inférieure à une semaine. Selon les disponibilités, la durée minimale de location peut descendre à deux ou trois nuits. Il est plus facile de louer un hébergement à la nuit en basse saison.

Chambres et maisons d'hôte

Ce type d'hébergement ne se différencie guère des gîtes. Il désigne le plus souvent des maisons ou des locations aménagées dans des demeures ou des villas et quelques anciennes habitations créoles. Ce sont généralement des hébergements luxueux, donc assez chers.
Bon à savoir – Les **meublés** cités par les syndicats d'initiative ou les petites annonces n'obéissent le plus souvent à aucun critère de confort. Il s'agit fréquemment de chambres sans vue dans la maison du propriétaire.

Le camping

Aucune infrastructure particulière n'est prévue pour le camping, mais sa pratique est fréquente. Vous pourrez planter votre tente sur certaines plages à condition d'en demander l'autorisation auprès des organismes de tourisme locaux et éventuellement du proche voisinage. Les sites les plus sûrs se trouvent le long de la plage de Baie-Mahault, à la Désirade.

NOS CATÉGORIES DE PRIX		
	Hébergement	**Restauration**
Premier prix	moins de 50 €	moins de 10 €
Budget moyen	de 50 à 80 €	de 10 à 25 €
Pour se faire plaisir	de 80 à 150 €	de 25 à 40 €
Une folie	plus de 150 €	plus de 40 €

LES PRIX

Hôtels

Si vous réservez en individuel dans les grands établissements, vous ne trouverez pratiquement aucune chambre à moins de **150 € la nuit**, sur la base d'une chambre double avec petit déjeuner. Dans les hôtels de taille moyenne, vous pouvez espérer vous loger pour 80 à 100 € la nuit, petit déjeuner inclu. Les prix baissent de 20 à 30 % en basse saison, de mai à octobre, et s'envolent pendant le « pic » des fêtes de fin d'année et du mois de janvier. Tous les grands hôtels acceptent les cartes de crédit.

Gîtes et chambres d'hôte

Le prix moyen d'un studio ou d'un bungalow meublé et équipé se situe entre **40 et 80 € la nuit**, sur la base de deux personnes sans petit déjeuner. Le prix d'une location augmente en général en fonction du nombre d'occupants.

Dans la majorité des gîtes, les **cartes de crédit** ne sont pas acceptées, mais il est possible, la plupart du temps, de payer par chèque hors place. Une **caution** peut vous être demandée. Elle vous est restituée à votre départ.

Bon à savoir – Sauf accord particulier, en cas d'annulation, les arrhes ne sont remboursées que partiellement ou, le plus souvent, pas du tout.

RÉSERVATION

Nous vous conseillons de réserver vos hébergements en gîte plusieurs mois avant votre séjour, surtout si vous partez en haute saison. La grande majorité des gîtes possèdent un **site Internet** sur lequel vous pouvez effectuer votre réservation. Des **arrhes**, correspondant au tiers du montant de la location, vous sont généralement demandées. Pensez également à retenir votre voiture de location.

Les sites **www.domtomloc.com/locations-vacances-guadeloupe.html** ou **www.location-guadeloupe.sous-les-cocotiers.com** peuvent également vous permettre de réserver votre hébergement.

Bon à savoir – Si votre vol n'arrive qu'après la nuit tombée, c'est-à-dire après 18h, sachez qu'il n'existe pratiquement pas d'hébergements dans la ville de Pointe-à-Pitre *(voir p. 118)*. Si personne ne vous attend à l'aéroport, nous vous conseillons de réserver votre première nuitée dans les communes se situant à quelques kilomètres de Pointe-à-Pitre, à savoir le secteur du Gosier *(voir p. 126)* ou éventuellement de Ste-Anne *(voir p. 129)*.

Se restaurer

Retrouvez notre sélection dans « Nos adresses à » de la partie « Découvrir » du guide.

NOTRE SÉLECTION

Les gammes de prix indiqués dans ce guide sont calculées sur la base d'**une entrée-plat ou d'un plat-dessert**, sans les boissons. Les restaurants sélectionnés sont classés par fourchettes équivalant à quatre types de budget *(voir tableau p. 17)*.

OÙ SE RESTAURER ?

La Guadeloupe compte un très grand nombre de restaurants traditionnels proposant des plats de cuisine créole à des prix raisonnables. Le plus souvent familiaux, ces derniers sont situés dans les zones touristiques et près des plages. Les menus peuvent aussi comprendre les boissons, notamment le ti-punch apéritif.
En bordure de plage, des **restaurants ambulants** préparent des saucisses-frites, des sandwichs et des sortes de pans-bagnats appelés *bokits*, mais la qualité et l'hygiène laissent parfois à désirer.
On trouve également quelques grandes tables, fréquentées surtout par la clientèle d'affaires locale. Les restaurants des hôtels, en principe ouverts aux clients extérieurs, proposent des formules buffet qu'il vaut mieux éviter en fin de service, car les plats sont rarement regarnis.
Certains **gîtes** préparent pour leurs hôtes des plats créoles à commander à l'avance et servis le plus souvent le soir.
On peut aussi faire une pause-repas dans quelques **« lolos »**, sortes de petites épiceries-bistrots, où sont proposés des plats locaux simples et bon marché. Mais ces endroits typiques disparaissent peu à peu.

LES PRIX

Bon à savoir – La plupart des restaurants appliquent des prix légèrement inférieurs à ceux de la métropole pour une quantité et une qualité équivalente.
En moyenne, vous pouvez vous restaurer correctement en déboursant **autour de 15 €** pour un menu entrée-plat-dessert. Si vous vous contentez d'un plat (une viande ou un poisson accompagné de légumes), l'addition n'excédera pas 8/10 €. Dans les restaurants les plus chers, vous paierez au minimum 40 € pour un repas complet, sans les boissons. Dans les grands hôtels, les formules buffet tout compris coûtent de 18 à 22 €. Beaucoup d'établissements proposent un menu spécialement destiné aux enfants. Le vin est assez cher et rarement de qualité.

Sur place de A à Z

ACHATS

Horaires – En général, les commerces ouvrent de 9h à 13h et de 14h à 17h, du lundi au vendredi, et de 9h à 12h le samedi, mais certains officient dès 7h. Les grandes surfaces font journée continue jusqu'à 20h, du lundi au samedi et ouvrent, pour certaines, le dimanche matin. Les commerces de la zone industrielle de Jarry, à Baie-Mahault, près de Pointe-à-Pitre, sont ouverts le samedi matin.
Voir aussi « Souvenirs » *(p. 33)*.

ARGENT

Monnaie

Comme en métropole, la monnaie est l'**euro**. Les banques de la métropole sont représentées dans la plupart des villes et pratiquent les mêmes tarifs que leurs consœurs métropolitaines.

Distributeurs et cartes de crédit

Chèques de voyage ou espèces en grande quantité sont inutiles, car il existe des distributeurs automatiques dans la plupart des localités, ne serait-ce qu'au bureau de poste. Cependant, si vous séjournez à la Désirade ou aux Saintes, prévoyez une somme raisonnable d'argent, car, dans ces îles, les rares distributeurs se retrouvent parfois à sec.
Les cartes de crédit sont acceptées dans les hôtels, ce n'est pas le cas dans la plupart des gîtes. Il arrive aussi que leurs propriétaires refusent les chèques hors place, tout comme certains restaurateurs. Le mieux est donc de prévoir vos dépenses journalières et d'avoir sur vous les sommes en conséquence.

Chèques-vacances

Ils sont en principe acceptés en Guadeloupe, de même que les **tickets-restaurant**.
Voir aussi « Banques » ci-dessous.

BANQUES

Horaires – Les banques ouvrent leurs portes de 8h à 12h et de 14h à 16h, du lundi au vendredi. En été, les agences ferment à 15h, et à 12h la veille des jours fériés. En période de carnaval, les horaires d'ouverture sont bouleversés, y compris dans les administrations.
Bon à savoir – Si vous êtes client d'une banque mutualiste, n'oubliez pas que les caisses sont régionales. Toutes les opérations ne sont donc pas possibles dans les agences de la Guadeloupe.

BATEAU

Se déplacer en bateau

Les liaisons entre la Guadeloupe et les autres îles de l'archipel varient beaucoup selon les saisons et en fonction des vacances scolaires. Avant d'entreprendre un voyage, il est indispensable de se renseigner aux bureaux des compagnies maritimes ou auprès des offices de tourisme. Les horaires donnés dans ce guide le sont à titre purement indicatif.
Bon à savoir – Les traversées peuvent être agitées, notamment pour Marie-Galante. Prévoyez un antinauséeux si vous êtes sujet au mal de mer. Vous aurez en général le choix entre voyager sur le pont ou en salle climatisée avec télévision obligatoire.
Conseil – Si vous devez laisser votre véhicule de location quelques

jours à Pointe-à-Pitre, évitez le parking de la gare maritime : les tarifs y sont prohibitifs et il n'est pas gardé. Vous pouvez garer gratuitement votre voiture près de la gare routière à une centaine de mètres avant d'entrer dans la gare maritime. Il est aussi possible d'interrompre votre location le temps de votre escapade.

Voyages interîles

Les liaisons maritimes sont régulières entre la Guadeloupe, la Désirade, les Saintes et Marie-Galante, ainsi qu'avec la Martinique, la Dominique et Ste-Lucie, au départ de Pointe-à-Pitre *(voir p. 117)*, St-François *(voir p. 139)*, Trois-Rivières *(voir p. 173)* ou Basse-Terre *(voir p. 181)*. Certains bateaux embarquent les véhicules, mais, si vous envisagez un séjour couplé Martinique-Guadeloupe (durée de la traversée env. 4h30), vous n'avez aucun intérêt à conserver la même voiture de location entre les deux îles. Pour des escales dans les îles anglophones de Ste-Lucie et de la Dominique, munissez-vous sans faute de votre passeport.

Croisières

Les croisières autour des îles de Guadeloupe séduisent de plus en plus. Vous pouvez partir avec ou sans skipper, cela dépend de vos connaissance en navigation. Il convient donc de préparer sa sortie en mer et de prévoir un nombre de passagers suffisant.

Renseignements pratiques

Capitainerie marina de Bas-du-Fort – Pointe-à-Pitre - ✆ 05 90 93 66 20.

Capitainerie marina de St-François – ✆ 05 90 59 63 67.

Capitainerie marina de Rivière-Sens – Basse-Terre - ✆ 05 90 86 05 81.

Pour les locations de bateau et les croisières à la journée, voir dans « Nos adresses à » de la partie « Découvrir la Guadeloupe ».

BUS

En Guadeloupe, une partie du réseau est gérée publiquement (par les communautés de communes du Sud-Basse-Terre par exemple), le reste par 11 sociétés qui bénéficient d'une délégation de service public. Depuis 2007, un gros effort a été fait pour rationnaliser et rendre plus transparent ce système de transport.

Il existe des gares routières dans les agglomérations les plus importantes où aucun horaire ni itinéraire précis ne sont affichés. En général, les bus ou minibus partent dès qu'ils sont remplis. Ils ne circulent donc presque pas le dimanche et cessent leur service à la nuit tombée. En dehors des villes, il n'y a pas vraiment d'arrêts de bus. Il suffit d'attendre sur le bord de la route et de faire signe au chauffeur. Il s'arrête s'il y a de la place. Assurez-vous d'être déposé à l'endroit que vous souhaitez : certains chauffeurs ont la fâcheuse habitude de s'arrêter où bon leur semble. Cela étant, visiter la Guadeloupe en bus est un excellent moyen d'entrer en contact avec la population, sauf pour les femmes seules qui peuvent être importunées.

CANYONING

La Basse-Terre offre de nombreuses possibilités pour pratiquer cette activité dans le lit des rivières. Il s'agit d'un sport à risque et nous vous conseillons de l'exercer avec des moniteurs diplômés qui connaissent parfaitement les parcours et sont au courant des conditions climatiques.

Fédération française de la montagne et de l'escalade – 8-10 quai de la Marne, 75019 Paris - ✆ 01 40 18 75 50 - www.ffme.fr - lun.-jeu. 9h-17h30, vend. 9h-17h.

Voir aussi dans « Nos adresses à » de la partie « Découvrir la Guadeloupe ».

CIGARETTES

Les taxes sur le tabac sont moins élevées qu'en métropole : un paquet coûte 3,50 € en moyenne. Les cigarettes sont vendues dans la plupart des épiceries et des supermarchés.
La loi sur l'interdiction de fumer dans les lieux publics est aussi en vigueur en Guadeloupe, mais y est diversement appliquée.
Bon à savoir – Pour votre retour en France, vous pouvez rapporter une cartouche de cigarettes par personne.

DÉCALAGE HORAIRE

Il y a **5h de décalage horaire** entre la métropole et la Guadeloupe en hiver et **6h en été**. Lorsqu'il est midi à Paris, il est 7h du matin à Pointe-à-Pitre en hiver ou 6h à l'heure d'été.

EAU POTABLE

La qualité de l'eau du robinet est bonne dans toute la Guadeloupe, mais, selon les lieux, on vous déconseillera parfois de la boire en période de grande sécheresse ou de fortes pluies. Évitez en tout cas de boire l'eau des sources et des rivières. On trouve de l'eau fraîche en bouteille dans toutes les épiceries.

ÉLECTRICITÉ

Presque toute l'électricité est d'origine thermique, mais l'énergie solaire et éolienne a tendance à se développer. Les normes électriques, le voltage (220 V) et la fréquence (50 Hz) sont les mêmes qu'en métropole. Les coupures d'électricité surviennent parfois, surtout en zones rurales et en période cyclonique.

EXCURSIONS ORGANISÉES

Si vous séjournez dans un hôtel de la Grande-Terre et que vous ne disposez pas de véhicule, vous pouvez participer à une excursion organisée par un voyagiste. La plupart proposent un tarif enfants 30 à 50 % moins cher.
Reportez-vous à la rubrique « Nos adresses à » de la partie « Découvrir la Guadeloupe », en fonction de votre point de départ.

INTERNET

Le développement d'Internet est tel qu'aujourd'hui de nombreux établissements possèdent leur site. Beaucoup d'établissements proposent une **connexion Wifi**, gratuite ou payante. Vous trouverez des **cyber-cafés** et des espaces avec des ordinateurs pour vous connecter, mais les tarifs demeurent assez élevés (environ 6 €/h). Si vous vous trouvez dans une localité qui possède une **Cyber-base**, n'hésitez pas à vous y rendre. Les ordinateurs sont accessibles selon un planning précis, mais, s'il n'y a pas trop de monde, on vous laissera sans doute les utiliser moyennant une somme tout à fait symbolique *(1 ou 2 €/h)*, voire gratuitement.
En ligne : http://guadeloupe.cyber-base.org.

JOURS FÉRIÉS

1er janvier : Nouvel An
Carnaval, du lundi gras au mercredi des Cendres
Mars-avril : Lundi de Pâques
1er mai : Fête du Travail
8 mai : Armistice de 1945
Mai : Jeudi de l'Ascension
Mai-juin : Lundi de Pentecôte
27 mai : fête de l'abolition de l'esclavage
14 juillet : Fête nationale
15 août : Assomption

1er novembre : Toussaint
11 novembre : Armistice de 1918
25 décembre : Noël

MARCHANDAGE

À l'exception des marchés, le marchandage est peu pratiqué et risque de froisser votre interlocuteur.

MARCHÉS

Outre ceux de Pointe-à-Pitre et de Basse-Terre *(voir p. 120 et 182)*, des marchés se tiennent dans les différentes communes de Guadeloupe. Ils se limitent en général à quelques stands de légumes mais peuvent parfois accueillir des animations musicales très festives.
Voir aussi dans « Nos adresses à » de la partie « Découvrir la Guadeloupe ».

MÉDIAS

Presse écrite

Le quotidien régional **France-Antilles** appartient au groupe Hersant Média qui détient le monopole de la presse quotidienne en Guadeloupe. On y trouve surtout des faits divers aux titres parfois un peu dramatisés. Les pages sportives, comme les pages hippiques et les informations locales y occupent une grande place. **Destination Guadeloupe** est un magazine consacré au tourisme, agréable et bien illustré. De plus petit format, **Gwadloup Natures,** mensuel gratuit, aborde le thème de l'environnement à travers d'intéressants dossiers. Pour vos sorties, la page « Sortir » de France-Antilles recense tout ce que l'on peut faire et voir dans les îles.
On trouve par ailleurs tous les titres de la presse métropolitaine avec, en général, un jour de décalage et un prix un peu plus élevé.

Télévision et radio

La télévision hertzienne diffuse les programmes du groupe France Télévisions, retransmis sur les deux chaînes de **RFO**. La télévision par câble ou par satellite permet de recevoir la plupart des chaînes de la métropole et une sélection de programmes du monde entier.
La bande FM diffuse une infinité de stations à dominante musicale. S'y glissent annonces de décès, prières et dialogues en créole avec les « zoditeurs ». **France Inter** (que l'on capte entre 91,2 et 95,5 en fonction des endroits) est diffusé en continu dans la journée. Les programmes en ondes moyennes prennent le relais le soir, avec la retransmission des événements sportifs de la métropole.

MÉTÉO

Les prévisions météorologiques s'avèrent fort utiles, voire vitales, avant un départ en randonnée ou en mer. Vous obtiendrez tous les renseignements auprès de :
Météo France – www.meteofrance.com - ✆ 05 90 89 60 60 / 0 892 680 808 *(0,45 €/mn)*.
Accès Météo – ✆ 0 899 701 920 *(1,35 €/appel + 0,337 €/mn)* (envoi du bulletin météo par sms sur votre mobile).
Météo France informe régulièrement la préfecture de région sur les risques cycloniques. Les médias, avant le début de la saison (juillet), rappellent les consignes en cas de menace ou de confirmation de cyclones *(voir p. 63)*.
La Guadeloupe se situe dans une zone de forte sismicité. L'Observatoire volcanologique et sismologique de Guadeloupe (OVSG), au Houëlmont à Gourbeyre, est chargé de surveiller l'activité tectonique de la région et l'activité de la Soufrière.
Conseil – Pour les prévisions nautiques, rendez-vous sur le site www.windguru.com.

Vous pouvez vous renseigner auprès des mairies et sur le site www.guadeloupe.pref.gouv.fr.

Voir aussi « Météo » *(p. 11)*.

OFFICES DE TOURISME

Un certain nombre de communes de Guadeloupe possèdent un office de tourisme ou un syndicat d'initiative. Les plus petits bureaux ont des horaires réduits et la plupart ferment le samedi après-midi et le dimanche. Renseignez-vous sur les jours et heures d'ouverture qui varient selon les saisons. Le personnel est dans l'ensemble efficace et accueillant.

À Pointe-à-Pitre, le **Comité du tourisme des îles de Guadeloupe** – 5 sq. de la Banque - 05 90 82 09 30 - www.lesilesdeguadeloupe.com *(voir p. 108)* coiffe l'ensemble des activités des différentes îles et propose une documentation de qualité dans tous les domaines. Demandez notamment le guide **Gwadloup Natures**, un livret gratuit très bien réalisé qui recense les activités culturelles et sportives à pratiquer en Guadeloupe.

Voir aussi p. 11 et dans les différents chapitres de la partie « Découvrir la Guadeloupe ».

PÊCHE

Pêche sous-marine

La pêche ou chasse sous-marine est autorisée en Guadeloupe, à l'exception du site de la réserve Cousteau et des zones protégées des réserves naturelles du Grand Cul-de-Sac Marin et des îles de la Petite-Terre. En principe, vous devez détenir un permis, délivré gratuitement par les **Affaires maritimes** (bd Marquisat-de-Houelbourg, Baie-Mahault - 05 90 41 95 30). La pêche sous-marine est, bien entendu, formellement interdite en plongée avec bouteilles. Les règles de sécurité suivantes concernent la plongée en apnée : ne surévaluez pas vos capacités. Plongez seulement si vous êtes en bonne forme physique. Ne forcez pas votre résistance, il vaut mieux abandonner une prise que de risquer la syncope. Partez toujours avec une bouée gonflable munie d'un accroche-poissons attachée par un fil à votre ceinture pour indiquer votre position. Ayez toujours le torse revêtu d'un T-shirt ou d'une combinaison en néoprène et portez impérativement des gants. Sachez aussi qu'un pêcheur sous-marin responsable ne tire pas sur n'importe quoi et ne pêche jamais une quantité de poissons supérieure à celle qu'il peut consommer en un jour.

Pêche au gros

La pêche au marlin, au thon, au thazard, à la dorade coryphène ou à l'espadon se pratique principalement près de la côte sous le vent, mais les différents opérateurs se déplacent sur les points de pêche en fonction de la présence du poisson, du vent et de la météo. La plupart d'entre eux proposent des forfaits d'une demi-journée, d'une journée ou des formules à la semaine. Il faut compter de 120 à 150 € par pêcheur. Les tarifs varient selon le nombre de participants. Les accompagnants paient de 50 à 70 €. La sortie inclut le prêt de matériel, l'essence, les appâts et un repas à bord.

Pour retrouver les adresses des opérateurs, voir aussi dans « Nos adresses à » de la partie « Découvrir la Guadeloupe ».

PHOTOGRAPHIE ET VIDÉO

Photographier spontanément des personnes est une activité presque impossible et souvent risquée en Guadeloupe, surtout à Pointe-à-Pitre. Lorsque vous prenez un paysage en photo, assurez-vous que, même au

LE GUIDE VERT
RIEN NE REMPLACE
LE GUIDE VERT,
SAUF LE NOUVEAU !
MICHELIN
CÔTE D'AZUR
MEXIQUE
PARIS
THAÏLANDE
+ Clair
+ Complet
+ Pratique
+ Facile à utiliser

loin, nul n'est alentour. Évitez de fixer votre objectif sur les coupeurs de canne à sucre. En général, demandez l'autorisation avant de prendre un cliché, notamment sur les marchés, mais ne soyez pas surpris si votre sujet s'esquive ou vous propose d'acheter ses produits. Un répit a lieu durant le carnaval. Vous pouvez alors photographier et filmer les défilés à loisir.

PLAGE

Les plages ne sont pas surveillées. Soyez particulièrement vigilant si vous êtes avec des enfants.
Voir aussi le tableau page de droite.

PLONGÉE

Plongée de surface

La plongée de surface, ou **snorkelling,** consiste à explorer le fond sous-marin muni d'un masque, d'un tuba et de palmes. C'est en principe une activité accessible à tous, y compris aux enfants sous surveillance. Pour découvrir les splendeurs du monde sous-marin tropical, pas besoin d'aller loin des côtes. Les bancs de coraux ne sont qu'à quelques mètres de la plage et on peut les observer, envahis de poissons multicolores, dans moins de 3 m d'eau. Les coins les plus spectaculaires se situent autour de **Bouillante** en Basse-Terre, aux **Saintes**, sur les **îles de la Petite-Terre**, à la **Désirade** et sur le site de l'anse Feuillard à **Marie-Galante**.
Si vous n'avez jamais pratiqué la plongée de surface, nous vous conseillons de tenter l'expérience avec l'un des clubs de la région de Bouillante *(voir p. 200-201)* ou de partir en excursion sur un îlet du Grand Cul-de-Sac Marin depuis Ste-Rose, Port-Louis ou Petit-Canal *(voir p. 154).*

Plongée sous-marine

La mer de Guadeloupe recèle des fonds sous-marins tropicaux encore relativement protégés. Quel que soit votre niveau, débutants compris, vous trouverez toujours un endroit où évoluer parmi la splendide faune des **récifs coralliens**. Mais la plongée est un sport technique qui comporte des risques. Elle se pratique dans le cadre d'un club, sous la houlette d'un moniteur diplômé.
Les meilleurs sites de plongée se situent sur la Grande-Terre près de Port-Louis, sur la Basse-Terre près de la réserve Cousteau et sur la côte, sous le vent en général, ainsi qu'aux environs de Basse-Terre. L'archipel des Saintes possède les spots de plongée les plus réputés, mais ils sont aussi réservés aux plongeurs les plus expérimentés. Les environs de St-Louis, à Marie-Galante, sont accessibles à tous les niveaux.
Conseil – Tous les clubs ne placent pas forcément le respect de l'environnement parmi leurs priorités. Privilégiez ceux qui peuvent se prévaloir d'un label d'écotourisme ou de la recommandation du Parc national de la Guadeloupe.
S'initier à la plongée – La Guadeloupe est l'endroit idéal pour commencer la plongée avec bouteilles. Vous n'aurez que l'embarras du choix, tous les clubs proposant des baptêmes. Vous pouvez également passer votre brevet de niveau 1 au cours d'une session intensive d'environ six plongées. On vous apprendra à vous servir du matériel ainsi que les gestes à connaître pour communiquer sous l'eau. Si l'initiation à la plongée est possible de 8 à 88 ans, il est cependant indispensable de passer au préalable une **visite médicale** pour obtenir un certificat d'aptitude. Renseignez-vous auprès de votre médecin traitant. Sachez cependant que la plongée est un sport déconseillé aux personnes souffrant d'affections du nez, des dents et des oreilles, aux femmes

Les plages à la carte

Reportez-vous aux cartes de rabat et du chapitre « Découvrir la Guadeloupe ».

	PLAGES	AVEC LES ENFANTS	ACTIVITÉS SPORTIVES	VÉGÉTATION	SAUVAGE
Anse de la Chapelle (voir p. 147)	+	+	+++		
Anse Maurice (voir p. 144)	+++	+++			+
Bois Jolan (voir p. 129)	+++	+++	+++	++	+++
Clugny (voir p. 217)	+		+++	+	+
La Désirade (voir p. 260)	+++	+++		++	+++
Le Gosier (voir p. 124)	+		+++	+	-
Grande-Anse (voir p. 213)	+++	+		+++	+++
Gros-Sable (voir p. 129)	-	+	+++		+
Malendure (voir p. 197)	+		+++		-
Marie-Galante (voir p. 245-246)	++	+++	++	++	++
Le Moule (voir p. 143)			+++	++	+
Petit-Havre (voir p. 125)	++	+++		++	++
Plage de Viard (voir p. 160)	+	++			-
Pointe-des-Châteaux (voir p. 136)	+++	++	++	++	++
Pointe-Noire (voir p. 209)	+	+	++	+	+
Port-Louis (voir p. 148)	++	+++	++	+++	+++
Porte d'Enfer (voir p. 145)	+	++		+	+
St-François (voir p. 134)	+	+	+++	++	-
Ste-Anne (voir p. 128)	+++	+++	+++	++	+
Ste-Claire (voir p. 160)	+	++		+	-
Les Saintes (voir p. 228)	+++	+++	+++	+	++
Vieux-Fort (voir p. 172)	+		++	+	
Vieux-Habitants (voir p. 193)	+	+		+	

enceintes, aux personnes soumises à un traitement cardiovasculaire et à celles souffrant de troubles sévères d'anxiété.

Plonger en toute sécurité – Si vous avez déjà un niveau confirmé, pensez à apporter votre **carnet de plongée** et votre brevet. Tous les clubs sont en principe animés par des moniteurs diplômés et agréés par la **Fédération française d'études et de sports sous-marins** (FFESM) ou par l'**Association nationale des moniteurs de plongée** (ANMP). Assurez-vous que ce soit bien le cas. Dans le cas contraire, évitez les clubs non agréés.

Outre les risques relatifs à l'état de santé, les problèmes de décompression liés à la dissolution des gaz dans le sang sont la principale cause d'accidents. Respectez scrupuleusement les **paliers de décompression** sous la surveillance du moniteur. Certains plongeurs très expérimentés plongent en dehors des clubs. Nous vous déconseillons cette pratique si vous n'êtes pas moniteur breveté. Sachez enfin qu'en cas d'accident, s'il existe un caisson de décompression au CHU de Pointe-à-Pitre, les autorités peuvent décider un transport par hélicoptère vers l'hôpital de Fort-de-France en Martinique. Évitez de plonger moins de 24h avant votre départ en avion. À lire : *Les Plus Belles Plongées en Guadeloupe*, de Sandrine Kolau (Éditions du Plaisancier), en vente dans les principales librairies de Guadeloupe.

POSTE

Bureaux de poste

La Poste est encore ici une institution et ses camionnettes jaunes font partie du paysage. Chaque village possède son bureau de poste, souvent pourvu d'un distributeur automatique et généralement ouvert de 8h à 12h et de 14h à 16h, du lundi au vendredi, sauf le mercredi après-midi et le samedi de 8h à 12h.

Courrier

Le code postal de la Guadeloupe est le **971**.

Les tarifs postaux sont identiques à ceux pratiqués en métropole. Toutefois, tout envoi de plus de 20 g hors du département est soumis à une surtaxe aérienne.

Les timbres s'achètent à la poste et dans certaines boutiques.

Une lettre ordinaire met entre 3 et 5 jours pour traverser l'Atlantique.

POURBOIRE

Comme en métropole, le service est en principe compris dans le prix des repas et des consommations. De façon générale, les Guadeloupéens négligent le pourboire, mais rien ne vous empêche de laisser une pièce si vous avez été satisfait de l'accueil. Il est d'usage de donner un pourboire aux guides-accompagnateurs.

RANDONNÉE

Sentiers balisés

De nombreux itinéraires de randonnée traversent la Guadeloupe et permettent de découvrir les paysages fort variés de l'archipel : falaises et littoral de la Grande-Terre, mangrove et forêt tropicale de la Basse-Terre, crêtes de Terre-de-Haut aux Saintes, paysages agricoles de Marie-Galante et plateau de la Désirade.

En théorie, les traces et les sentiers sont balisés et entretenus par le **Parc national de la Guadeloupe** et l'**Office national des forêts (ONF)**. Dans la pratique, cette charge est aléatoire. La force avec laquelle repousse la végétation, les intempéries, les cyclones et les séismes rendent en effet fastidieux

le maintien des chemins de randonnée, si bien que beaucoup d'itinéraires, en principe répertoriés comme balisés, ne le sont que partiellement ou pas du tout.

Adresses utiles

Avant de partir, contactez les organismes spécialisés pour vous assurer de l'état de ces sentiers.

Parc national de la Guadeloupe – Habitation Beausoleil, Monteran, St-Claude - ✆ 05 90 80 86 00 - www.guadeloupe-parcnational.com *(voir p. 69)*.

Office national des forêts – Direction régionale, Jardin botanique, Basse-Terre - ✆ 05 90 99 28 99 - www.onf.fr/guadeloupe.

Ces organismes coéditent un topoguide très bien réalisé sur les randonnées en Guadeloupe, qui est disponible dans les librairies, les dépôts de presse, certains offices de tourisme. On peut également consulter le livre *Balades à la Guadeloupe*, de Gérard Berry et Bruno Pambour (éditions du Pélican).

Voir aussi la bibliographie *(p. 43)*.

Précautions à prendre

Il est impératif de connaître les **prévisions météorologiques** *(voir p. 23)* avant de se lancer dans une randonnée en Basse-Terre. Cette région est en effet soumise à de brusques précipitations qui gonflent très rapidement le lit des rivières qu'empruntent de nombreuses traces. On déplore chaque année plusieurs accidents.

Bon à savoir – En cas de forte pluie, vous devez impérativement quitter le lit d'une rivière et vous abriter sur une hauteur. Renseignez-vous auprès des services du Parc national sur l'état des traces dans le massif de la Soufrière et autour des chutes du Carbet.

Ce qu'il faut emporter

Dans tous les cas, partez muni de bonnes **chaussures de marche**, d'un **chapeau**, d'un **imperméable léger**, d'une paire de lunettes de soleil et de crème solaire. Emportez des vivres, de l'**eau** (au moins 1,5 litre par personne et par demi-journée) et une carte. Les **cartes IGN** de la Guadeloupe retracent avec précision toutes les randonnées. Un **téléphone mobile** peut être utile. Enfin, n'oubliez pas un **sac-poubelle** pour rapporter vos déchets.

RESTAURATION

En général, les restaurants servent de 11h30 à 14h30 et de 19h à 21h30. Beaucoup ferment le dimanche ou le lundi. Il est recommandé de téléphoner avant de s'y rendre.

SANTÉ

Voir « Urgences » *(p. 36)*.

Les maladies tropicales classiques, comme le paludisme et la bilharziose, ont été éradiquées et il n'existe aucun risque sanitaire particulier en dehors de ceux liés à l'environnement *(voir p. 30-31)* et aux phénomènes naturels *(voir p. 63)*. Aucun vaccin n'est obligatoire.

Services médicaux

La Guadeloupe dispose d'équipements sanitaires comparables à ceux de la métropole. La sécurité sociale s'applique dans les mêmes conditions.

Le week-end, pour connaître le **médecin de garde** de votre commune, consultez le quotidien ou composez le ✆ 05 90 90 13 13. Vous pouvez aussi vous adresser aux grands hôtels pour consulter un médecin.

Pharmacies

La plupart des villages de Guadeloupe disposent d'une pharmacie. Le week-end, pour connaître la **pharmacie de garde** proche de votre village, consultez le quotidien *France-Antilles*.

Trousse à pharmacie

En dehors de vos traitements spécifiques, il est inutile d'encombrer votre trousse. Si besoin est, vous pourrez toujours vous adresser aux pharmacies locales. Vous pouvez toutefois emporter quelques produits de base de type crème solaire, antalgique, désinfectant, pansements, produit antimoustiques, etc.

Périls liés à la mer

Outre les règles de sécurité qui s'appliquent à la plongée, qu'elle soit de fond ou de surface, le milieu sous-marin recèle des périls qu'il vaut mieux prévenir. Pour protéger le site comme pour éviter de gâcher vos vacances, ne touchez à rien sous l'eau, en particulier aux **coraux**. Les jaunes et rouges se révèlent très urticants. Un principe à retenir : plus ils sont colorés, plus ils sont dangereux. En cas de brûlure, celle-ci disparaîtra au bout de quelques heures. En attendant, utilisez une crème dermique ou consultez un pharmacien.

N'approchez pas des **oursins** à longs piquants dont la piqûre très venimeuse est excessivement douloureuse. Si vous êtes blessé, sortez immédiatement de l'eau et versez de l'eau chaude – ou de l'urine – sur les plaies : le venin est thermolytique, son effet s'atténue avec la chaleur. Consultez tout de même un pharmacien ou un médecin. En revanche, il n'y a pas grand-chose à faire contre les brûlures, sans conséquence, des **méduses** aux longs tentacules invisibles. Si vous en êtes victime, le mieux est de prendre un antihistaminique.

Pour éviter ces désagréments, plongez avec des gants. Si vos pieds ne sont pas protégés par des palmes, utilisez des sandales en plastique ou des chaussons en néoprène qui vous épargneront des blessures causées par les rochers ou par des **poissons-pierre** tapis sous le sable. Leur piqûre, redoutable, nécessite une hospitalisation rapide. Enfin, si vous pratiquez la pêche sous-marine ou la pêche à la ligne, demandez à quelqu'un du pays d'examiner vos poissons avant de les consommer. Renseignez-vous également pour savoir si la zone est contaminée par la **ciguatera**. Cette maladie, qui sévit surtout au-delà du 16e parallèle (à Saint-Barthélémy par exemple), se caractérise par de la fièvre et des démangeaisons. En Guadeloupe, on risque peu de l'attraper. Évitez de manger des **barracudas** et des **murènes** notamment qui peuvent transmettre la maladie.

Piqûres d'insectes

Les moustiques, ou « yen yen », sont présents dans tout le territoire. Ils concentrent généralement leurs attaques en fin de journée et peuvent gâcher votre sommeil. Heureusement, il existe de bonnes **crèmes contre les moustiques**, en vente dans toutes les pharmacies. Protégez les parties non couvertes du corps à partir de la fin d'après-midi. Les **serpentins antimoustiques**, que l'on achète dans les épiceries et dans les drogueries et que l'on fait brûler le soir, sont assez efficaces. Si vous passez la soirée dehors, placez

un serpentin allumé sous la table ou la chaise, car les moustiques apprécient les chevilles. Brûlez aussi un serpentin dans votre chambre avant d'aller vous coucher et, ce, même si le lit est équipé d'une moustiquaire. En général, la climatisation mise en route avant votre coucher est une bonne protection.
Les moustiques ne se contentent pas de piquer, ils transmettent également le paludisme et la **dengue**. Si le paludisme a été éradiqué de la région, la dengue (ou « grippe tropicale ») est en recrudescence. Il est donc important de bien se protéger. Elle se manifeste par une forte fièvre accompagnée de maux de tête, de douleurs musculaires et d'éruptions cutanées ressemblant à la rougeole. Si vous ressentez un ou plusieurs de ces symptômes, consultez un médecin. Les traitements sont efficaces et vous serez vite remis sur pied.
Les morsures de **scolopendres**, sortes de mille-pattes, sont sans danger, mais se révèlent très douloureuses. Si vous en êtes victime, voyez un médecin.

Problèmes liés à la chaleur et au soleil

Que la température, qui excède rarement 30 °C, ne vous trompe pas, le soleil des tropiques est redoutable, surtout en milieu de journée. Méfiance donc si vous êtes à la plage à ce moment-là. Le ciel souvent couvert n'empêche pas les insolations et les coups de soleil. Prévoyez un chapeau, une paire de lunettes de soleil et une **crème solaire** avec un fort indice de protection. Lorsque vous pratiquez la plongée de surface, il est indispensable de vous enduire le cou, le dos, les bras et l'arrière des jambes, voire de revêtir un T-shirt, pour éviter de sérieuses brûlures. En toutes circonstances, buvez beaucoup d'eau et n'oubliez pas que soleil et ti-punch ne font pas bon ménage.

Plantes toxiques

Les **mancenilliers**, arbres de la forêt sèche qui abondent près des plages, notamment aux Saintes et à la Désirade, contiennent une sève **toxique** pouvant occasionner des brûlures. Leur fruit, qui ressemble à une petite pomme, est extrêmement nocif. Ces arbres sont signalés par un trait rouge sur leur tronc. Ne vous y abritez surtout pas quand il pleut. En cas de problème, rendez-vous chez un médecin le plus rapidement possible. De façon générale, ne touchez à aucun arbre ni à aucune plante.

SAVOIR-VIVRE

Les règles de politesse en usage partout dans le monde s'appliquent ici avec encore plus de rigueur. Les Guadeloupéens sont sensibles au respect qui leur est manifesté et vous récolterez généralement ce que vous avez semé... On parle ici de relation « miroir ». Arrivez quelque part avec le sourire et bien disposé, et vous serez généralement bien reçu. Montrez énervement et impatience et vos interlocuteurs se braqueront rapidement.

La politesse de base

La **poignée de main** est pratique courante et bienvenue pour dire bonjour comme pour dire au revoir. Cela vaut pour les hommes comme pour les femmes. Vous rencontrerez peut-être des rastas qui n'adoptent pas la poignée de main, mais lèvent leur pouce, que vous devez saisir. Les embrassades sont moins systématiques qu'en métropole. Évitez de faire la bise à une personne du sexe opposé si vous la rencontrez pour la première fois.

Tenue vestimentaire

Si la tenue vestimentaire décontractée est la plus courante, n'en concluez pas pour autant qu'il vous est possible de vous habiller n'importe comment. Des panneaux vous rappelleront que la tenue de plage est réservée à la plage. En ville, les hommes préféreront le bermuda au short et les femmes éviteront de porter des shorts ou des jupes trop courtes. Dans les circonstances particulières comme les offices religieux, les enterrements, les mariages ou encore les soirées d'anniversaire, une tenue habillée est de rigueur : chemise blanche et cravate pour les hommes, épaules couvertes et décolleté raisonnable pour les femmes.

Bienséance

À table – Les mêmes us et coutumes qu'en métropole s'appliquent en Guadeloupe. Si vous êtes invité, portez un **toast** à la santé de vos hôtes et faites un petit discours, le geste sera apprécié.

Alcool – Si le ti-punch fait partie du paysage, les Européens en état d'ébriété sont toujours très mal perçus. Un Blanc ivre ou alcoolique est profondément méprisé et est appelé ici « Blanc gâché ».

Amoureux – Les Guadeloupéens et Guadeloupéennes sont en général très pudiques. Évitez les baisers en public ou toute attitude provocante qui ne manquerait pas de choquer.

Cadeaux – Si vous êtes invité dans une famille, un bouquet de fleurs et une bouteille de champagne feront unanimement plaisir.

Personnel – À l'hôtel, au restaurant ou dans un magasin, surveillez votre attitude afin que vos interlocuteurs n'aient pas l'impression que vous les méprisiez ou que vous les commandiez.

Plage – Les seins nus sont tolérés sur les plages des grands hôtels mais mal vus ailleurs. Quant au **naturisme**, il est théoriquement interdit, bien que toléré, sur certaines plages comme à la pointe des Châteaux *(voir p. 136)*.

Les sujets qui fâchent

Gare à ce que vous dites : un mot mal interprété, un instant d'agacement, une parole un peu forte ou même un regard appuyé pourront toujours être interprétés comme une marque de mépris. L'héritage d'un passé marqué par des relations maître-esclave fait voir à certains Guadeloupéens les choses différemment de vous et ce n'est pas vous qui allez les changer. De plus, le racisme des Blancs à l'égard des Noirs perdure en Guadeloupe.

On peut parler à peu près de tout, mais pas avec n'importe qui. La manière dont vous direz les choses, et non ce que vous dites, sera relevée. Tout est affaire de tact. En règle générale, évitez, même pour plaisanter, d'aborder les sujets tels que les aides sociales, la « paresse » des fonctionnaires ou « l'argent braguette », et ne vous moquez pas de l'accent créole. Il est tout à fait possible de parler de politique ou de religion. Les Guadeloupéens sont passionnés par la politique locale. Dans tous les cas, sachez écouter et n'essayez pas de convaincre. Après tout, c'est vous qui avez fait le déplacement. Vous n'êtes pas là pour apporter la bonne parole, mais pour échanger et apprendre des Guadeloupéens.

SCOOTER

Le scooter est un moyen de transport très utilisé aux Saintes, à la Désirade et à Marie-Galante, compte tenu des distances suffisamment longues pour vous décourager de les parcourir à pied. Ailleurs en Guadeloupe, les distances sont trop importantes et la circulation rend l'exercice périlleux. Aux Saintes *(voir p. 230)*, les scooters deviennent même une véritable plaie et s'avèrent dangereux compte tenu de la topographie des lieux (compte

tenu du relief). À la Désirade, c'est un moyen de transport adapté aux courtes distances, à condition de ne pas s'aventurer sur les pistes du plateau *(voir p. 261)*.
Dans tous les cas, le port du casque est obligatoire, ainsi qu'un permis de conduire pour les engins dépassant 80 cm³.
Conseil – Évitez de tenter l'aventure si vous n'êtes jamais monté sur un scooter : le relief accidenté nécessite une bonne maîtrise.

SÉCURITÉ

Voir aussi « Urgences » *(p. 36)*.
Dans l'ensemble, vous ne rencontrerez pas en Guadeloupe de problèmes d'insécurité différents de ceux que vous pourriez avoir en métropole.

Agressions

Les risques d'agression (vol à l'arraché, braquage avec violence et agression sexuelle) sont très faibles et restent concentrés dans des zones bien précises : Pointe-à-Pitre et les endroits isolés autour du Gosier, des Abymes et de Baie-Mahault. Il faut éviter de se promener à pied dans les quartiers de **Carénage** et de la **cour Zamia** à Pointe-à-Pitre. Dans la majorité des cas, les agressions sont liées à la drogue. Sachez donc reconnaître les endroits peu fréquentables et évitez de vous balader dans des zones isolées après la tombée de la nuit. Cette remarque s'applique également pour certaines plages désertes de Guadeloupe ou de Marie-Galante. En revanche, les risques sont quasiment nuls aux Saintes et à la Désirade.
Les **agressions de touristes** non liées au vol, bien que peu répandues, sont cependant inquiétantes. Cette agressivité se manifeste aussi envers les personnes qui tentent de prendre des photos, notamment autour de la place de la Victoire et de la Darse, à Pointe-à-Pitre.

Vols

Bon sens et règles de sécurité élémentaires s'appliquent ici comme ailleurs, mais, encore une fois, les risques diminuent considérablement en dehors de Pointe-à-Pitre et de la zone hôtelière de la Grande-Terre. Fermez votre véhicule en toutes circonstances et n'y laissez aucun objet de valeur, même dans le coffre. Ne laissez aucun objet précieux dans votre chambre d'hôtel ou dans votre gîte. Confiez-les à la réception ou au propriétaire. Surveillez votre sac quand vous vous promenez dans la foule, surtout pendant le carnaval ou sur les marchés. Évitez de retirer de l'argent à un distributeur automatique isolé à Pointe-à-Pitre. Ne laissez que le strict nécessaire sur la plage pendant que vous vous baignez, si personne ne surveille vos affaires. Gardez vos bagages près de vous durant les traversées maritimes et à l'aéroport.

SOUVENIRS

Les achats que vous pourrez effectuer durant votre séjour sont assez limités.

Artisanat

L'artisanat guadeloupéen est pratiquement inexistant. La majorité des boutiques de souvenirs vend des objets importés d'Amérique latine ou d'Asie.
On trouve encore quelques chapeaux et autres objets en **palme tressée**, très jolis lorsque la palme est encore verte, mais qui deviennent rapidement grisâtres en séchant. Les fabricants de maquettes de bateaux des Saintes ou de la Désirade se font eux aussi rares et leur production devient hors de prix.

Les **dentelles** de Vieux-Fort *(voir p. 172)* et les **tambours gwo-ka** *(voir Ste-Anne, p. 132)* sont les seuls objets artisanaux de qualité authentiquement guadeloupéens. Tout le reste est importé.

Spécialités culinaires

Pour cuisiner créole à votre retour, faites provision d'**épices** et de pâtes de piment. La plupart des épices que l'on trouve sur les marchés sont importées. Vous trouverez quelques petits producteurs aux environs de Pointe-Noire qui vendent leur récolte *(voir p. 206)*.
Le **café** de Guadeloupe est excellent *(voir p. 194 et p. 208)* et constitue un cadeau original, tout comme les **confitures** aux fruits exotiques (goyave, corossol, citron vert).
Le **chocolat** est également délicieux, mais pas toujours facile à transporter avec la chaleur ; ceci dit, il s'achète aussi en poudre. Les gousses de **vanille** vendues par les producteurs de la Basse-Terre sont d'excellente qualité. En revanche, celles que l'on trouve sur les marchés sont importées.

Rhum

La qualité et le prix du rhum de Guadeloupe sont très attractifs, mais les bouteilles pèsent lourd dans les bagages. Sachez que la règlementation douanière autorise en principe 1,5 litre de rhum par personne. Le rhum en « *bagin box* » est une bonne solution pour le transport. Attention toutefois, en raison des nouvelles législations, seules les bouteilles achetées à l'aéroport sont acceptées en bagage à main. Vous pourrez aussi ramener du **punch** aux fruits exotiques ou du vieux rhum.

Vêtements

Vous trouverez T-shirts imprimés de motifs exotiques, paréos multicolores et autres vêtements légers sur les marchés et dans certaines boutiques.

Fleurs et plantes

Pourquoi ne pas rapporter un beau bouquet de fleurs coupées ? Plusieurs horticulteurs de la côte est de la Basse-Terre *(voir p. 160-161)* préparent des bouquets exotiques que vous pouvez emporter dans des emballages spécial avion.
Il existe aussi une boutique à l'aéroport. Vous pouvez également ramener des graines d'arbres exotiques.

Bon à savoir – Pour expédier vos achats par colis postal (10 kg au maximum, dimensions réglementées), adressez-vous à une agence postale. Par fret aérien : contactez une compagnie aérienne.

Voir aussi « Achats » *(p. 20)*.

SPECTACLES TRADITIONNELS

Combats de coqs

Les combats de coqs, dont l'origine remonterait à l'occupation espagnole, sont particulièrement prisés des Guadeloupéens. Tous les dimanches après-midi, de novembre à juillet, les **« pitts à coq »**, les nombreux gallodromes répartis sur l'île, se transforment en arènes où l'on vient assister au combat meurtrier entre deux coqs soigneusement préparés et entraînés.
Comme pour les chevaux, il existe des propriétaires réputés, dont les animaux vedettes font l'objet de paris s'élevant parfois à plusieurs milliers d'euros. On vient de loin, parfois même de la Martinique, pour assister à ces combats qui obéissent à des règles que certains

jugeront cruelles. Si vous souhaitez assister à ces combats, sachez que vous ne vous y sentirez pas toujours très à l'aise. Outre le sang qui coule sous les coups répétés des ergots d'acier fixés aux pattes des coqs, l'ambiance enfiévrée sous l'effet du rhum et le comportement parfois hostile de certains participants à l'égard des étrangers ne font pas de ce type de manifestation une vraie partie de plaisir.

Courses de bœufs tirant

Cette attraction spectaculaire typiquement guadeloupéenne a lieu chaque année, de juin à novembre, sur la Grande-Terre et à Marie-Galante. Les bœufs, qui tiraient jadis les « **cabrouets** », charrettes chargées de cannes à sucre, se transforment pour l'occasion en athlètes pour tracter d'énormes charges sur une côte raide.
L'événement, qui se déroule en général le dimanche, est réglementé. Les bœufs, attelés par paire, tirent un poids variable selon leur catégorie, de 1 300 à 1 700 kg. Le parcours, encadré par des poteaux, se déroule sur 90 m et les animaux ne doivent pas s'en écarter, sous peine d'élimination de l'attelage. On compte aussi le nombre de coups de fouet, qui ne doit pas excéder la douzaine.
Il existe aussi des courses de **cabris tirant**, où les chèvres remplacent les bovins. Bien évidemment, ces concours sont une occasion supplémentaire d'engager des paris.

SPORTS NAUTIQUES

Les sports nautiques connaissent un fort développement en Guadeloupe.

Surf, kitesurf et windsurf

Les meilleurs spots de surf et de windsurf sont situés en Grande-Terre, aux environs du Moule, d'Anse-Bertrand et de St-François. On trouve aussi des spots intéressants près de Basse-Terre et aux Saintes.
Il ne vous sera pas facile de pratiquer votre sport favori si vous ne vous inscrivez pas dans un club. Prévoyez un certificat médical de non-contre-indication.
Voir aussi « Pêche » *(p. 24)* et « Plongée » *(p. 26)*.
Pour retrouver les adresses des différents clubs, voir dans « Nos adresses à » de la partie « Découvrir la Guadeloupe ».

TÉLÉPHONE

Le réseau de téléphonie publique est régi par France Télécom. Vous trouverez des cabines téléphoniques partout. Elles fonctionnent avec les mêmes cartes à puce qu'en métropole (disponibles dans les postes et dans certaines boutiques) ou avec une carte bancaire. Vous pouvez envoyer des fax à partir des agences postales ou des hôtels (tarifs élevés).

Indicatifs

Appels internes à la Guadeloupe – Composez le numéro à 10 chiffres de votre correspondant.
Appeler la France métropolitaine de Guadeloupe – Composez le numéro à 10 chiffres de votre correspondant.
Appeler l'étranger de la Guadeloupe – Composez le 00 + l'indicatif du pays + le numéro de votre correspondant.
Indicatifs – 32 pour la Belgique, 41 pour la Suisse, 1 pour le Canada.

Appels internationaux

Le coût d'une communication de la Guadeloupe vers la métropole s'élève à 0,24 €/mn. N'oubliez pas le décalage horaire si vous ne voulez pas réveiller vos correspondants ! *(voir « Décalage horaire », p. 22).*

Téléphones mobiles

La téléphonie mobile est très développée en Guadeloupe et dans les îles voisines, couvertes principalement par les réseaux **Orange**, **Digicel** et **Only**. Orange propose diverses options internationales, selon votre forfait habituel, mais, attention, les appels hors forfait sont souvent chers. Informez-vous auprès de votre service clients. Votre mobile se connecte automatiquement à votre arrivée sur l'île. En cas de problème, adressez-vous à l'une des nombreuses agences de l'île. Plus économique et plus pratique, vous pouvez acheter sur place une « puce » et un crédit d'appels qui vous permettront de téléphoner en Guadeloupe ou en métropole en maîtrisant le coût de vos télécommunications. Assurez-vous cependant avant de partir auprès de votre opérateur que votre téléphone mobile est « débloqué », c'est-à-dire qu'il peut accepter une « puce » différente de celle que vous utilisez habituellement. Sur place, vous trouverez celle-ci dans toutes les boutiques Orange (25 €) ou Digicel (20 €), opérateur local très fiable. Le crédit, sous forme de ticket qui mentionne le code secret à composer sur votre appareil, est en vente dans les boutiques de téléphonie, à la poste ou chez les marchands de journaux. Vous pourrez aussi recharger votre compte avec une carte bancaire auprès du service clients de votre opérateur.

Carte France Télécom

Cette carte vous permet d'appeler de n'importe quel pays et de n'importe quel téléphone, sans rien payer sur place. Le montant des communications est directement débité sur votre facture France Télécom habituelle. Renseignez-vous dans une agence France Télécom.

URGENCES

Pompiers – ✆ 18.
Samu – ✆ 15.
Police secours – ✆ 17.
Centre hospitalier régional universitaire – Rte de Chauvel, Pointe-à-Pitre/Les Abymes - ✆ 05 90 89 10 10 (standard) / 05 90 89 10 79 (accueil).
Centre antipoison – ✆ 05 90 91 39 39.

VÉLO

Les Guadeloupéens adorent le vélo et nombre d'entre eux pratiquent le cyclisme. Si vous avez de bons mollets et assez d'endurance, vous pouvez vous lancer dans l'aventure en louant un vélo pour quelques jours, ce qui peut être un excellent moyen d'entrer en contact avec la population.

VOITURE

La voiture est le meilleur moyen, sinon le seul, pour découvrir la Guadeloupe en toute liberté.

Location de véhicules

Conseil – Nous vous recommandons de réserver votre véhicule avant votre départ. Il est en effet fréquent que les loueurs à l'aéroport soient à court de véhicules.

On trouve une multitude de loueurs sur place. Nous vous conseillons de faire confiance en priorité aux sociétés internationales. Celles-ci ont toutes un comptoir à l'aéroport de Pointe-à-Pitre *(voir p. 116-117)* et dans certains grands hôtels.

Vous pouvez vous renseigner depuis la France dans les agences ci-dessous :

Auto Escape – ✆ 0 820 464 610 *(0,34 €/mn)* - www.autoescape.com. Centrale de réservation de véhicules de location à prix négociés. Il vous faut réserver votre véhicule à partir de la France, avant votre départ. Comptez env. 180 € pour 7 jours en catégorie A.

Annulation sans frais jusqu'à la dernière minute.

ADA – www.ada.fr. Liste des agences sur le site.

Avis – ✆ 0 821 230 760 *(0,12 €/mn)* - www.avis.fr.

Budget – ✆ 0 825 003 564 *(0,15 €/mn)* - www.budget.fr.

Europcar – ✆ 0 825 358 358 *(0,15 €/mn)* - www.europcar.fr.

Hertz – ✆ 0 825 861 861 *(0,34 €/mn)* - www.hertz.fr.

National Citer – www.citer.fr. Liste des agences sur le site.

Sixt – ✆ 0 820 007 498 *(0,12 €/mn)* - www.sixt.fr.

Vous pouvez également réserver auprès d'un réseau local réputé :

Voitures des îles – ✆ 05 90 89 22 10 - www.voituresdesiles.com.

Une autre solution consiste à demander au propriétaire de votre lieu d'hébergement de s'occuper de la réservation. Certains sont même loueurs de voitures. Sachez cependant que la grande majorité de ces petites compagnies n'assurent pas de service d'assistance 24h/24. Par ailleurs, beaucoup d'entre elles refusent de louer un véhicule aux moins de 25 ans ou aux détenteurs d'un permis de conduire de moins d'un an.

Certaines cartes de crédit donnent droit à un **rachat de franchise**, ce qui peut vous éviter de payer des options d'assurance supplémentaires. Renseignez-vous avant de partir. Au moment de prendre possession de votre véhicule, vérifiez bien son état. S'il fait nuit, demandez à examiner le véhicule à la lumière. Assurez-vous que l'on vous a remis un exemplaire de **constat amiable**.

Évitez de vous stationner sous un cocotier ou un manguier dont les fruits, en tombant, peuvent sérieusement endommager votre carrosserie. Sachez aussi que les dommages causés aux pneus sont systématiquement à la charge du client.

Réseau routier

Les routes sont bonnes sur les grands axes de Guadeloupe et impeccables à Marie-Galante. Si les chaussées sont généralement en bon état et assez larges, nombre de voies secondaires sont étroites. Il faut donc faire attention en cas de dépassement ou de croisement. Les accès qui mènent à certaines habitations ne sont pas toujours entretenus et prennent rapidement l'allure de pistes cahoteuses. Beaucoup de petites routes ont aussi des côtes impressionnantes que vous ne grimpez qu'en première. Ne vous lancez pas sur les pistes boueuses par temps de pluie et évitez les voies trop caillouteuses qui abîment les pneus.

Signalisation

La signalisation routière, bien entretenue, est la même qu'en métropole. En revanche, les distances entre les localités sont rarement indiquées.

Cartes et plans

La meilleure carte routière de la Guadeloupe est la carte touristique IGN qui existe en grand et miniformat. Les cartes régionales sont très utiles pour les randonnées. La plupart des offices de tourisme offrent des cartes fiables.

Les cartes de la série « Chemin Bleu », distribuées dans les offices de tourisme, donnent une bonne idée de la configuration des différentes localités, mais la dénomination des rues ou des lieux-dits tient parfois de la fantaisie.

Conduite

Selon le bilan de la préfecture pour l'année 2009, la Guadeloupe, est le pire département français en matière d'insécurité routière,

avec un taux de 114 tués par million d'habitant, contre 69 en métropole. Contrairement à ce que l'on pourrait croire, les accidents sont plus nombreux en semaine et en journée (pics vers 10h et entre 18-20h) que le week-end, tout simplement parce que le trafic est alors plus important.
La conduite des Guadeloupéens ne se différencie guère de celle des métropolitains. Dans l'ensemble, les conducteurs seraient plus courtois. Le klaxon, par exemple, est peu usité. De manière générale, nous recommandons d'éviter de prendre la voiture à la nuit tombée. Gare aussi aux fossés souvent profonds sur les bas-côtés des routes. Et n'oubliez pas : si le ti-punch fait partie des plaisirs locaux, la consommation d'alcool reste incompatible avec la conduite.

En cas d'accident

En cas d'accident matériel, gardez votre calme vis-à-vis de votre interlocuteur, quoi qu'il arrive. La moindre éraflure est parfois dramatisée et la rédaction d'un constat amiable peut prendre des heures. La meilleure solution, si vous disposez d'un téléphone mobile, consiste à contacter votre loueur afin qu'il s'entretienne directement avec l'autre partie. En général, cela permet d'apaiser les tensions. N'appelez la police que s'il y a des blessés.

Essence

Les carburants coûtent aussi cher en Guadeloupe qu'en métropole. Comptez autour de 1,18 € le litre de super et 0,99 € pour le gazole. Vous trouverez des stations-service près des villes et sur toutes les routes principales. La majorité fonctionnent encore à l'ancienne, avec un pompiste, mais assez peu sont équipées d'un dispositif de paiement par carte bancaire intégré. Vous serez sans doute surpris par la consommation élevée de carburant : le relief et, pour une moindre part, la climatisation du véhicule expliquent que vous ne pouvez guère parcourir plus de 400 km avec un plein.

Types de séjours

Forte de nombreux atouts, la Guadeloupe séduit à la fois les amateurs de farniente et ceux d'aventure. Plages magnifiques, randonnées de tous niveaux, plongée, kayak, surf, équitation... Il y en a pour tous les goûts. C'est aussi une destination familiale. Les enfants sont les bienvenus et se voient souvent proposer des activités spécifiques. Ils bénéficient également presque partout de tarifs réduits.

PLAGES	ÉTAPES
Les plus belles plages de la Guadeloupe	Ste-Anne (p. 128) - Le Moule (p. 141) - Grande-Anse (p. 236).
Les Saintes	Pompierre - Pain de Sucre - Anse Rodrigue et Anse Crawen (p. 228) - Terre-de-Bas (p. 236).
Marie-Galante	Folle Anse (p. 243) - St-Louis (p. 243) - Anse Canot (p. 244) - Anse Feuillard (p. 246) - La Feuillère (p. 245) - Petite Anse (p. 246).
SPORTS ET NATURE	
Plongée	Bouillante (p. 197) - Port-Louis (p. 148) - Ste-Rose (p. 217) - Deshaies (p. 212), Les Saintes (p. 223).
Randonnées sportives	La trace des Douaniers (p. 145) - Le saut de la Lézarde (p. 162) - Les chutes de la rivière Moreau (p. 162) - Les chutes du Carbet (p. 165) - Le sentier de la Grande-Pointe (p. 171) - La Soufrière (p. 184) - La Savane à Mulets (p. 187) - La chute du Galion (p. 188) - La boucle des Deux Rivières (p. 195) - La trace des Falaises (Terre-de-Bas, les Saintes) (p. 237) - La trace de Vieux-Fort (Marie-Galante) (p. 244).
Surf, windsurf, kitesurf	Grande-Terre : Ste-Anne (p. 128) - St-François (p. 133) - la pointe des Châteaux (p. 136) - surf et kitesurf au Moule (p. 141) - Anse-Bertrand (p. 147). Basse-Terre : windsurf à Vieux-Fort (p. 172). Les Saintes : windsurf à Terre-de-Haut (p. 226). Marie-Galante : windsurf à Capesterre (p. 245).
PATRIMOINE CRÉOLE	
Architecture et traditions	Le vieux Pointe-à-Pitre (p. 110) - Le Moule (sucrerie Gardel, distillerie Damoiseau) (p. 142-143) - Anse-Bertrand (cimetière, sucrerie de Beauport) (p. 147-149) - Petit-Canal (p. 150) - La distillerie Longueteau (p. 163)- Trois-Rivières (maison de la Banane, p. 171) - Vieux-Fort (p. 172) -Basse-Terre (p. 176)- St-Claude (La Bonifierie) (p. 185) - Vieux-Habitants (habitation La Grivelière) (p. 194) -Pointe-Noire (parc aquacole, maison du Bois, caféière Beauséjour, musée du Café, maison du cacao) (p. 206-208) -Ste-Rose (musée du Rhum, domaine de Séverin, écomusée créole, case An Tan Lontan) (p. 217-219).
EN FAMILLE	
Découverte du milieu naturel	L'aquarium de la Guadeloupe (p. 115) - Les îles de la Petite-Terre (p. 136) - La mangrove, depuis le nord de la Grande-Terre (p. 147-150) et le nord de la Basse-Terre (p. 217-220) - Le parcours accrobranches de Mangofil (p. 191) et du parc d'attractions Le Tapeur (p. 205) - L'observation des cétacés sur la côte ouest de la Basse-Terre (p. 201) - Le parc zoologique des Mamelles (p. 204) - Le jardin botanique de Deshaies (p. 212) - Les coraux en kayak transparent ou minicatamaran à fond de verre aux Saintes (p. 235).
Randonnées faciles	La pointe des Châteaux (p. 136) - La pointe de la Grande Vigie (p. 146) - Le sentier de la pointe à Bacchus (p. 162) - Le tour du Grand Étang (p. 166) - La 2e chute du Carbet (p. 166) - Le saut d'eau du Matouba (p. 189) - La trace de Bras David et la trace des Ruisseaux (p. 204) - La cascade aux Écrevisses (p. 205) - Le saut d'Acomat (p. 208) - Le saut des Trois-Cornes (p. 218).

Mémo

Agenda

N'oubliez pas de vous renseigner sur les **fêtes patronales**, célébrées avec plus ou moins de faste dans les différents villages.

JANVIER

Pèlerinage à la chapelle Baie-Olive – Le 1er janvier, à St-François. L'occasion de prendre un bain « démarré », pour bien commencer l'année.

Pombiray en fête – Plusieurs jours à la fin du mois, à St-François. Diverses festivités, chaque année sur un thème différent, dans cette section du bourg.

JANVIER-FÉVRIER

Festival régional et international du Cinéma de Guadeloupe (FEMI) – Fin janvier-début février. Rencontres, débats, et projections de films pour faire découvrir à un large public des films d'auteur issus d'une production internationale.

FÉVRIER

Carnaval – Nombreux défilés dans la plupart des localités.

Journée des Acras – Le 8, à Morne-à-l'Eau.

Mois de l'Afrique – Tous les deux ans, une série de manifestations à travers la Guadeloupe autour d'un thème ou d'un pays d'Afrique. Prochaine édition en 2012. Rens. : www.lemoisdelafrique.com.

MARS

Mi-carême – Défilé (ou vidé) en rouge et noir.

Vendredi saint – Longues processions aux calvaires des différentes communes.

MARS-AVRIL

Fête du Crabe – Fin mars ou début avril, à Morne-à-l'Eau.

Lundi de Pâques – Rendez-vous familial sur les plages de Guadeloupe. On pique-nique en dégustant le matété de crabes au son de musiques improvisées.

AVRIL

Fête de la Mer et du Poisson – St-François.

Fête à Cabri – La Désirade. Animations typiques et traditionnelles, culinaires autour du Cabri.

Week-end de la fleur tropicale – À Trois-Rivières.

MAI

Fête de la section Dubedou – Autour du 8 mai, à St-François. Défilés, concours agricoles et course cycliste.

Fête de l'Abolition de l'esclavage – Le 27 mai.

Terre de blues – Marie-Galante. Le plus grand événement musical de Guadeloupe : concerts, spectacles de danse, master class...

JUIN

Fête de la musique – Le 21 juin. Toutes les musiques sont à l'honneur dans les villes et les bourgs.

JUILLET

Festival de gwo-ka – Ste-Anne.

Forum de l'artisanat d'art et des traditions populaires – Ste-Anne. Exposition-vente et élection de Miss Ste-Anne.

Fête de la section Bois de Vipart – St François. La culture afro-guadeloupéenne à l'honneur.
Fête de la pointe des Châteaux – Autour du 14 juillet. Évocation du patrimoine amérindien et de l'agriculture traditionnelle.

AOÛT

Tour cycliste international de la Guadeloupe – Cet événement sportif est le plus populaire de Guadeloupe.
Fête des cuisinières – Le samedi le plus proche du 10, jour de la Saint-Laurent. Les cuisinières font bénir les paniers de victuailles à l'église St-Pierre-et-St-Paul de Pointe-à-Pitre.
Fêtes des marins – Le 15 ou 16 août, à St-François et à la Désirade.
Fête de l'Assomption – Processions mariales dans de nombreux villages.

NOVEMBRE

Grap à Congo – Le 1er novembre, à Capesterre-Belle-Eau. Fête nocturne introduite par les esclaves, avec danses et chants rituels.
Toussaint – La fête des morts à la mode antillaise avec illumination des cimetières et des maisons par des milliers de bougies.
Arrivée de la Route du rhum – Pointe-à-Pitre. Tous les quatre ans, la course à la voile relie Saint-Malo à Pointe-à-Pitre. Prochaine édition : automne 2010. Rens. : www.routedurhum-labanquepostale.com.
Fête de la section de Braguelonne – Autour du 11 novembre, à St-François.
Fête des quartiers de Pointe-à-Pitre – Le week-end, en novembre et décembre.

DÉCEMBRE

Ilojazz – Festival de musique à Pointe-à-Pitre et aux Abymes.
Fête de la Saint-Nicolas – Le 6 décembre. Les Saintes (Terre-de-Bas).
Fête des Grands Fonds – Du 25 au 28 décembre, autour de St-Anne. Avec combats de coqs et courses de bœufs tirant.
Fête des Saints Innocents – Le 28 décembre. Avec grand-messe traditionnelle pour les enfants.
Chanté nwel – Récitals de chants de Noël traditionnels dans les villages, surtout dans les Grands Fonds.

Bibliographie

La littérature constitue une excellente introduction à la culture et à l'histoire antillaises. Les romans et livres documentaires donnent un avant-goût du voyage. Les films, quant à eux, font état de l'évolution de la société.
Retrouvez d'autres auteurs et plus de références dans la rubrique « Langue et littérature » *(p. 88).*

ROMANS

Condé Maryse, **Desirada**, Robert Laffont, 1999. L'histoire émouvante d'une femme antillaise ballottée entre plusieurs identités. **Traversée de la mangrove**, Mercure de France, 1989 ; Folio n° 2411. Roman passionnant qui fait découvrir la société guadeloupéenne en profondeur à l'occasion du récit d'une veillée funèbre. **Le Cœur à rire et à pleurer,** Robert Laffont, 1999. Souvenirs d'enfance de l'auteur, entre comédie et tragédie.
Gobardhan Vallenet Danielle, **Le Secret du maître rhumier, Les Enfants du rhumier** et **Dumanoir, l'incroyable destinée**, L'Harmattan, 2005, 2006. Une trilogie qui évoque l'histoire d'une famille de rhumiers dans les années 1920 et 1930, et la destinée de l'habitation Dumanoir.

Moutoussamy Ernest, **À la recherche de l'Inde perdue**, L'Harmattan, 2004. Recueil de poèmes exprimant la sensibilité particulière des Guadeloupéens d'origine indienne.

Pépin Ernest, **L'Homme au bâton**, Gallimard, 1992 ; Folio n° 2926. Les aventures érotico-policières d'un drôle de bonhomme dans la Guadeloupe des années 1950. **Coulée d'or**, Gallimard, 1995. Touchant récit d'une enfance guadeloupéenne. **L'Envers du décor**, Le Serpent à plumes, 2006. La vérité profonde de l'île révélée à un couple de métropolitains venus s'installer en Guadeloupe par une marchande du marché de Pointe-à-Pitre.

Schwarz-Bart André, **La Mulâtresse Solitude**, Seuil, 1972 ; Points Seuil n° 302. L'histoire d'une figure historique, symbole de la résistance au rétablissement de l'esclavage.

Schwarz-Bart Simone, **Ti Jean L'horizon**, Seuil, 1979 ; Points Seuil n° 29. Beau roman sur la quête identitaire à travers le récit initiatique d'un personnage mythique. **Pluie et Vent sur Télumée Miracle**, Seuil, 1972 ; Points Seuil n° 39. La Guadeloupe profonde vue à travers le récit intime d'une femme noire.

BEAUX-LIVRES

L'Art de vivre aux Antilles, collectif, Flammarion, 2002. Plus de 600 photos de maisons, d'intérieurs, de jardins et de paysages de cette région enchanteresse.

Le Voyage en Guadeloupe, Max Etna, éditions du Félin, 2004. Une promenade littéraire loin des sentiers battus par un Guadeloupéen amoureux de son île.

La Guadeloupe vue du ciel : trésors cachés et patrimoine naturel, Daniel Maximin, Anne Chopin, HC éditions, 2008. Un très bel album de photos qu'accompagnent des textes de poètes et d'écrivains guadeloupéens.

Guadeloupe d'antan : La Guadeloupe à travers la carte postale ancienne, Gisèle Pineau, HC éditions, 2007. Plus de 400 documents pour un émouvant voyage dans le temps.

Jardins de la Guadeloupe, Isabelle Specht-Hoeffel, Orphie, 2007. Toutes les couleurs et l'exubérance d'une végétation luxuriante.

HISTOIRE ET SOCIÉTÉ

Abénon Lucien-René, **Petite Histoire de la Guadeloupe**, L'Harmattan, 1993. L'auteur retrace 350 ans d'évolution de l'île à sucre.

Abraham Marie, **Guadeloupe, temps incertains**, Autrement, 2000. De très beaux textes écrits par des écrivains, abordant tous les aspects sociologiques et humains de la société guadeloupéenne.

Bernard Jean-Yves, **La Guadeloupe au temps des gouverneurs**, L'Harmattan, 2003. Bel ouvrage qui raconte l'histoire de la Guadeloupe au début du 20e s. à travers des cartes postales anciennes.

Lara Oruno Denis, **De l'oubli à l'histoire**, Maisonneuve et Larose, 1998. Écrit par un intellectuel engagé, cet ouvrage très bien documenté pose le problème de l'identité caribéenne depuis l'abolition de l'esclavage.

Saint-Ruf Germain, **L'Épopée Delgrès : la Guadeloupe sous la Révolution française, 1789-1802**, L'Harmattan, 1977. Relate le combat des Guadeloupéens pour accéder à la liberté à la fin du 18e s.

RANDONNÉE, NATURE

La Guadeloupe et ses îles à pied, Fédération française de la Randonnée pédestre, 2007. 50 sentiers sur la Guadeloupe et ses dépendances.

Le Parc national de la Guadeloupe à pied, Fédération française de la Randonnée pédestre, 2003. 23 promenades et randonnées.

Balades à la Guadeloupe, Gérard Berry, Bruno Pambour, éditions du Pélican, 2000. 40 itinéraires pédestres de différents niveaux, pour « baladeurs curieux » et beaucoup d'informations sur la flore et la faune.
La Guadeloupe entre terre et mer, Daniel Kempa, Dakota, 2008. 25 balades sur les littoraux de l'archipel.

CUISINE

Guadeloupe, produits du terroir et recettes traditionnelles, Albin Michel, 1998. Le livre le plus complet sur le très riche patrimoine culinaire de la Guadeloupe.

LANGUE

Voir lexique sur le rabat de la couverture.
Le Créole guadeloupéen de poche, Assimil, 2004. Indispensable et drôle pour ceux qui désirent connaître les expressions créoles les plus courantes.

Films

Le cinéma antillais trace en général un portrait lucide de la complexe société guadeloupéenne.
Coco la Fleur, candidat de Christian Lara, 1979. C'est le premier film antillais dans lequel les acteurs parlent créole.
Rue Cases-Nègres de Euzhan Palcy, d'après le roman de Joseph Zobel, évoque la vie dans la Martinique post-coloniale. Ce film émouvant a remporté un important succès aux États-Unis et a obtenu le Lion d'argent au festival de Venise en 1983.
Tèt Grenné de Christian Grandman, 2002. Ce réalisateur guadeloupéen raconte l'histoire d'une famille marginalisée à la périphérie de Pointe-à-Pitre, dont la fille va se faire soigner en métropole.
Nèg Maron de Jean-Claude Flamand, 2005. Ce film décrit la société guadeloupéenne à travers l'histoire drolatique et violente de deux jeunes hommes.

Musique

En dehors des nombreuses boutiques de musique antillaise de métropole, vous pourrez préparer votre voyage musicalement à travers quelques sites spécialisés : www.colby.edu/french/guadeloupe/musique ; http://bananierbleu.com.
Musiques caraïbes, Isabelle Leymarie, Actes Sud, 1996. Livre-CD (45 minutes) proposant un itinéraire musical dans les îles caraïbes, à travers les rythmes vaudous du Surinam ou d'Haïti, le calypso de Trinidad, le merengue de St-Domingue ou le zouk et la biguine des Antilles.
Dans un genre différent, mais tout aussi intéressant : **À l'ombre du flamboyant : 30 comptines créoles**, Didier, 2004. Livre-CD très joliment illustré et bien mis en musique.

2/ COMPRENDRE LA GUADELOUPE

Dans la cathédrale de Pointe-à-Pitre. |
Philippe Giraud / Comité du Tourisme des Îles de Guadeloupe (CTIG)

La Guadeloupe aujourd'hui

La Guadeloupe possède plusieurs visages. À la fois région et département, traditionnelle et avant-gardiste, elle compte une population jeune – 30 % des Guadeloupéens ont moins de 20 ans – et métissée qui a créé ses propres repères. Ici, on est incontestablement en France, mais pas seulement. Il existe une réelle spécificité guadeloupéenne qui doit être prise en compte avec ses atouts, mais aussi avec ses freins particuliers, éléments indispensables pour comprendre et apprécier cet archipel si attachant.

Administration

La Guadeloupe, comme la Martinique et la Guyane, détient un statut administratif unique, puisqu'elle est à la fois département et région. Ce qui entraîne une gestion assez complexe des affaires publiques. En décembre 2003, les pouvoirs publics souhaitaient mettre fin à cette situation en soumettant un projet de statut unique qui a été rejeté par voie de référendum.

DÉPARTEMENT ET CONSEIL GÉNÉRAL

Le conseil général de la Guadeloupe est une institution ancienne, ses premiers textes remontant à 1827. Avec la **loi du 19 mars 1946**, dite « d'assimilation », la Guadeloupe devient un département français d'outre-mer (DOM). Les biens de l'ancienne colonie sont répartis entre l'État, le nouveau département et les communes. Cependant, il faut attendre plusieurs dizaines d'années avant que toutes les séquelles du droit colonial, notamment en matière sociale, disparaissent. Comme en métropole, le préfet est le représentant de l'État.

La **décentralisation** qui résulte de la loi du 2 mars 1982 a deux effets. D'une part, elle confère aux élus de la collectivité départementale davantage de liberté dans la gestion administrative. Le conseil général se voit attribuer de nouvelles compétences et son président devient l'organe exécutif du département. D'autre part, elle supprime ce qui faisait la particularité des conseils généraux d'outre-mer, en transférant leurs aptitudes spécifiques (principalement financières et fiscales) à la collectivité régionale. Dans l'ensemble, les compétences du département de la Guadeloupe sont les mêmes que celles des autres départements français : action sanitaire et sociale, attribution du revenu minimal d'insertion (RMI), gestion des collèges, culture, etc. S'y ajoutent celles spécifiques aux DOM : avis sur

Vue aérienne de Pointe-à-Pitre.
Guido Alberto Rossi / Tips / Photononstop

tous les projets de lois et décrets tenant compte de la situation particulière de ces départements (éloignement de la métropole, continuité territoriale), possibilité pour le conseil général de saisir le gouvernement de propositions induites par la géographie de ce département, tout en respectant la constitution de la République française.
Le **conseil général** de la Guadeloupe a son siège à Basse-Terre. Il dispose d'antennes à Pointe-à-Pitre et à Marie-Galante. L'assemblée départementale est composée de 40 élus pour 28 cantons.

LA RÉGION GUADELOUPE

Basse-Terre est la **préfecture** de région et Pointe-à-Pitre la sous-préfecture. Outre ses attributions habituelles, la préfecture a pour missions de prévenir les risques cycloniques et sismiques, et d'organiser les plans de secours.
La Guadeloupe élit un **conseil régional** de 41 membres. Les compétences de celui-ci, comme pour les autres régions d'outre-mer, sont adaptées et élargies à la situation. Ses membres sont assistés par un conseil économique et social, et par un conseil de la culture, de l'éducation et de l'environnement. Le conseil régional dispose de structures uniques destinées à prendre en compte des particularités locales : centre régional de promotion de la santé, conseil régional de l'habitat. Il adopte un schéma d'aménagement qui fixe les orientations fondamentales en matière de développement, de mise en valeur du territoire et de protection de l'environnement.
La région bénéficie également de pouvoirs élargis pour financer l'aquaculture. Elle peut créer des sociétés d'économie mixte pour l'exploitation des transports maritime et aérien, et financer l'enseignement des langues et des cultures régionales dans les lycées, à condition que cet enseignement demeure facultatif. Enfin, la région fixe le taux de l'**octroi de mer**, qui permet de taxer les importations

qui apporte aux communes de Guadeloupe 40 % de leurs recettes fiscales en moyenne.

Économie

Département français, territoire ultrapériphérique mais à part entière de l'Union européenne, les îles de la Guadeloupe n'en demeurent pas moins caraïbes. Cette distorsion de l'espace géographique brouille quelque peu les repères. Si, la nuit, depuis les côtes de Marie-Galante, on peut apercevoir les lumières de Roseau, la capitale de la Dominique, l'archipel manque d'ancrage régional et souffre de ne pouvoir le développer. Paris, mais aussi Bruxelles, semblent parfois plus proches que les îles voisines, d'autant que la Guadeloupe demeure dépendante des liaisons aériennes organisées par la métropole et d'aides financières, nationales et européennes, en raison de sa spécificité territoriale et de l'étroitesse de son marché intérieur. La région possède incontestablement de nombreux atouts pour réussir et, contrairement à l'idée qu'on s'en fait souvent, une économie plutôt dynamique. Il y demeure cependant de graves problèmes structurels et un certain nombre de problèmes conjoncturels.

LES CHIFFRES DE LA CROISSANCE

Selon un rapport de l'Insee publié en 2004, la Guadeloupe a été, au cours des années 1990, la région française qui a connu la plus forte croissance du produit intérieur brut par habitant. En 2007, le taux de croissance était encore de 2,6 % (2,2 % au niveau national), un chiffre qui la situe au-dessus de la moyenne des autres îles des Caraïbes. Toutefois, la crise financière et la récession mondiale n'ont pas épargné la Guadeloupe. De plus, ces résultats demandent à être relativisés, quand on sait que le PIB par habitant de la Guadeloupe s'élevait, en 2007, à 17 400 euros, soit 58,4 % du PIB moyen par Français (29 765 euros). Par ailleurs, le poids de l'économie publique ou administrée demeure considérable en Guadeloupe. Les entreprises publiques distribuent 40 % de la masse salariale et les entreprises privées, environ 60 % ; en France métropolitaine, la part des traitements publics s'élève à 30 %.

UNE ÉCONOMIE EN MUTATION

Depuis les années 1990, l'économie guadeloupéenne a connu de profonds bouleversements qui se sont traduits par un fort développement du **secteur tertiaire** et par une modernisation générale des structures traditionnelles, y compris industrielles. La part de l'agriculture dans le PIB a considérablement baissé. Les services représentent plus de 40 % de la consommation des ménages et près de 80 % des exportations. L'image d'une Guadeloupe dévolue à la culture de la canne à sucre et de la banane appartient au passé. Depuis les années 1960, les sucreries ont fermé les unes après les autres ; il n'en subsiste que deux aujourd'hui, l'une sur la Grande-Terre, l'autre à Marie-Galante. Difficile de prévoir leur avenir étant donné la chute des cours mondiaux du sucre. La **banane** reste pour sa part un secteur fragile, soumis aux aléas climatiques et à la très forte concurrence de la « banane-dollar » cultivée à bas prix par les multinationales américaines dans les plantations d'Amérique du Sud. La Guadeloupe en produit de moins en moins et tente de se diversifier en développant par exemple la culture du melon. L'économie est donc aujourd'hui dominée par le commerce, l'automobile, le transport, l'éducation et la santé. Les **énergies renouvelables** (solaire, éolienne, thermique, hydroélectrique) ou issues des déchets de la canne à sucre (la bagasse peut faire fonctionner des centrales thermiques) constituent un secteur prometteur et permettent d'ores et déjà à l'archipel de produire près d'un quart de son électricité.

LE DÉVELOPPEMENT PAR LE TOURISME ?

La part du tourisme n'a cessé de progresser dans l'économie locale. Les dépenses liées à ce secteur sont passées de 189 millions d'euros en 1993 à 328 millions en 2000. Mais, malgré ces chiffres, en baisse depuis 2000, le tourisme ne réalise que 5 % du PIB de la Guadeloupe en 2005. L'île n'a pas été épargnée par les retombées du 11 septembre 2001, ni par l'émergence des destinations concurrentes comme la République dominicaine ou Cuba, qui peuvent offrir un meilleur rapport qualité-prix. En Guadeloupe, les intervenants du secteur ont réagi en créant un Comité de tourisme et une charte de qualité auprès des hôteliers. Le Parc national de la Guadeloupe a lancé un label qui reconnaît les efforts des professionnels du tourisme en matière de développement durable. L'archipel possède en effet de nombreux atouts pour développer un **tourisme vert** qui séduit de plus en plus de vacanciers lassés par les complexes hôteliers de certaines régions de la Grande-Terre. Les petites structures, plus authentiques et plus proches de la nature, connaissent aujourd'hui un grand succès. Si 2008 a été une année mitigée pour le secteur, 2009 a, elle, été très mauvaise : les grèves qui ont marqué l'ensemble du premier trimestre ont découragé les vacanciers qui font un retour timide en 2010.

CHÔMAGE ET PAUVRETÉ

Malgré ces évolutions encourageantes, l'île s'affiche dans le peloton de tête des régions françaises par son **fort taux de chômage** avec 23,5 % de la population touchant au premier trimestre 2009 (9,1 % en métropole). Cette situation s'explique en partie par l'évolution démographique, avec l'arrivée de nombreux jeunes sur le marché du travail (en 2009, 55,7 % des moins de 25 ans étaient au chômage en Guadeloupe, 21 % en métropole), mais aussi par le fait que les emplois perdus dans les domaines traditionnels ne sont pas remplacés. Les postes créés ont surtout été des emplois de bureaux, très majoritairement occupés par des femmes. La Guadeloupe compte aujourd'hui deux fois plus de cadres que d'agriculteurs, avec un taux d'emploi salarié féminin supérieur à celui de la métropole. On ne peut ignorer que le passage d'une économie informelle à une économie formelle, caractérisée par la généralisation du salariat, a favorisé le développement du chômage indemnisé.
On ne peut ignorer non plus que le **taux de pauvreté des ménages** est deux fois plus élevé en Guadeloupe qu'en métropole (en 2009, 12,5 %/ 6,1 %), alors même que le seuil y est bien plus bas (3 900 euros/7 225 euros par an et par personne pour la même période).
Nul doute que ces réalités ont contribué à l'explosion du mouvement « contre la vie chère » et la « profitation » (profit-exploitation) au début de l'année 2009. D'intermédiaires en monopoles, les Antillais paieraient 30 % de plus qu'en métropole les produits manufacturés.

UN DÉFICIT D'IMAGE

L'évolution de l'économie guadeloupéenne n'a pas encore permis de résorber les problèmes structurels : chômage, poids du secteur public, coûts élevés, faiblesse des exportations et fragilité du tourisme. Néanmoins, la réalité tranche avec l'idée préconçue d'une économie essentiellement assistée et peu productive. Comme le soulignent les analystes de l'Insee, le premier déficit dont souffre la Guadeloupe « pourrait bien être un déficit… d'image ».

Il est cependant à espérer qu'à l'avenir les décisions prises dans le cadre de la réforme du commerce mondial de la banane ne contribueront pas à déstabiliser l'économie guadeloupéenne. Menace tout aussi importante qu'un réajustement probable des soutiens structurels après l'élargissement de l'Union européenne et l'entrée de nouveaux pays membres aux PIB moins élevés que celui de l'archipel…

Les Guadeloupéens

Le métissage de la langue créole *(voir p. 88)* reflète l'un des traits les plus marquants de la société guadeloupéenne, située à la croisée de l'Europe, de l'Afrique et de l'Amérique et héritière d'une histoire douloureuse.

Être guadeloupéen et français en même temps ; appartenir à la majorité noire dans une île où le pouvoir économique reste très largement aux mains de la minorité blanche ; être antillais tout en étant dans la communauté européenne ; parler le créole à la maison et le français au travail… Voilà qui n'est pas simple. Mais c'est une réalité. Si l'accès à plusieurs références culturelles et modes de vie constitue une source de richesse personnelle considérable, la question de l'identité collective demeure équivoque.

LES AMBIGUÏTÉS DE LA « CRÉOLITÉ »

L'impact du **colonialisme** reste vif : les revendications de l'identité antillaise s'appuient toujours sur la dénonciation de l'**esclavage**, crime trop longtemps occulté. Les mots employés pour désigner la population guadeloupéenne – nègres, créoles, antillais, métis, mulâtres – rappellent les rapports de violences infligés aux Noirs par les Blancs.

Confinée, presque distante, issue d'un métissage de populations d'Amérique, du Vieux Monde, d'Afrique, d'Inde et, plus récemment, de Chine, la société guadeloupéenne polit doucement son **identité créole**.

Les termes modernes de **créolité** ou de « peuple mosaïque » ont la prétention d'englober une identité culturelle propre aux Antilles. Mais le regard qui crée la créolité ignore souvent les contradictions, les antagonismes, les contrastes et les ambiguïtés que revêt ce terme cachant la réalité d'une société encore établie sur le préjugé de couleur.

COULEUR DE PEAU ET STATUT SOCIAL

Le terme **créole** s'est formé à la fin du 17e s. à partir du portugais « crioulo », tiré du latin « criare » (« nourrir, élever ») : le mot renvoie d'abord à l'enfant blanc né et élevé dans les colonies. Il finit par s'appliquer aux Européens nés aux Antilles. Chaque vague d'immigrants qui a fait souche ensuite dans les îles a rejoint la communauté créole, à l'exception des esclaves, pour lesquels était employé le terme de « nègre ».

Un des nombreux marchés de Pointe-à-Pitre.
AGE / Photononstop

Le créole est aussi une **langue** *(voir le rabat de couverture et p. 88)*, née de la nécessité pour les différentes communautés de se comprendre entre elles. Elle s'est établie sur le français, les Noirs étant contraints d'abandonner leur langue maternelle, et mêle des mots d'origines amérindienne, espagnole et africaine.

Bien que 95 % des Guadeloupéens aient des ancêtres africains, tout a été fait aux 18e et 19e s. pour que soient refoulées et niées les origines culturelles des Ouolofs, Toucouleurs, Foulbés, Bambaras, Ibos, Mandingues, Malinkés, Dioulas ou Congos. Cette acculturation a eu pour effet de laisser aux Noirs pour seule identité la couleur de leur peau. C'est celle-ci qui, malgré l'histoire et l'évolution des mentalités, continue d'organiser les rapports et les statuts sociaux.

NOIRS ET MÉTIS

Les Guadeloupéens n'hésitent pas à employer des termes qui, ailleurs, choqueraient. Lorsqu'un Guadeloupéen parle de « nègre », cela n'a rien de péjoratif, à ceci près que le **« nègre »** est toujours l'autre. Vous pourrez entendre des mères gronder leur enfant en leur disant : « Ne fais pas le nègre ». Mais il est très rare qu'un Guadeloupéen se définisse lui-même sous ce terme, sauf s'il parle des « nègres » dans le contexte de l'esclavage.

Le vocabulaire est très riche et subtil dans la distinction des couleurs de peau. Ainsi, même lorsqu'une personne réunit en apparence les traits africains, les Guadeloupéens distinguent si elle est « rouge » ou « bleue », selon le reflet de sa peau.

Le **« métis »**, mot à connotation plutôt positive, désigne une personne qui a plus de sang blanc que noir, et qui est parvenue à un certain statut social. On précise même parfois que ce métis est un **« quarteron »**, pour dire qu'il n'a qu'un seul grand-parent noir.

Le **« mulâtre »**, terme qui fait référence au mulet issu du croisement entre l'âne et le cheval,

est une personne dont l'un des deux parents est blanc. Dans la hiérarchie des préjugés, il se situe, *de facto*, en dessous du métis ou du quarteron, sauf si ses traits sont à dominante blanche et si son statut social est celui d'un Blanc. Dans ce cas, il est assimilé au métis.
Le **« chabin »**, terme s'appliquant au départ au croisement d'un bouc et d'une brebis, désigne en principe une personne aux traits négroïdes, à la peau et aux yeux clairs. Ce qualificatif revêt souvent une connotation ambiguë, car, si l'apparence physique du chabin est séduisante, les préjugés l'ont doté d'une personnalité violente ou imprévisible.
Enfin, dernier venu dans cet étrange lexique, le **« négropolitain »** désigne un Antillais né et éduqué en France. Ce terme a au moins le mérite de déplacer le regard de l'apparence physique vers l'origine géographique de la personne.

BLANCS SANS COULEUR

Le vocabulaire antillais est beaucoup moins riche pour désigner les personnes de type « européen » qui n'excèdent pas 5 % de la population. Être blanc est davantage un statut social qu'une couleur. À l'inverse de ce qui se passe pour les Afro-Antillais, l'origine géographique définit le Blanc.
Il est **« blanc-pays »** s'il est né en Guadeloupe de famille créole, ce qui équivaut au **« béké »** à la Martinique, mot parfois employé en Guadeloupe. Il peut être **« blanc-métro »**, né ou originaire de métropole. **« Blanc-Matignon »**, terme employé par les Noirs et les « métros », qualifie une partie de la population blanche de la Grande-Terre. Enfin, il y a le **« Blanc-gâché »**, le plus souvent d'origine « métro », marginalisé par l'alcool ou par une situation sociale inférieure à l'idée que l'on se fait de son statut traditionnel dans les Antilles.
Quant aux **îliens** de la Désirade ou des Saintes, souvent blonds aux yeux bleus comme leurs lointains ancêtres bretons et normands, ils se définissent par l'appartenance à leur île : Saintois ou Désiradiens.
Les **Syriens** et les **Libanais**, présents dans les villes, forment une communauté marquée par de forts liens familiaux. Ils sont surtout perçus au travers de leur statut social, lié à l'exercice du commerce, tout comme les **Chinois**, arrivés dès le milieu du 19e s., après l'abolition de l'esclavage.

INDIENS ET HINDOUS

La population d'origine indienne, implantée au milieu du 19e s. pour remplacer les esclaves libérés, décrétés « paresseux » et inaptes au

LES « BLANCS-MATIGNON »

Descendants d'aristocrates ayant fui la guillotine de Victor Hugues pour les uns ou lointains parents de la famille Grimaldi de Monaco pour les autres, ces Guadeloupéens à la peau claire ne sont désignés comme « Blancs-Matignon » que par leurs compatriotes noirs. Eux-mêmes n'emploient jamais ce terme. Ce sont de petits agriculteurs pauvres, exclus des propriétés sucrières. Au fil des générations, ce groupe d'hommes et de femmes, dont le mode de vie et la langue sont les mêmes que ceux de leurs voisins noirs, a fini par former une communauté que caractérise une forte endogamie. Depuis une quarantaine d'années, on observe cependant quelques mariages « mixtes » rendus possibles par l'évolution des mentalités.

travail dans les champs de canne à sucre qu'ils fuyaient, constitue une catégorie à part. Elle se définit en fonction de sa culture ou de sa religion, non de sa couleur de peau. La communauté indienne a d'autant mieux conservé sa cohérence culturelle dans la société antillaise que, à l'inverse des esclaves venus d'Afrique, les travailleurs originaires du sous-continent n'ont pas été baptisés de force. Si beaucoup se sont par la suite convertis au christianisme, certains d'entre eux ont conservé leurs croyances hindoues. À cela s'ajoutent les effets d'une politique coloniale qui n'a pas manqué de diviser pour régner, en érigeant le groupe indien comme groupe charnière entre Noirs et Blancs.

IMMIGRÉS ET NOUVEAU RACISME

Isolée de son environnement géopolitique naturel en raison de ses liens avec la France, la Guadeloupe apparaît comme un havre de prospérité, comparé à la misère qui sévit en Haïti ou à la Dominique, ce qui favorise une **immigration clandestine** parfois mal acceptée. Au nom de la « préférence nationale », syndicats, indépendantistes, politiques et représentants du pouvoir français s'accordent à refouler une population francophone qui partage la même histoire et la même culture que la plupart des Guadeloupéens.

Après avoir transité par l'île voisine de la Dominique, qui admet les citoyens haïtiens sans visa, les clandestins débarquent la nuit sur les côtes du sud de la Guadeloupe, après une traversée de 80 km en canot à moteur. L'odyssée tourne parfois au drame.

Par les réseaux établis dans l'île, les clandestins trouvent du travail contre des salaires de misère, principalement dans l'agriculture et dans l'hôtellerie. Il arrive qu'ils s'intègrent dans la société guadeloupéenne par le biais de « mariages blancs » chèrement monnayés. Mais une bonne partie de cette population vient s'entasser dans les taudis entourant Pointe-à-Pitre et alimentant le ressentiment d'une partie des Guadeloupéens qui, plutôt que de dénoncer une nouvelle forme d'esclavage, accusent les nouveaux arrivants d'être la cause de tous les maux : délinquance, prostitution, drogue, chômage, etc. En 2008, les reconduites à la frontière pour le seul département de la Guadeloupe ont concerné 1 665 personnes, pour 13 500 en France métropolitaine. Nombreux sont ceux qui dénoncent cependant l'inutilité de ces mesures, en l'absence de véritable politique de codéveloppement à l'échelle des Antilles.

LA GUADELOUPE ET LES CARAÏBES

Mêmes panneaux indicateurs, cabines téléphoniques, enseignes de grande distribution, Poste et Pôle Emploi : à plus de 7 000 km de distance, la Guadeloupe rappelle l'univers de la métropole, hors certaines particularités administratives et fiscales comme l'octroi de mer ou la TVA et. Cette égalité républicaine, en porte-à-faux avec les spécificités caribéenne et créole de la Guadeloupe, n'est sur certains points qu'apparence. En matière de **transports**, les liaisons aériennes entre la Guadeloupe et le reste de la Caraïbe ou le continent américain demeurent très difficiles. La Guadeloupe semble plus proche de Paris que de Roseau, la capitale de la Dominique voisine, ce qui la prive de liens économique et culturel profitables.

LE POIDS DE L'ESCLAVAGE

Pas un discours politique, pas une revendication sociale ou une réflexion intellectuelle qui ne se rapporte à l'esclavage. Si l'État français n'a reconnu l'esclavage comme crime contre l'humanité qu'en 2001, sur proposition de la députée guyanaise **Christiane Taubira**, cette question reste pourtant peu abordée dans les programmes scolaires. Cependant, la société guadeloupéenne demeure largement structurée par l'héritage des préjugés de race et de couleur, plus de 160 ans après l'abolition de l'esclavage.
Si l'on compare les hommes et les femmes politiques, les présentateurs de télévision, la plupart des fonctionnaires et des chefs d'entreprise, on constate que la hiérarchie sociale est à peu près calquée sur l'échelle des nuances du blanc au noir.
Minoritaires, les Blancs représentent à peu près 5 % de la population. Ils détiennent la quasi-totalité des terres agricoles et sont omniprésents dans l'hôtellerie, la grande distribution, le commerce automobile, l'import-export, la banque, les assurances et l'industrie. Si une classe métisse occupe un certain nombre de postes clés dans le commerce, les services et surtout l'administration, les Noirs constituent encore le bataillon des travailleurs agricoles, des ouvriers… et des chômeurs.
De plus en plus de Noirs accèdent au rang d'employés et de fonctionnaires, mais il faudra du temps avant que la peau foncée ne soit plus synonyme de handicap, avant que l'on ne dise plus d'un enfant qui a les traits plus négroïdes que ses frères et sœurs qu'il est « mal sorti ».
Pour mieux comprendre pourquoi les Guadeloupéens n'ont jamais autant débattu la question de l'esclavage et cultivé la mémoire de leurs ancêtres en servitude qu'aujourd'hui, il faut aussi prendre en compte la persistance de **traditions** construites sur la croyance en la présence réelle des ancêtres dans le quotidien des vivants. Promenez-vous autour des cimetières à la Toussaint et vous verrez avec quelle ferveur on illumine les tombes. On y vient en famille parler aux ancêtres et honorer leur mémoire.

Société

La famille, qui a été pendant longtemps la force des plus pauvres et le lieu privilégié de la solidarité en Guadeloupe, a évolué. Si les liens familiaux entre cousins, neveux, nièces, oncles et tantes restent forts, la cellule familiale tend à se déliter comme dans toutes les sociétés modernes.

Une société machiste…

L'importance du rôle social des femmes, qui découle ici d'une instabilité du lien conjugal, est ancrée dans les comportements. « Poto-mitan » (« pilier central » en créole) de la société, la femme guadeloupéenne doit souvent assumer seule l'éducation des enfants. Le Code noir, promulgué par Louis XIV en 1685, imposait déjà de confier tout enfant né d'esclaves à la seule mère, le père étant appelé à d'autres tâches.
Ainsi, le caractère matriarcal de la société guadeloupéenne serait une réminiscence des structures inégalitaires liées à l'esclavage.
Cette situation est accrue par le machisme qui caractérise toujours en partie la société guadeloupéenne. Il n'est pas rare qu'un homme choisisse de se marier avec une femme dite « respectable », à savoir sans enfant, alors qu'il a déjà fondé une famille sous le régime du concubinage. L'adultère demeurant valorisante pour les hommes, nombreuses sont

Femme guadeloupéenne à Pointe-à-Pitre.
Jonathan / Photononstop

les concubines ou les maîtresses qui doivent élever seules leurs enfants : on estime que près de 35 % des familles sont monoparentales (www.guadeloupe.sante.gouv.fr). Par ailleurs, les violences domestiques faites aux femmes continuent d'être importantes et supérieures à la moyenne nationale, comme dans les autres départements d'Outre-Mer, selon l'enquête de l'Observatoire national de la délinquance (bulletin n° 14, juillet 2008).

… et pourtant matriarcale

Bien qu'il soit encore élevé (16 ‰), le taux de natalité en Guadeloupe tend à baisser, à mesure que les femmes s'émancipent et accèdent à un niveau d'instruction et à des postes supérieurs. Pour autant, les résistances demeurent fortes pour celles qui visent des postes à haute responsabilité. Le cas de Lucette Michaux-Chevry (sénateur UMP de la Guadeloupe) est exceptionnel. Même si les femmes guadeloupéennes sont présentes dans l'univers politique local, elles se font rares à des postes clés dans le monde de l'entreprise.

Religions et croyances

La religion reste très présente en Guadeloupe : croyances et rites aux origines variées accompagnent nombre de gestes quotidiens.

LE CHRISTIANISME

En Guadeloupe, 95 % de la population est catholique.
Le **Code noir** *(voir p. 94)* n'a pas seulement défini les conditions de l'esclavage, mais a aussi imposé le catholicisme, en rendant obligatoire le baptême pour tous les colons (même juifs ou protestants) et pour les esclaves. Instrument de la servitude, à travers une catéchèse fondée sur les principes d'ordre et d'interdit, la foi prônée a aussi constitué un soutien pour les esclaves et scellé un attachement à l'Église demeuré fort. Des ecclésiastiques célèbres, souvent en rupture avec l'Église officielle, comme l'**abbé Grégoire**, furent aussi d'ardents partisans de l'abolition de l'esclavage. C'est

également grâce aux prêtres qu'au 19e s. l'instruction gratuite a été dispensée à la population noire. De cette situation ambiguë est née une religion catholique, certes apostolique et romaine, mais fortement mâtinée d'identité africaine. En 1845, l'abbé antiesclavagiste **Casimir Dugoujon** décrit ainsi la pratique catholique guadeloupéenne : « (...) le crucifix, les statues de la Vierge, les images des saints ne sont pour eux (les Africains) que des fétiches. Ils ont conservé au sein du catholicisme toutes les pratiques (...) qu'ils ont apportées d'Afrique ». Traditionnellement, le pratiquant attache une grande importance aux manifestations visibles de la piété : statues, images pieuses, croix monumentales, calvaires. On ne prie pas un Dieu abstrait, mais un Dieu visible et matérialisable. Ce qui explique notamment le culte fervent voué à Bernadette Soubirou : un quartier de Pointe-à-Pitre porte le nom de **Massabielle**, celui de la grotte où elle reçut son apparition à Lourdes. Plutôt que de suivre l'Église catholique sur la voie du modernisme, défini par le Concile de Vatican II, les Guadeloupéens sont de plus en plus nombreux à se tourner vers des courants charismatiques ou traditionalistes catholiques, ou encore vers des Églises protestantes, membres de la Fédération protestante de France ou en relation avec elle. Il s'agit, par ordre d'importance, des adventistes du 7e jour, des Églises évangéliques baptistes, des Assemblées de Dieu et de l'Église évangélique de Guadeloupe, qui totalisent près de 10 % des chrétiens de l'île. Ces organisations offrent une large place à l'expression publique de la foi, avec séances de confessions publiques, de guérisons de malades et de prières collectives. Elles connaissent une audience de plus en plus large.

L'HINDOUISME

Même si de nombreux Indiens se sont convertis au catholicisme, ils ont souvent conservé des pratiques rituelles hindouistes. De petits temples parsèment les secteurs où vit la communauté indienne : St-François et Port-Louis en Grande-Terre, Capesterre-Belle-Eau en Basse-Terre. Chaque année, la fête du mouton attire des foules. Ce temps fort, où est sacrifié un cabri en l'honneur de la déesse **Mariamman,** s'accompagne de prières, de chants et de purifications. Mariamman a la réputation d'accomplir des miracles, raison pour laquelle les Guadeloupéens non indiens lui font des offrandes.

LE RASTAFARISME

Les rastafariens, plus communément appelés **rastas**, sont les adeptes du rastafarisme, croyance née dans les années 1930 selon laquelle les Noirs exilés par l'esclavage sont les nouveaux Hébreux, tandis que l'Éthiopie est leur nouvelle « Terre promise ». Leur prophète est l'ancien empereur d'Éthiopie, Hailé Sélassié, également appelé Ras Tafari. Plus répandue dans les Antilles anglaises, comme en Jamaïque, cette religion pacifique attache une grande importance aux racines africaines et à l'Ancien Testament. Elle est peu représentée en Guadeloupe, à l'exception de quelques communautés sur la côte est *(voir p. 169)*, qui accordent une large place à la musique.

MAGIE ET SUPERSTITIONS

L'importance de la superstition est plus visible qu'ailleurs en Guadeloupe : dans les boutiques spécialisées, bombes aérosols pour éloigner les mauvais esprits ou miroirs pour détourner le mauvais œil côtoient crucifix et images pieuses en un étonnant syncrétisme religieux qui ne choque personne. Ce cocktail de magie et de religion s'est imposé à l'heure de l'exploitation coloniale, les esclaves cherchant à conjurer l'injustice et l'oppression, et a connu récemment un renouveau avec l'introduction, par les Haïtiens, de rites **vaudous**. L'Église catholique se prête aussi à cette culture : il est courant qu'un prêtre bénisse un stylo la veille d'un examen, une voiture neuve pour éviter les accidents et un bateau pour que la pêche soit bonne. Tous les Guadeloupéens, riches, pauvres, blancs ou noirs, n'hésitent pas à faire appel au **gadezafé**, qui exerce son art au moyen de breuvages aux vertus surnaturelles. Comme le rebouteux des campagnes françaises, le gadezafé tire son pouvoir de sa connaissance des plantes et des recettes de la médecine traditionnelle. Macérées dans le rhum, qui en accentue les vertus, les plantes sont administrées sous forme de boisson, d'emplâtre ou de sirop destinés à éloigner le mal ou à soigner la maladie. Le gadezafé peut aussi pratiquer l'envoûtement, le « retour d'affection » et invoquer les revenants, appelés **soukougnans**, **zespris** ou **volants**. L'arme favorite du gadezafé est le gros sel qu'il répand sur le seuil de la maison de celui auquel il veut du mal pour prendre possession de son esprit. Pour conjurer le sort, la personne visée doit recourir à un autre gadezafé ou faire dire une messe où sera prononcé le nom du mauvais sorcier, si elle le connaît. Dans le cas contraire, il faut faire brûler le plus de cierges possible..

LE CULTE DES MORTS

Le culte des ancêtres revêt une importance particulière en Guadeloupe. À la **Toussaint**, les cimetières sont nettoyés, les tombes fleuries et, à la tombée de la nuit, ils s'illuminent des flammes de milliers de bougies. Aucune tombe n'est oubliée, même celle qui ne reçoit plus de visites depuis longtemps. On se réunit en famille autour d'elles pour parler des disparus en pique-niquant et en buvant du rhum. La fête des morts n'a ici rien de triste.
De même, les veillées funèbres ont un caractère souvent festif. La disparition d'un proche est l'occasion de réunir la famille, les voisins et les amis. Les avis de décès sont régulièrement diffusés à la radio. On vient saluer le défunt, puis, autour d'une table dressée à l'extérieur de la maison, chacun raconte une anecdote sur le disparu. La « veillée » dure ainsi jusqu'à l'enterrement, où le cortège s'abrite du soleil sous de grands parapluies en entonnant des cantiques.

Nature et paysages

La terre que les Indiens caraïbes avaient baptisée Karukera (« l'île aux belles eaux »), en raison de ses nombreuses sources, est baignée par l'océan Atlantique et la mer des Caraïbes entre le tropique du Cancer et l'Équateur. Intégré aux Petites Antilles, ce département qui comprend quatre dépendances – Marie-Galante, la Désirade, les Saintes et Petite-Terre – jouit d'un climat chaud, mais non torride, de belles plages de sable blond bordées de cocotiers, d'une mer turquoise, de fonds marins exceptionnels, d'une superbe forêt tropicale propice aux randonnées qui en font une destination rêvée pour les amoureux de la nature.

Au cœur des Antilles

Les îles de Guadeloupe se sont formées voici 16 à 6 millions d'années grâce à trois phénomènes géologiques conjugués : la subduction de la plaque Atlantique qui s'enfonce sous la plaque Caraïbe, les dépôts marins coralliens, qui ont émergé sous la poussée tectonique, et le volcanisme, toujours actif.

GUADELOUPE, L'ÎLE PAPILLON

La Guadeloupe est composée de deux îles principales séparées par un petit bras de mer appelé **Rivière Salée** : la Grande-Terre (588 km^2), au nord, et la Basse-Terre (848 km^2), au sud. Vue d'avion, sa silhouette fait penser à un papillon aux ailes déployées.

La **Grande-Terre** est essentiellement constituée d'une table de calcaire corallien reposant sur un socle volcanique. Elle présente un paysage de plaines sèches dominées par des collines, les mornes. C'est la partie de la Guadeloupe où l'agriculture s'est le plus développée, notamment avec la culture de la **canne à sucre**, rendue possible par son indispensable corollaire : l'esclavage (*voir p. 95-96*). La forêt a reculé au fur et à mesure que la population s'est installée. Aux grandes plages de sable corallien s'opposent les hautes falaises de la pointe des Châteaux, à l'est, et de la pointe de la Grande Vigie, au nord-est, d'où s'offrent de magnifiques panoramas. L'attrait des plages a longtemps fait de la Grande-Terre la partie la plus touristique de l'île.

La **Basse-Terre** est l'île de Guadeloupe la plus récemment formée. L'aile gauche du papillon est montagneuse : elle possède un relief accidenté dominé par le volcan de **la Soufrière** (1 467 m), d'où s'échappe en continu un panache de vapeur. C'est la zone la plus sauvage de la Guadeloupe, sillonnée de petites vallées, ou ravines, aux versants abrupts, creusées par des rivières au débit imprévisible. L'ensemble est enveloppé dans une somptueuse couverture forestière, continuellement verte, abondamment abreuvée par de fréquentes pluies tropicales. Sa

Le cocotier est l'arbre roi de Guadeloupe.
KinSide / Fotolia.com

végétation dense et ses fonds sous-marins protégés en font un haut lieu de l'écotourisme.

MARIE-GALANTE, L'ÎLE AU RHUM

Au sud-est de la Basse-Terre, Marie-Galante (158 km²) a la forme d'une galette ronde. La plus grande des îles dépendant de la Guadeloupe rappelle à bien des égards la Grande-Terre, tant par son relief, qui culmine à 200 m, que par son économie, longtemps vouée à la monoculture de la canne à sucre. L'île aux cent moulins est renommée pour son rhum et est entourée de belles plages de sable au sud et à l'ouest, ainsi que de très beaux récifs coralliens sur sa côte est.

LA DÉSIRADE, ROYAUME DES VENTS

À l'est de la Grande-Terre, la Désirade, avec seulement 24 km², est un étroit plateau calcaire juché sur un socle volcanique ancien. Le haut de ses falaises, balayé par les vents, n'accueille qu'une végétation arbustive et, depuis quelques années, des champs d'éoliennes. Les faibles précipitations n'y permettent pas la culture de la canne à sucre, aussi l'esclavage s'y est-il peu développé. C'est pourquoi la plupart de ses habitants ont conservé des traits européens. L'activité économique tourne essentiellement autour de la pêche, la petite agriculture et l'élevage. Encore peu touristique, la Désirade n'en possède pas moins de superbes plages de sable fin.

LES SAINTES, TERRES DE PÊCHEURS

Les Saintes, au sud de la Basse-Terre, est la plus petite entité des îles de Guadeloupe avec une superficie de 19 km². L'archipel est composé de deux îles principales – **Terre-de-Bas** et **Terre-de-Haut,** qui culmine à 309 m – et d'une série de petits îlots inhabités.
Sur Terre-de-Haut, les reliefs pentus et la pauvreté des sols se révèlent inadaptés à l'agriculture. L'économie locale se concentre sur la pêche. En revanche, Terre-de-Bas détient une petite vallée

propice aux cultures. De fait, cette île est habitée par des descendants d'esclaves, tandis que la population de Terre-de-Haut est, pour l'essentiel, constituée de descendants de marins normands et bretons.
La côte très découpée a donné l'une des plus belles rades du monde et confère à l'ensemble un puissant attrait touristique, renforcé par la présence de sites de plongée exceptionnels.

Une nature violente

L'archipel de Guadeloupe fait partie d'une chaîne volcanique née de la subduction de la plaque Atlantique sous la plaque caribéenne. Chaque année, la plaque nord-américaine progresse de quelques centimètres sous la plaque Caraïbe, dont les mouvements créent des séismes superficiels ou plus sévères.

SÉISMES ET ACTIVITÉ TELLURIQUE

La Guadeloupe a été, à de nombreuses reprises, ébranlée par des séismes plus ou moins importants, comme celui de 1843 qui a totalement détruit la ville de Pointe-à-Pitre.
En **novembre 2004**, le sud de l'archipel a été frappé par une secousse d'une magnitude de 6,3 sur l´échelle de Richter, dont l'épicentre se trouvait entre les Saintes et La Dominique. Le séisme a violemment été ressenti à Terre-de-Bas, mais a aussi touché Terre-de-Haut, les communes de Trois-Rivières et de Capesterre-Belle-Eau. On a déploré des dégâts matériels d'ampleur moyenne, mais l'angoisse n'a toujours pas quitté ceux qui ont vécu l'épisode… D'autant que l'île n'a pas été épargnée ces dernières années. Deux nouveaux séismes ont été recensés, le 29 novembre 2007 (qui a également touché la Martinique) et, plus récemment, le 24 janvier 2010.
La préfecture de région dispose de moyens de surveillance sur la base des informations transmises par l'**Observatoire volcanologique et sismologique de Guadeloupe** (OVSG). Il existe un plan de secours spécialisé et l'administration veille à ce que les dispositifs parasismiques soient appliqués dans le secteur de la construction.

VOLCANISME

Les îles abritent toujours un volcan actif : le massif de **la Soufrière** en Basse-Terre, né il y a 200 000 ans. Il connaît, comme celui de la Montagne Pelée à la Martinique, des éruptions de type explosif, sous l'effet de la pression engendrée en son sein par l'accumulation de laves chargées de gaz. L'éruption de 1590 a ainsi provoqué d'infernales nuées ardentes. Depuis trois siècles, la Soufrière a connu une quinzaine d'éruptions majeures mais de moindre gravité. La dernière, en **juillet 1976**, a néanmoins marqué les mémoires : le volcan a craché des blocs de roche mêlés de fumée et de vapeur, ainsi qu'un épais nuage de cendres qui a plongé dans l'obscurité les communes de St-Claude et de Basse-Terre. L'évacuation de près de 70 000 personnes a été ordonnée ainsi que le déménagement d'institutions qui ne sont jamais retournées à Basse-Terre.
Depuis, la Soufrière émet des fumerolles aux odeurs de soufre et les autorités ont renforcé le dispositif de vigilance (sondes placées dans les flancs du volcan). Des plans de secours sont prêts pour assurer la protection de la population. Leur gradation s'évalue sur une échelle qui va du vert au rouge.
L'éruption de la Soufrière sur l'île voisine de Montserrat, depuis 1995, sert de référence à ce qui pourrait

QUE FAIRE EN CAS DE CYCLONE ?

Depuis 1999, la préfecture de la Guadeloupe a mis en place un plan d'alerte cyclonique comportant quatre phases.

Dispositif jaune : danger possible à plus de 36h, cyclone à plus de 1 000 km. Il ne faut pas partir randonner ni prendre la mer. Les réserves alimentaires et d'eau ainsi que l'état du poste de radio doivent être vérifiés.

Dispositif orange : danger à moins de 36h, cyclone à moins de 1 000 km. La radio diffuse toutes les informations sur l'évolution de la situation. Il est temps d'effectuer les derniers achats de vivres et d'eau, de protéger les ouvertures et de retirer les objets pouvant se transformer en projectiles.

Dispositif rouge : à moins de 300 km, le cyclone arrive dans moins de 8h. Toute activité doit être stoppée pour rejoindre les maisons. Durant le passage du cyclone, il est absolument interdit de sortir et de circuler.

Dispositif vert : levée de l'alerte. Ne pas encombrer les lignes téléphoniques et les routes, ne pas toucher les fils électriques tombés à terre ; la qualité de l'eau doit être surveillée avant consommation.

Pour toute information, consultez www.guadeloupe.pref.gouv.fr.

se produire en Guadeloupe : explosions phréatiques, dôme lavique, déstabilisation d'un flanc. Au cours d'une même éruption, ces différentes activités peuvent se succéder et il est donc important de définir des scénarios les prenant en compte. On ne peut être certain que d'une chose : il se passera un événement important à la Soufrière… dans les 2000 ans à venir.

CYCLONES

Les cyclones sont aussi appelés ouragans, mot dérivé du caraïbe **Hurakan** qui désigne un phénomène brutal et inexplicable. Manifestations climatiques intervenant à la fin de l'été, ils se caractérisent par de très fortes dépressions entraînant des pluies torrentielles qui noient tout sur leur passage et par des vents violents aux effets destructeurs. Chaque cyclone se voit attribuer un nom, comme « Hugo », l'un des plus destructeurs du 20e s. : en 1989, ses rafales ont atteint plus de 300 km/h et ont ravagé la Désirade, ainsi qu'une grande partie de la Guadeloupe.

Les cyclones naissent sur les côtes d'Afrique à partir de juin et gagnent en puissance au contact des eaux chaudes de l'océan Atlantique, qui s'évaporent au-dessus de 26 °C. Des nuages se forment, créant de fortes turbulences. Cependant, la plupart dérivent dans l'océan et ne sont pas dangereux tant que l'« œil » – centre calme de la dépression – n'aborde pas une terre.
L'intensité d'un cyclone se calcule en fonction de la force des vents qui tourbillonnent autour de l'œil. Lorsque les vents oscillent entre 63 et 117 km/h, il s'agit d'une tempête tropicale. C'est à ce moment qu'un nom est choisi dans une liste alphabétique et est donné au cyclone. Cela devient un ouragan quand les vents dépassent 118 km/ h.
Toutes les communes de la Guadeloupe sont exposées à ce phénomène, même si la côte ouest, de Gourbeyre à Deshaies, est plus abritée des vents. Depuis cent ans, 15 ouragans sont passés près de la Guadeloupe, la plupart occasionnant des dégâts. En 1979, le passage de David a généré une

forte houle et des vagues de plus de 5 m de haut ont sévèrement mordu le littoral.

L'ATMOSPHÈRE DES TROPIQUES

Entre le tropique du Cancer et l'Équateur, les îles de Guadeloupe baignent dans des mers tièdes et sont soumises à un climat tropical d'**alizés**, caractérisé par une forte humidité atmosphérique et par une chaleur qui évolue en moyenne entre 24 et 27 °C près de la mer. L'atmosphère se rafraîchit en altitude.

Il n'y a pas vraiment de saisons en Guadeloupe. La température est à peu près la même toute l'année, et les horaires du jour ne varient pas : 6h pour le lever, 18h pour le coucher.

L'**hivernage**, de juin à décembre, est la période la plus humide, avec des précipitations fréquentes allant de la pluie fine aux « avalasses » (grains orageux), auxquelles s'ajoutent parfois les trombes d'eau des cyclones (*voir plus haut*). La période sèche, ou **carême**, s'étend de janvier à mai et correspond à la haute saison touristique. Cependant, le nombre de jours de pluie peut varier considérablement d'une année à l'autre.

Malgré ces constantes, on remarque des différences entre le ciel de la Grande-Terre, plutôt radieux, et celui de la Basse-Terre, où les cumulus ont tendance à s'accrocher aux massifs. De même, la côte orientale, dite **« au vent »**, est naturellement plus humide et les paysages plus verts que ceux de la côte occidentale, dite **« sous le vent »,** au climat sec. Certains microclimats, comme à St-Claude en Basse-Terre, s'accompagnent d'une fraîcheur permanente bienfaisante.

Exubérance de la flore

La chaleur, l'humidité et la situation maritime ou en altitude, au vent ou sous le vent, favorisent une grande variété de formations végétales tropicales.

LA MANGROVE

Ce fascinant univers peuplé de crabes, où les racines des **palétuviers** composent un labyrinthe inextricable au-dessus des eaux saumâtres, règne sur les deux lagons formés à la jonction de la Grande-Terre et de la Basse-Terre : le **Petit Cul-de-Sac Marin**, au sud de la Rivière Salée, et le **Grand Cul-de-Sac Marin**, au nord. Ces espaces soumis à l'influence des marées sont constitués d'une multitude d'îlets sablonneux et vaseux, séparés par des chenaux, où poussent les palétuviers rouges, appelés ici « mangles », et les palétuviers gris et blancs qui s'épanouissent dans les zones les plus marécageuses. Ces variétés tropicales s'adaptent parfaitement au rythme des marées et à la salinité. En effet, leurs racines dressées à la verticale hors de l'eau possèdent des sortes de poumons, les pneumatophores, qui s'ouvrent à marée basse et se ferment à marée haute.

La mangrove est le royaume des moustiques, des oiseaux de mer et des échassiers qui se nourrissent de coquillages abondant dans ce secteur.

Cet écosystème aussi fragile que sauvage recule devant l'urbanisation et l'industrialisation. Le Grand Cul-de-Sac Marin, entre Port-Louis, en Grande-Terre, et Ste-Rose, en Basse-Terre, est le mieux protégé. Il est classé réserve naturelle depuis 1987.

Le flamboyant, l'essence même des Tropiques.
Fwed / Fotolia.com

LA FORÊT SÈCHE

La forêt sèche ou **savane à cabris** résiste bien à la sécheresse. On la trouve aux Saintes, à la Désirade et dans les zones à faible pluviosité de la côte sous le vent. Elle est recouverte de variétés d'arbustes à petites feuilles comme le bois-cannelle, le poirier pays, le bois d'Inde, le campêche, le gaïac, le gommier rouge, le mapou, le gli-gli, l'acacia et certains épineux et cactées. Les iguanes et les lézards apprécient cet habitat pas toujours accueillant. En effet, le **mancenillier** est un arbre redoutable : son fruit est un poison violent et sa sève peut occasionner de sévères brûlures. Les arbres sont signalés près des plages par un trait de couleur rouge sur le tronc. Ne vous en approchez pas et, surtout, ne vous abritez pas sous son feuillage s'il pleut !

LA FORÊT TROPICALE HUMIDE

Cette impressionnante forêt couvre plus des deux tiers de **la Basse-Terre**. Elle s'étage de 500 à 1 100 m sur les pentes des massifs volcaniques et se développe dans les zones recevant entre 2 000 et 5 000 mm de pluie par an. On est impressionné face à la puissance des arbres-montagnes, certains atteignant jusqu'à 40 m de haut, des châtaigniers grandes feuilles, des acajous ou **mahogany**, des acomat-boucan (les racines servaient d'abri pour boucaner la viande et, dans son bois, des pirogues étaient taillées) et des figuiers maudits, dont les puissantes racines étouffent les autres arbres. Entre les troncs de ces géants poussent toutes sortes de lianes, philodendrons, ficus, orchidées et autres espèces épiphytes, parmi lesquelles on reconnaît nombre de nos plantes d'intérieur.

LÀ-HAUT SUR LA MONTAGNE

Au fur et à mesure que l'on monte, la forêt tropicale laisse place à la **forêt pluviale d'altitude**, formée d'arbustes et d'arbres nains où domine le mangle-montagne, proche du palétuvier. Au-dessus de 1 000 m règne la **savane d'altitude**. La terre se couvre de **broméliacées** aux fleurs violettes et d'**orchidées blanches** striées de veinules améthyste. Enfin, les plus hauts sommets sont tapissés de sphaignes gorgées d'eau et de mousses noires, auxquelles se mêlent du thym-montagne.

FLEURS ET FRUITS DES TROPIQUES

Le climat tropical est, toute l'année, favorable à l'éclosion de fleurs aux couleurs vives, pour la plupart arbustives, qui égaient parcs et jardins. Le **balisier des Caraïbes**, la **rose de porcelaine**, l'**hibiscus**, l'**oiseau de paradis**, l'anthurium, l'allamanda, les bougainvilliers et les alpinias sont les variétés les plus fréquentes. S'y ajoutent les orchidées, plus représentées dans les serres que dans leur milieu naturel. Les fruits sont, pour l'essentiel, cultivés dans des jardins. L'**ananas bouteille**, très sucré, est le plus courant. L'avocat, la **mangue**, la prune de cythère, la surette, le **fruit de la passion** (maracuja), la goyave, la papaye, la noix de coco et la carambole complètent délicieusement cette liste.

CULTURES COLONIALES

La culture de la **canne à sucre**, longtemps première source de richesse de la Guadeloupe *(voir p. 95)*, est en constante régression du fait de l'effondrement de l'industrie sucrière, des coûts d'exploitation et de la concurrence de la betterave. La canne à sucre sert aujourd'hui à la distillation du rhum agricole. C'est surtout sur la Grande-Terre et sur Marie-Galante que l'on en rencontre d'immenses champs.
Le fruit colonial par excellence reste la **banane**. Sa culture ne s'est développée qu'à la fin du 19e s. et a connu son apogée dans les années 1950. Son exploitation intensive, sur les pentes de la côte au vent de la Basse-Terre, est en crise depuis plusieurs décennies et se maintient à l'aide des subventions européennes. La banane-légume, cultivée par les particuliers, est l'un des ingrédients de base de la cuisine locale.
Le **café** n'est plus produit en abondance, comme ce fut le cas en Basse-Terre dès le 18e s. Bien qu'une politique de subventions incite à replanter des caféiers, le coût en main-d'œuvre pour les récoltes empêche leur développement. Le **cacao** a lui aussi presque disparu, sauf dans le sud de la Basse-Terre, où subsistent quelques plantations.
Le **melon Philibon**, un délice lorsqu'il est bien mûr, est le nouveau venu des cultures intensives de la Guadeloupe. De type charentais, il est cultivé en Grande-Terre. La **vanille** et les **épices** ne sont produites qu'en très petite quantité dans le sud de la Basse-Terre.

La faune insulaire

Les principaux animaux qui peuplent la Guadeloupe sont les vaches, les chèvres, ou cabris, et les chiens : sous l'effet de l'occupation humaine, les mammifères sauvages sont devenus rares. Prolifèrent essentiellement les insectes.

PEU DE GROSSES BÊTES…

Le **raton laveur** ou racoon, proche de son cousin américain, se nourrit de viande et de poisson, et apprécie les fruits. C'est une espèce protégée, au même titre que l'**agouti**. Ce gros rongeur à fourrure, longtemps chassé pour sa chair, a presque disparu de la Guadeloupe, mais reste présent à la Désirade. La **mangouste**, introduite en 1888 pour lutter contre les rats, prolifère aujourd'hui. Elle chasse volontiers les **serpents** qui, ici, sont non venimeux.

La papaye, à cuisiner ou consommer sur place.
rps / Fotolia.com

On trouve aussi quelques espèces de **chauves-souris**, toutes protégées. Le **lamantin**, gros éléphant de mer, ne fréquente plus les côtes depuis le 18e s.
L'animal le plus surprenant reste l'**iguane**, très commun aux Saintes, à la Désirade et sur les îles de la Petite-Terre. Il en existe deux sous-espèces : l'iguane vert et l'iguane des Antilles, gros lézard à crête dont la taille peut dépasser 1,50 m. Inoffensif et exclusivement végétarien, il possède une chair, paraît-il, savoureuse, mais c'est aujourd'hui une espèce protégée.

… MAIS BEAUCOUP DE PETITES

Les petites bêtes abondent, à commencer par la minuscule **grenouille siffleuse** qui anime la nuit tropicale d'un tintement caractéristique dès la tombée du jour. Viennent se mêler parfois les croassements du gros **crapaud**, importé d'Amérique du Sud pour éliminer le hanneton, ravageur de la canne à sucre.
Le **crabe de terre** est une espèce très courante qui sort de son trou la nuit. Quant aux fameux **ouassous**, servis dans presque tous les restaurants de la Guadeloupe, ce sont de grosses crevettes d'eau douce à longues pinces qui se raréfient dans les rivières. Elles sont désormais élevées dans des bassins en Basse-Terre.
Les **insectes** sont, comme partout, les êtres vivants les plus représentés. Il y a bien entendu les moustiques, qui pullulent près des zones humides, mais aussi de nombreux papillons et libellules. La famille des scarabées compte même une vedette, espèce protégée : le **dynaste**, qui possède des pinces d'une grosseur impressionnante.

RAMAGES ET PLUMAGES

L'archipel guadeloupéen détenait de nombreux perroquets et aras. Ces volatiles ont été chassés à outrance et il en reste très peu de spécimens. Les **oiseaux** les plus rencontrés en forêt dense sont la grive à pieds jaunes, le tapeur ou pic noir, la perdrix et la perdrix croissant.

Le **colibri**, appelé « fou-fou » en raison de ses déplacements imprévisibles, le loriot, le coulicou à bec jaune, la tourterelle, l'engoulevent d'Amérique et les sucriers à ventre jaune fréquentent les jardins et s'invitent sans façon à votre table.

La mangrove est un paradis pour les oiseaux de mer qui abondent entre les racines : fous, grèbes, puffins, océanites, pélicans surnommés « grands gosiers », frégates (ou « mal finis » en créole), cormorans, balbuzards et aigrettes. Les îlets du Carénage accueillent également la nidification des sternes.

Un fabuleux aquarium

L'univers sous-marin de la Guadeloupe est l'un des principaux attraits de l'archipel. Même si, parfois, les abords des côtes manquent de charme en raison de la fréquentation touristique, de la pêche ou encore de la pollution, l'émerveillement reste intact pour tout baigneur muni d'un masque et d'un tuba.

JARDINS CORALLIENS

Les eaux chaudes offrent un milieu propice au développement d'un écosystème extrêmement riche. On dénombre une soixantaine d'espèces de coraux dans les eaux guadeloupéennes. Ils foisonnent en récifs autour des îles : c'est sur la côte de la Basse-Terre et dans la réserve du Grand Cul-de-Sac Marin, ainsi qu'aux abords de la Désirade, des Saintes et sur la côte sud-est de Marie-Galante que l'on peut contempler les plus beaux jardins de corail.

Le corail corne d'élan déploie ses branches aplanies, le corail corne de cerf forme des buissons aux fins rameaux orangés et les coraux étoilés s'épanouissent en bouquets de petites constellations. Le corail de feu lance vers la surface ses branches en forme de flammèches, qui sont d'ailleurs brûlantes si le plongeur s'en approche trop près ou s'il s'aventure à les toucher. Le surprenant cerveau de Neptune se pare d'un labyrinthe de circonvolutions. La fine dentelle des gorgones ondoie au gré des courants.

Il est possible, dans moins de trois mètres d'eau, d'observer les différentes espèces de poissons. Les **cardinaux**, petits poissons rouges, vous épient, abrités derrière des oursins aux longs piquants. De plus grande taille, les **balistes**, avec leur épine sur le dos, s'enfuient à votre approche. Le curieux **poisson-trompette**, aux allures d'hippocampe, n'est guère farouche, car personne ne le pêche. Ne craignez pas les **murènes** qui ondulent entre les coraux et les pierres, elles ne s'intéressent qu'à leur proie. Le **diodon**, gros poisson aux yeux exorbités, se gonfle et se hérisse de piquants lorsqu'il se sent menacé. De même, les **calmars**

LE LAMBI

Le lambi est un hôte des fonds des mers très prisé des gastronomes. Ce mollusque gastéropode à conque spiralée est, en effet, très apprécié pour sa chair, et cela depuis l'époque des Indiens caraïbes. Ces derniers utilisaient également le calcaire dur de la conque pour fabriquer des couteaux, des pointes de flèche ou pour orner des parures. La coquille, une fois l'extrémité pointue sciée, sert aussi de trompe. Elle est encore utilisée dans les défilés du carnaval. Ce coquillage est une espèce en danger de disparition depuis peu. Il est donc interdit d'en rapporter un. Tout contrevenant devra payer une amende de 350 euros.

peuvent soudain s'enfuir, dissimulés derrière un nuage d'encre.
Ce n'est qu'en plongeant avec des bouteilles que vous pourrez apercevoir des espèces plus impressionnantes comme les **raies** aux ailes d'ange, les **carangues**, les **dorades coryphènes** au faciès peu avenant, les gros **thazards** au nez pointu et même des **requins**.
Les pacifiques **tortues** ne sont pas rares. Si l'on en compte six espèces dans les eaux de Guadeloupe, trois seulement viennent pondre sur les plages : la tortue imbriquée, ou karet, la tortue verte et la tortue luth, ou bataklin. Toutes sont protégées.
L'océan recèle aussi de cétacés : **dauphins** et **baleines à bosse** peuvent être aperçus depuis un bateau. Quant aux **langoustes**, que l'on voit plus souvent dans son assiette qu'au fond de l'eau, elles abondent dans les fonds coralliens.

Parcs et réserves

Le **Parc national de la Guadeloupe**, créé en 1989, couvre 173 km^2 au cœur de la Basse-Terre et englobe l'essentiel de la forêt humide tropicale de l'île, le massif de la Soufrière, et une zone périphérique de 162 km^2 autour des communes côtières de Bouillante, Vieux-Habitants et Pointe-Noire.
Sa vocation est de préserver et de faire connaître cet immense espace comportant des centaines d'espèces végétales et animales protégées. Le parc comprend aussi 300 km de sentiers. Si sa vitrine est la **maison de la Forêt**, sur la route de la Traversée en Basse-Terre *(voir p. 203)*, son siège se trouve à St-Claude *(voir p. 187, www.guadeloupe-parcnational.com)*.
L'**Office national des forêts** *(www.onf.fr/guadeloupe)* est très actif en Guadeloupe. Cet organisme assure une partie de l'entretien des sentiers de randonnée et administre près de 50 000 ha de forêts publiques, répartis entre le massif forestier de la Basse-Terre, les forêts littorales, la mangrove et les îles de la Petite-Terre.
Le **Grand Cul-de-Sac Marin**, déclaré **réserve naturelle** en 1987, est géré par le Parc national de la Guadeloupe depuis 1991. Il comprend 21,15 km^2 de mer et 16,22 km^2 de formations forestières ou herbacées, et englobe les îlets Fajou, Christophe, Carénage et Biche, l'estuaire de la Grande Rivière à Goyave et les mangroves des marais des Abymes. L'objectif du parc était de réintroduire le lamantin, projet resté lettre morte. La chasse, la pêche, les activités touristiques, la plongée et la collecte de sable y sont réglementées.
La **réserve naturelle des îles de la Petite-Terre** *(voir p. 136)*, au large de la Désirade, est régie par l'ONF. La chasse et la pêche y sont interdites. Ces deux îles inhabitées abritent de nombreux oiseaux marins et iguanes. C'est un paradis pour les plongeurs.
La **réserve Cousteau**, autour de l'îlet Pigeon près de Bouillante *(voir p. 197)*, n'a rien d'une réserve au sens administratif. C'est une zone protégée : la pêche sous-marine y est proscrite et la pêche classique, réglementée.

Traditions et art de vivre

« Pani pwoblem» ! Pas de problème : telle est la devise qui semble avoir cours en Guadeloupe. Ici, le temps paraît s'écouler plus lentement qu'ailleurs. Sous ces latitudes, le climat incite à une certaine indolence. Le bruit des vagues et celui de la brise dans les branches des palmiers sont une musique qu'il faut savoir écouter et apprécier… Et même si la modernité fait partie du quotidien de nombreux Guadeloupéens, ces derniers demeurent fidèles aux traditions que leur ont légué leurs ancêtres. Il suffit d'assister à une partie de dominos ou de siroter un petit rhum pour s'en convaincre !

Le carnaval

Les Guadeloupéens, qui sont plutôt discrets et pudiques, apprécient les festivités en petits comités, entre parents ou proches amis, pour lesquels ils revêtent des tenues impeccables (cravate pour les hommes, robes élégantes pour les femmes). L'heure du carnaval bouscule cependant toutes ces règles. Dès le mois de janvier et jusqu'au mercredi des Cendres, toute la Guadeloupe s'enfièvre au rythme des défilés – les **« vidés »** – qui envahissent les rues des villes et des villages.

La tradition remonte au 19e s. Après l'abolition de l'esclavage, le peuple organise ses propres défilés de rue pour narguer les anciens maîtres, en détournant la tradition européenne du masque, sur fond de musique et de culture créoles. Tombé peu à peu en désuétude, le carnaval connaît un renouveau dans les années 1960, sous l'impulsion de groupes locaux organisés en confréries.

La manifestation est la concrétisation et l'aboutissement de toute une année de préparation au sein d'associations très actives qui transcendent les clivages sociaux et raciaux. Cependant, le **défilé** est encadré et discipliné. Il débute et finit à heure fixe, puis chacun rentre chez soi. Les bals publics restent rares, hormis le soir de la clôture de la manifestation. Et, si fête il y a, elle s'organise autour de petits groupes de participants qui se retrouvent après le défilé, loin de la foule et des touristes.

Le carnaval commence le dimanche suivant l'**Épiphanie**. Les fins de semaine, notamment, sont l'occasion de **zouks**, tours d'essai durant lesquels le carnaval des écoles rencontre un vif succès. Mais la fête bat réellement son plein lors des quatre **jours gras**.

Le dimanche, a lieu la parade des masques et des chars. La foule envahit les trottoirs et la circulation est bloquée. Les costumes souvent délirants, inspirés du carnaval brésilien, côtoient les déguisements

Le carnaval de Pointe-à-Pitre.
Philippe Giraud / Comité du Tourisme des Îles de Guadeloupe (CTIG)

traditionnels : **Marianne la po de figue**, « Marianne peau de banane », couverte de feuilles séchées de bananier ; le groupe des esclaves surveillés par un chef autoritaire ; les facétieux **Neg Gwo Siwo**, « nègres-gros-sirop », au corps enduit de suif et de sirop de canne, symboles de la libération des esclaves. Tout au long du parcours, la foule ondule au rythme des tambours auxquels se mêlent les sifflets stridents, les conques et la pétarade continue des enfants qui font claquer sur le sol un gros fouet en corde.

Le lundi est le jour des mariages burlesques aux déguisements inversés. **Mardi gras** voit défiler les **mass à kon'n**, « masques à cornes », diables rouges aux vêtements décorés de fragments de miroir. Le **mercredi des Cendres** ou **« grand vidé »** est le jour de l'enterrement de **Vaval Rwa Bwa Bwa**, Sa Majesté Carnaval, une immense marionnette à thème. Les **mass lan mô** à tête de mort et couverts d'un drap effraient toujours les plus jeunes. Le soir, Sa Majesté est brûlée dans une liesse qui dure parfois jusqu'à l'aube.

LA FIÈVRE DES DOMINOS

Il suffit d'entendre claquer les pièces de dominos sur les tables des « lolos » pour comprendre à quel point ce jeu d'apparence calme peut devenir passionné. La partie de dominos est une manière de célébrer l'amitié en s'envoyant en créole quelques répliques bien senties. Comme la bouteille de pastis dans une partie de cartes à la Pagnol, la bouteille de rhum n'est jamais loin et chauffe les esprits et l'ambiance. Les dominos font aussi passer le temps durant les longs conflits sociaux. Une oreille attentive peut parfois mesurer, dans le cliquetis plus sec des pièces glissant sur une couverture posée à même le banc, l'annonce de la colère des perdants.

Costumes traditionnels

Le costume traditionnel, porté uniquement par les femmes, est apparu au 18e s. La tenue d'apparat **jupe-chemise** est composée d'une longue chemise blanche brodée et d'une jupe ample relevée de manière à montrer le bas du jupon abondamment garni de dentelles. Le foulard porté sur les épaules rappelle l'héritage espagnol, et le **madras**, coiffe en tissu madras, laisse deviner par le nombre de pointes qu'il comporte l'état sentimental de sa propriétaire.
Au 19e s. naît la **grande robe de cérémonie** en tissu brillant. Les manches sont longues, le corsage, froncé sur le devant, est rattaché à une large jupe « piquée », relevée sur les côtés, découvrant le jupon dont la couleur est assortie à la petite cape. La **« tête calendrée »**, qui accompagne la grand-robe, est une coiffe des grandes occasions en madras jaune, plissée en escargot et surmontée d'une pointe très fine. Broches sur le corsage et la coiffe, boucles d'oreilles et bracelets viennent compléter l'ensemble. Les **colliers grains**, constitués perle par perle au gré des aventures amoureuses, s'enroulent en plusieurs rangs autour du cou et se mêlent à la chaîne « forçat » ou « gros-sirop », au collier de grains choux, au « collier corde », « grains de concombre », ou encore au collier de perles de grenat.
Ces costumes sont revêtus à l'occasion des fêtes par les plus âgées. Dans la vie de tous les jours, les femmes s'habillent à l'européenne, quoique le pantalon soit moins porté qu'en métropole. Certaines femmes revêtent parfois la **gaule**, robe flottante en tissu blanc. La **douillette** est le vêtement habituel des femmes de la campagne ou des marchandes. C'est une robe ample de cotonnade unie ou imprimée, souvent relevée à la taille au moyen d'une pièce de madras.

La passion du rythme

Les rythmes chaloupés du zouk sont devenus l'emblème de la musique guadeloupéenne, mais ne demeurent qu'une expression parmi d'autres d'un art musical très riche, né d'influences africaine, européenne et américaine subtilement réarrangées.

INFLUENCE AFRICAINE

La musique africaine demeure le fond des styles musicaux guadeloupéens. Dans les habitations, les courts moments de détente du samedi soir et du dimanche après-midi étaient, pour les esclaves, les seules occasions de se divertir. Leurs rassemblements ont très vite effrayé l'administration coloniale et l'Église, horrifiées par le spectacle des lascives **calendas**, danses de fécondité très suggestives.

LES MESSAGES CACHÉS DU MADRAS

Avec les jupons et les robes colorées, le madras symbolise la tenue antillaise par excellence. Ce nom désigne à la fois un tissu à chaîne de soie et trame de coton et le gracieux foulard que les femmes se nouent sur la tête. Au fil du temps, la **coiffe en tissu de madras** devint de plus en plus élaborée et finit par devenir un moyen d'exprimer ses sentiments et son statut social.

MUSIQUES CRÉOLES

À partir de l'abolition de l'esclavage en 1848, le métissage entre musiques africaine et européenne donne naissance à la musique créole. Formés à jouer les airs de bal en vogue au 18e s., les « nègres à talent » ou les mulâtres affranchis interprètent librement les danses d'Europe. Violon, accordéon et triangle s'unissent aux percussions et les rythmes se font plus syncopés. La mazurka devient **mazouk**, la valse se « créolise », la polka se transforme en **biguine**. Les **quadrilles** tels que la « haute taille » adaptent les figures européennes à l'atmosphère locale.

ÉTONNANT QUADRILLE

Le **quadrille** est fondé sur une danse européenne du 18e s. mâtinée de rythmes africains. Sa forme actuelle a été établie au début du 20e s. par les membres des sociétés d'entraide mutualistes. L'orchestre réunit accordéon, violon et guitare, aux côtés du **cha-cha-cha** (hochet), du **criac** (racleur) ou du **tambour de basse.** La danse comprend plusieurs styles : **quadrille au commandement** (Grande-Terre), **quadrille sans commandement** (Basse-Terre), **quadrille des lanciers** (Ste-Anne). Les styles comprennent plusieurs figures qui ont chacune une base rythmique différente : entrée, valse, pantalon, été, poule, pastourelle et biguine. Le commandeur, personnage central de la danse, donne les consignes pour l'exécution des figures.

BEGIN THE BIGUINE…

Dès le milieu du 19e s., la biguine (son nom est tiré de l'anglais *begin* - « commencer » - car elle ouvrait le bal) rencontre un succès considérable lors des festivités carnavalesques. Les paroles qui l'accompagnent traitent avec humour des problèmes sentimentaux et des événements politiques. Elle adopte peu à peu le tempo jazzy des formations de Louisiane. La biguine connaît son apogée dans les années 1930 avec des succès comme **Ba moin en ti bo doudou**, devenu emblématique de la musique antillaise.

LE TRIOMPHE DU ZOUK

Après la Seconde Guerre mondiale, les rythmes afro-américains du calypso de Trinidad et de la salsa cubaine séduisent les Petites Antilles. Puis la Guadeloupe est conquise par le **kompa direk** (compas direct) et le minijazz, venus d'Haïti, restés à la mode jusque dans les années 1980. Au point de reléguer au second plan la musique locale dans les années 1960-1970. Dix ans plus tard, le **zouk** devient un phénomène, en mêlant influences extérieures, musique locale et pop. **Kassav**, Marius Cultier et le groupe **Zouk' Machine** popularisent ce rythme qui s'empare de l'Europe et de l'Amérique. D'autres formations leur emboîtent le pas : **Taxi créole**, **Diffé** et la **Compagnie créole** remportent un immense succès dans les années 1980 et 1990. Le jazz n'est pas en reste, avec des musiciens qui s'inspirent des mélodies traditionnelles, tel le pianiste **Alain Jean-Marie**.

GWO-KA ET IDENTITÉ

L'empreinte africaine se caractérise par l'importance du tambour **gwo-ka**, creusé à l'origine dans un tronc d'arbre évidé, puis en recyclant un baril sur lequel est tendue une peau de cabri. Mais le gwo-ka n'est pas seulement un instrument, c'est aussi une expression qui réunit la danse, le chant et la musique traditionnelle. Il se caractérise par l'improvisation des différents

chanteurs qui se répondent. Dans une formation classique, les musiciens acceptent deux à trois tambours *ka* sur lesquels le percussionniste joue à califourchon, tandis qu'un tambour (semblable au djembé), joué droit, a le rôle du soliste et de l'improvisateur. On trouve aussi des **instruments en calebasse** d'origine amérindienne. L'essentiel du répertoire s'appuie sur des échelles pentatoniques, c'est-à-dire ne comportant aucun intervalle de demi-ton.
Le *gwo-ka* est devenu un support de l'identité guadeloupéenne, souvent valorisé par les mouvements liés aux indépendantistes. Ce mouvement a été théorisé par **Gérard Lockel**, fondateur du Gwo-ka Modern ; il est retourné en Guadeloupe au début des années 1970 après de longues années passées en métropole. Sa recherche musicale se fonde sur une « vision nationaliste de la musique guadeloupéenne ».
Le relais est aujourd'hui assuré par des groupes comme **Kannida**, attaché au terroir des Grands Fonds *(voir p. 133)*, d'où est originaire le **boulagèl**, fondé sur des rythmes vocaux à base d'onomatopées. Depuis une dizaine d'années, le festival Gwo-ka, organisé en juillet à Ste-Anne *(voir p. 133)*, présente un aperçu très complet de cet art.

L'amour du sport

Les Guadeloupéens sont d'autant plus fans de sport que leurs athlètes portent haut les couleurs de leur île dans toutes les disciplines. De **Roger Bambuck** à **Lilian Thuram**, en passant par **Laura Flessel** et **Marie-José Pérec**, peu de départements français ont donné autant de champions de haut niveau *(voir encadré ci-dessous)*.
Si la majorité des Guadeloupéens s'honore de ses champions et cultive un certain culte du corps, les manifestations populaires attirent les foules, comme le **football**, qui remplit les stades le dimanche, et le cyclisme, avec le **Tour cycliste de la Guadeloupe**, principale

LES PRINCIPAUX SPORTIFS GUADELOUPÉENS

Roger Bambuck (né en 1945 à Pointe-à-Pitre), recordman de France et du monde du 100 m en 1968. **Marius Trésor** (né en 1950 à Ste-Anne) s'est illustré aux Girondins de Bordeaux, à l'Olympique de Marseille et sous le maillot tricolore. Son fils spirituel, **Lilian Thuram** (né en 1972 à Anse-Bertrand), champion du monde en 1998, défenseur du championnat d'Italie, rattaché un temps au FC Barcelone. **Thierry Henry** (né en 1977 aux Ulis), sacré champion du monde et d'Europe de football avec les Bleus, est guadeloupéen par son père et martiniquais par sa mère. **Muriel Hurtis** (née en 1979 à Bondy, de parents guadeloupéens), championne et vice-championne sur 200 m et 4 x 100 m. **Marie-José Pérec** (née en 1968 à Basse-Terre), championne de France, d'Europe et du monde sur 200 m et 400 m. **Christine Arron** (née en 1973 aux Abymes), championne sur 100 m et relais 4 x 100 m. **Patricia Girard** (née en 1968 à Pointe-à-Pitre), championne européenne du 60 m en salle en 1996, médaillée aux JO d'Atlanta. **Laura Flessel** (née en 1971 à Pointe-à-Pitre), plusieurs fois titrée au niveau mondial à l'épée et médaillée aux JO de Sydney. **Jim Bilba** (né en 1968 à Pointe-à-Pitre), basketteur de dimension internationale et capitaine de l'équipe de France médaillée aux JO de Sydney. **Jean-Marc Mormeck** (né en 1972 à Pointe-à-Pitre), boxeur poids mi-lourd à lourd, ayant unifié le titre mondial en 2005 et 2007.

manifestation sportive de l'île. Une semaine chaque été, la population se masse sur le bord des routes pour applaudir ses champions et la caravane publicitaire.

Passion du jeu et superstition

Les Guadeloupéens sont joueurs. Le quotidien *France-Antilles* est réputé pour ses pronostics hippiques. Le goût du jeu et du pari se porte aussi sur les matchs de foot, les combats de boxe, les courses cyclistes, les parties de dominos ou de pétanque, les concours de bœufs tirant ou les combats de coqs. Passionnés, les joueurs sont aussi souvent superstitieux : les boutiques spécialisées dans les gadgets ésotérico-religieux regorgent d'opuscules consacrés aux 1 001 manières de s'attirer la chance, de gagner de l'argent, d'interpréter les signes du destin.

Gastronomie

UNE CUISINE MÉTISSÉE

La cuisine guadeloupéenne emprunte à toutes les cultures qui se sont succédé sur l'île : amérindienne, africaine, européenne et indienne. Si ces différents peuples ont souvent entretenu des rapports difficiles, leurs influences dans la gastronomie se sont étonnamment bien mêlées.

Influence amérindienne

Les principaux apports des premiers habitants des Antilles sont le **piment**, qui a conquis par la suite le reste du monde, et le **manioc**. Sa farine est utilisée pour préparer le **kassav**, une galette qui a longtemps été le pain des Guadeloupéens. Le **calalou**, sorte de soupe-ragoût de feuilles et de légumes, est un terme amérindien. Les autres apports à la cuisine créole sont l'igname « cousse couche », le giraumon (potiron), le chou caraïbe ou malanga (de couleur jaune), la patate douce et le topinambour ou « moustache de Barbade ». Les crustacés de rivières, les **ouassous** ou les **titiris** portent des noms issus des langues amérindiennes. Le **barbecue**, aussi appelé boucan, serait un terme emprunté au haïtien *barbacoa* désignant un brasero en plein air où était suspendue la viande pour la fumer ou la sécher.

Influence européenne

Les flibustiers et les colons européens ont apporté en Guadeloupe un grand nombre de plantes qu'ils avaient collectées au cours de leurs pérégrinations en Amérique du Sud, en Inde, en Afrique, en Asie ou encore en Polynésie : **arbre à pain**, **manguier**, **canne à sucre**, **café**, **vanille**, **riz**, **banane**, **agrumes**. Les juifs hollandais auraient introduit une sorte de gnocchi appelé **dombré**. Les Européens ont amené le bœuf et la chèvre, le pain, la morue, la farine de blé, le vin, la bière, la charcuterie, les hamburgers, les pizzas, la choucroute, le ketchup, etc.

Influence africaine

Les esclaves venus d'Afrique ont dû faire preuve de beaucoup d'imagination pour accommoder leur pauvre pitance. Ils ont appris à donner du goût à la morue séchée en confectionnant des **acras**, du **féroce d'avocat** ou de la **chiquetaille,** et ont mélangé le **cochon salé** aux légumes du calalou ou du bébélé.

Influence indienne

Derniers arrivés, les Indiens ont définitivement marqué la cuisine guadeloupéenne de leur empreinte en apportant les épices du **massalé** avec lesquelles on

Petit lexique de gastronomie

PLATS ET SPÉCIALITÉS

Acra	Petit beignet à la morue, au poisson ou aux légumes.
Balaou	Petit poisson frit.
Bébélé	Plat intermédiaire entre la soupe et le ragoût, à base de tripes, de dombrés et de bananes vertes, très roboratif.
Bélangère	Sorte d'aubergine.
Blaff	Poisson ou crustacé poché au court-bouillon.
Blanc-manger coco	Sorte d'entremets à base de lait et de noix de coco.
Bokit	Sorte de gros beignet frit fourré aux légumes, à la morue ou à tout ce qu'on veut à la manière des pans-bagnats.
Boucané	Se dit d'une viande ou d'un poisson cuit lentement à la fumée d'un feu de bois. Le meilleur boucan est celui de la braise de canne à sucre.
Boudins	Préparés à base de sang de bœuf ou de porc, sans gras, et aromatisés au piment et parfois à la plante d'absinthe.
Burgot	Gros escargot de mer.
Cabri	Chevreau préparé en colombo, rôti ou boucané.
Calalou	Soupe aux feuilles, aux herbes et au porc salé.
Chadec	Pamplemousse.
Chadron	Oursin blanc dont le corail est le caviar des Antilles. Sa pêche intensive n'est autorisée qu'un mois par an. On trouve du corail d'oursin importé du Chili, ce qui explique que les restaurants proposent encore toute l'année des blaffs ou des acras d'oursin.
Chiquetaille	Morue déchiquetée et poêlée servie avec une vinaigrette ou une sauce chien.
Chodo ou chaudeau	Boisson à base de lait concentré battu avec des œufs et du citron vert, servie au sortir de la messe, au cours des repas dominicaux, mais aussi, de plus en plus souvent, en dessert dans les restaurants.
Cirique	Crabe de palétuvier.
Colombo	Mélange d'épices qui assaisonne la viande ou le poisson.
CRS	Citron-Rhum-Sucre : ti-punch classique.
Dombré	Petites boules de farine d'origine africaine, cuites dans un consommé de haricots rouges ou de lentilles.
Fangui	Plat à base de farine de maïs, proche de la polenta.
Féroce d'avocat	Purée d'avocat à laquelle on ajoute de la morue grillée, de la farine de manioc, du vinaigre et du piment.
Kassav	Galette à la farine de manioc.
Lambi	Coquillage de grande taille dont la chair est très appréciée, surtout cuite en ragoût et en fricassée. Sa pêche est strictement encadrée et la plupart des lambis que l'on trouve à la Guadeloupe viennent de Jamaïque.
Matété	Plat à base de crabe de terre et de riz servi traditionnellement à Pâques.
Migan	Purée de banane et du fruit de l'arbre à pain.
Ouassou	Crevette d'eau douce à longues pinces bleues.

Pâté en pot Ragoût longuement mitonné, préparé avec des abats.
Pissiette Petit poisson servi grillé.
Pône Gâteau à base de patates douces, de giraumon, de sucre, de vanille, de raisins secs, de cannelle, de beurre et de rhum.
Sauce chien Vinaigrette aux aromates locaux en émulsion, servie tiède sur le poisson.
Schrubb Punch de Noël à base de rhum blanc, d'orange, de citron, de sirop de canne, de cannelle, de muscade, de thé et de girofle.
« Siwô » batterie Réduction brunâtre du sirop de canne avant cristallisation.
Souda Bernard-l'hermite.
Souskai Plat de papaye verte râpée, de mangue ou de prune de cythère verte, macéré dans du citron vert, du sel et du piment, parfois additionné de morue.
Titiri Alevin d'écrevisses.
Touffé Poisson à l'étouffée.
Tourment d'amour Tartelette à la noix de coco, spécialité des Saintes.
Trempage Préparation de morue et de pain.
Zabitant Écrevisse.

LES FRUITS ET LÉGUMES

Ananas : c'est l'un des rares fruits cultivés intensivement en Guadeloupe. On trouve surtout la variété Victoria, ou « ananas bouteille », très sucrée.
Avocat : les gros avocats ronds de Guadeloupe poussent de juillet à octobre. Particulièrement délicieux, ils sont également utilisés en médecine traditionnelle.
Banane figue ou **ti-nain :** cette petite banane très sucrée n'est pas exportée. Elle se consomme mûre en dessert ou comme légume lorsqu'elle est verte.
Carambole : ce fruit jaune-orangé donne de belles tranches en forme d'étoile et son goût est acide et peu parfumé.
Chou-chine : tubercule également appelé dachine.
Christophine : c'est un légume très fin recouvert d'une peau verte. Sa chair translucide se consomme cuite, en salade, en gratin (excellente) ou dans la pâtisserie.
Corossol ou **anone :** ce gros fruit vert recouvert de petits piquants possède une chair blanche truffée de pépins, très fine et sucrée. On l'utilise dans la fabrication de sorbets ou de jus.
Fruit à pain : prononcez « fruitapin » : c'est le fruit de l'arbre à pain originaire de Tahiti. Très farineux une fois cuit, il sert de légume.
Giraumon : potiron antillais servi en soupe, en ragoût ou en accompagnement.
Gombo : petit légume vert, pointu et gélatineux.
Goyave : cultivé ou à l'état sauvage, ce fruit à la chair très parfumée est utilisé pour confectionner des confitures, des jus et des sorbets.
Igname : racine entrant dans la composition de plats de base de l'alimentation antillaise. On distingue, entre autres, les variétés blanche, portugaise, Sassa, serpent, poule et l'igname « razié » ou de Noël.
Madère : racine farineuse à la fois tendre et croquante.
Mangue : originaire d'Inde, elle a une chair parfumée et tendre, surtout lorsqu'elle provient d'un manguier greffé.
Maracudja : fruit de la passion.
Patate douce : sa chair blanche ou orangée est délicieuse cuite au four ou en gratin.
Prune de cythère : la chair de ce gros fruit possédant un noyau fibreux est surtout utilisée pour préparer des jus, des confitures et des sorbets.
Quénette : semblable au litchi, elle pousse en grappe sur les arbres et comporte un noyau entouré d'une pulpe gélatineuse acidulée. Attention : son jus fait des taches indélébiles.

prépare le **colombo**, qui désigne aussi bien l'incontournable plat de la cuisine créole que la sauce qui l'accompagne.

L'ALIMENTATION TRADITIONNELLE

Il existe deux sortes de cuisine créole : celle servie dans les restaurants et celle faite à la maison. La première recourt largement aux **épices** et aux produits exotiques locaux ou importés. La seconde, que vous aurez rarement l'occasion de goûter, car on ne la sert presque pas dans les restaurants, utilise principalement les ressources domestiques.

Si les Guadeloupéens ont énormément changé leur mode de vie, ils sont restés attachés au **jardin,** que chaque famille cultivait jadis autour de sa case. Les légumes récoltés étaient cuits dans des marmites appelées **canaris**. Dans ces jardins, poussait à peu près tout ce qui était nécessaire pour se nourrir : les **féculents** (haricots rouges ou noirs, poix doux, banane plantain), des **racines** (manioc, taro, igname), des **fruits**, des épices, des **plantes aromatiques et médicinales,** et même du café et du cacao. Le jardin de l'**écomusée créole** à Ste-Rose *(voir p. 217)* donne un très bon aperçu de toutes ces ressources.

L'alimentation des Guadeloupéens a longtemps été pauvre en protéines. Si le **poisson** se trouvait en abondance dans les zones côtières, il était évidemment rare à l'intérieur des terres. La population se contentait alors de **poisson séché**, salé, fumé ou boucané. Ce qui semble expliquer son goût pour la **morue** et le hareng fumé importé d'Europe du Nord. La **viande** était, elle aussi, une denrée rare et, jusqu'à la Seconde Guerre mondiale, elle ne figurait au menu que lors des fêtes de Pâques et de Noël, ou d'événements comme les mariages et les enterrements. Hormis les chèvres, appelées ici **cabris**, et quelques volailles élevées dans les jardins, les Guadeloupéens ont longtemps apprécié le gibier : les oiseaux et surtout le **racoon** et l'**agouti**, dont la chair était salée ou boucanée. La viande de **bœuf** n'est apparue que tardivement. Elle était réservée à ceux qui avaient suffisamment de terres pour élever des bovins. C'est l'une des raisons pour laquelle, aujourd'hui encore, presque tous les bouchers de Guadeloupe sont aussi éleveurs, voire restaurateurs, comme **Alberi**, près de Gosier *(voir p. 127)*. Il en va de même pour le **cochon,** que seules les familles les plus riches pouvaient se permettre d'engraisser.

Avec l'élévation du niveau de vie et l'apparition de la grande distribution, l'alimentation des

La banane, un secteur économique fragile.
Biscaro Alberto / Sime / Photononstop

Guadeloupéens s'est modifiée, se rapprochant de celle des métropolitains. Mais la population a conservé des habitudes alimentaires héritées du passé. Il suffit d'observer les rayons viande et poisson d'une grande surface pour s'apercevoir que l'on y trouve en abondance queues de cochon et morues salées, qui constituent l'essentiel des repas quotidiens de nombreuses familles. Il en est de même pour les racines, encore très présentes dans l'alimentation domestique.

LA CUISINE AU RESTAURANT

La cuisine des restaurants guadeloupéens est souvent généreuse, mais peu variée. Voici les plats que vous rencontrerez le plus fréquemment. Ils sont souvent accompagnés de délicieux et roboratifs gratins de **légumes pays** : igname, banane plantain, giraumon...

Poissons grillés

Le poisson le plus couramment servi est la **dorade coryphène**, qui n'a rien à voir avec la dorade grise ou la dorade rose que l'on trouve sur les étals des poissonniers en métropole. C'est un poisson qui peut mesurer plus d'un mètre et possède une chair blanche se rapprochant de celle du thon. On déguste aussi du **thazard**, gros poisson au nez pointu, également proche du thon, du **marlin** et de l'**espadon**, à chair plus fine. Selon la saison, on vous servira du **vivaneau**, gros poisson rouge à la chair délicate lorsqu'il est frais, mais qui est acheté le plus souvent sous forme congelée.

Poissons coralliens

Bourse, murène, poisson-perroquet, baliste et carangue, bien que délicieux, sont très rarement proposés dans les restaurants.

Court-bouillon et blaff

Le court-bouillon est élaboré avec les herbes et les aromates du jardin. Chaque cuisinière a sa recette, mais les ingrédients de base sont la **cive**, équivalent de la ciboulette, le persil et le **gros thym**. Les poissons sont plongés dans le bouillon que l'on colore avec du **roucou**, une graine rouge qui leur donne sa couleur. Les meilleurs sont préparés avec des poissons à chair fine comme le vivaneau, la murène et le barracuda (plus rare). Les **œufs d'oursins**, qui ne se pêchent qu'entre septembre et janvier, sont très appréciés. Les Guadeloupéens les consomment en **blaff**, onomatopée qui désigne le bruit des œufs d'oursins tombant dans le bouillon. Le blaff se prépare aussi avec du poisson.

Colombo et fricassée

Le colombo est un assortiment d'épices (safran, cumin, coriandre, ail et piment) d'origine indienne, notamment appelé *massalé*. Cette sauce relevée mais non piquante accompagne les poissons à chair ferme comme la **dorade**. Vous trouverez aussi du colombo de **chatrou**, nom local de la pieuvre, dont la chair est délicieuse. On peut le servir en fricassée, tout comme le **lambi**, nom local de la conque.

Coquillages et crustacés

Le lambi est pêché en Guadeloupe, mais il est, pour l'essentiel, importé congelé des îles des Caraïbes et d'Amérique du Sud. Les **palourdes**, servies en gratin ou au four, sont de gros coquillages qui n'ont pas grand-chose à voir avec les palourdes de métropole. Les **burgots** (bulots) sont de gros escargots de mer, préparés le plus souvent au court-bouillon dans leur coquille. Leur chair rappelle celle du bigorneau, en plus charnue.
Les **langoustes**, stars de la gastronomie guadeloupéenne, abondent encore dans les eaux de l'île, mais beaucoup arrivent congelées de l'étranger. Dans certains restaurants, on présente la bête avant de la servir, mais, à moins qu'elle ne soit encore vivante, il est difficile de distinguer une langouste morte récemment d'une langouste décongelée. Le prix fait en général la différence. Lorsqu'un menu langouste est affiché à moins de 20 €, il y a peu de chance pour que ce soit de la langouste fraîche. En Guadeloupe, la langouste se sert le plus souvent grillée, accompagnée d'une sauce relevée. Comme poissons et lambis, elle se prépare aussi en boudins.
Autres vedettes des tables guadeloupéennes : les **ouassous**. Ces grosses crevettes d'eau douce se trouvaient auparavant à profusion dans les rivières. Aujourd'hui, les ouassous servis dans les restaurants proviennent de Thaïlande. Ceux d'élevage sont bien meilleurs. On les mange à toutes les sauces, et notamment en dombré, mais ils sont excellents grillés. Les **crabes de terre**, nourris avec de la noix de coco et du piment pour parfumer leur chair, sont réservés à la consommation courante et ont déserté les tables des restaurants. Les crabes dans vos assiettes sont des crabes farcis provenant essentiellement des rayons des grandes surfaces.

Colombo et ragoût de poulet ou de cabri

Le colombo mélangé à des oignons accompagne la viande de poulet ou de cabri qui mitonne plusieurs heures avant d'être parfaitement cuite. Parfois, la sauce est agrémentée de lait de coco, ce qui, à la fois, l'épaissit et l'adoucit. La viande de poulet ou de cabri est également préparée en ragoût traditionnel.

Le bœuf de Guadeloupe

Si vous aimez la viande rouge, vous apprécierez le bœuf local (issu d'un croisement avec le charolais), élevé en plein champ sans farine animale. C'est une viande peu grasse, tendre et goûteuse, de plus en plus appréciée par les visiteurs. Les producteurs espèrent obtenir un label.

LES ÉPICES

La gastronomie antillaise en général a largement recours aux épices. Cet apport est cependant relativement récent. Il s'est développé en majeur partie sous l'influence de la communauté indienne. Du reste, la Guadeloupe n'a jamais beaucoup produit d'épices. Celles que vendent les doudous à madras sur les marchés sont pour la plupart importées, mais leurs couleurs et leurs odeurs contribuent à l'exotisme ambiant.

Épices au marché Saint-Antoine.
AGE / Photononstop

LES FRUITS ET LES LÉGUMES

Le climat tropical de la Guadeloupe a permis de faire pousser des fruits et des légumes en provenance du monde entier. À l'exception de la banane, la plupart des fruits « exotiques » ne sont pas cultivés intensivement et ceux que vous trouverez sur les marchés proviennent des petits jardins créoles. Dans vos assiettes, ou lors de promenades sur les marchés ou dans les plantations, vous découvrirez certainement des variétés que vous ne connaissiez pas. Par ailleurs, vous retrouverez le melon Philibon, issu de l'agriculture intensive de Grande-Terre *(voir p. 66)*.

Le rhum

Le rhum fait incontestablement partie du paysage guadeloupéen, au même titre que les plages et la forêt tropicale. Issue de la canne à sucre, cette boisson forte (à consommer avec modération) accompagne l'histoire de la Guadeloupe depuis le 17e s. Ici, on la consomme pure, sous forme de ti-punch ou de planteur.

PETITE HISTOIRE DU RHUM

On trouve les premiers témoignages sur le rhum à la Barbade aux environs de 1640. L'alcool issu de la distillation de la mélasse de sucre fermentée est évoqué sous le nom de **rumbullion**. Un terme qui, d'après certains linguistes, signifierait « grand trouble » en patois du Yorkshire. Pour d'autres, le terme proviendrait des mots créoles *rheu* (tige) et *bulion*, qui évoquent un bouillon. De fait, c'est en faisant bouillir le jus tiré des tiges de canne à sucre que l'on obtient le rhum.
Le **père Labat** améliore le procédé vers 1670. L'eau-de-vie tirée des alambics est appelée **guildive**, un mot qui dérive de l'anglais *kill devil* (« qui tue le diable »). On parle aussi de **tafia**, un mot d'origine africaine devenu synonyme de mauvais rhum. Le tafia était servi aux esclaves avec parcimonie pour éviter d'échauffer les esprits. L'île à sucre qu'est la Guadeloupe à cette époque devient rapidement l'île à rhum.

Durant l'occupation britannique, de 1759 à 1763, son commerce se développe. Mais, avec le retour dans le giron français, la vente du rhum de Guadeloupe se retrouve ralentie par toutes sortes de mesures politiques et de taxes qui favorisent le rhum de la Martinique. Tandis que la production guadeloupéenne est majoritairement consommée sur place, la Martinique devient le premier producteur et exportateur mondial de rhum à la fin du 19e s. Toutefois, en 1903, l'explosion de la Montagne Pelée, qui bouleverse l'économie de la Martinique, et la consommation effrénée dans les tranchées de la Première Guerre mondiale relancent la production guadeloupéenne. En 1919, celle-ci monte à 200 000 hl d'alcool pur, soit environ 40 millions de bouteilles. La Guadeloupe qui possédait près d'une soixantaine de distilleries à la veille de la Seconde Guerre mondiale n'en compte plus que neuf à présent, dont quatre à Marie-Galante, et produit environ 63 000 hl d'alcool pur chaque année.

LE RHUM AGRICOLE

Il existe deux sortes de rhum : le **rhum industriel**, qui s'obtient par distillation de la mélasse, et le **rhum agricole**, directement élaboré à partir du jus de canne à sucre fermenté. La Guadeloupe produit plus de rhum industriel que de rhum agricole. Celui-ci est exporté ou destiné à l'industrie. Durant la saison de récolte de la canne à sucre, en février-mars, les tiges de canne sont portées à la distillerie où elles sont broyées. Le jus, additionné de levures, est mis à fermenter 36h dans des cuves, tandis que la fibre, ou **bagasse**, alimente les chaudières servant à faire bouillir les alambics. Le jus fermenté, appelé vin ou **vesou,** titre 4 à 5° d'alcool. Sous l'effet de la chaleur, l'alcool s'évapore dans une colonne à distiller, avant de se condenser dans des serpentins. À la sortie de l'alambic, l'alcool titre environ 75°. Il est ensuite coupé avec de l'eau distillée, pour être ramené à 50, 55 ou 62° d'alcool. Certains rhums sont vieillis dans des barriques ayant contenu du cognac ou du whisky et se colorent au contact du bois. Il faut au minimum trois ans de vieillissement pour obtenir le label de **rhum vieux**. La loi autorise la coloration du rhum par adjonction d'infusion de copeaux de chêne ou de caramel, ainsi que l'ajout d'une certaine quantité de sucre.

La plupart des distilleries de Guadeloupe se visitent et vendent leur production sur place.

Voir les adresses des principales distilleries dans les chapitres de la partie « Découvrir la Guadeloupe ».

LES BOISSONS À BASE DE RHUM

Ti-punch – Mélanger 1/4 de sirop de sucre de canne • 3/4 de rhum blanc agricole à 50 ° ou 55 ° • un zeste de citron vert.

Daïquiri – Verser sur des glaçons : • 1/3 de jus de citron jaune ou vert • 2/3 de rhum blanc • une dose de sirop de sucre de canne.

Piña colada – Le mélange sera servi avec de la glace pilée : • 1/3 de rhum blanc • 1/3 de crème de coco • 1/3 de jus d'ananas • une ou deux tranches d'ananas.

Cuba libre – Verser sur des glaçons une large mesure de rhum ambré (ou blanc) et le jus d'un demi-citron vert • Compléter avec du Coca-Cola.

SAVOIR APPRÉCIER LE RHUM

Si le rhum est une boisson festive, sa consommation excessive pose un problème de santé publique : la Guadeloupe se classe en effet dans les premiers rangs des départements français touchés par l'alcoolisme. Soixante-douze pour cent des urgences au CHU de Pointe-à-Pitre, accidents de la route compris, sont d'une manière ou d'une autre liées à l'abus d'alcool. Sans compter les problèmes psychiatriques accentués par sa consommation. La faiblesse des taxes fait qu'une bouteille de rhum d'un litre ne coûte que 5 à 8 €, ce qui facilite les prises de boisson. Consommé avec modération, le rhum de la Guadeloupe est un vrai régal. Au bistrot, il est dans les habitudes de poser la bouteille sur la table et de vous faire payer « au compteur » : libre à vous de préparer votre **ti-punch** à votre convenance. Le **CRS** (Citron-rhum-sucre) est un peu plus corsé. Pour bien sentir l'arôme du citron, écrasez le zeste du citron vert avec le sucre au fond de votre verre avant de verser le rhum. On trouve aussi quantité de **cocktails** à base de rhum, comme le **daïquiri** et la **piña colada** *(voir les boissons à base de rhum, p. 82)* et de **punchs** aux macérations de fruits exotiques vendus sur tous les marchés. Le plus original est le punch au fruit de cajou que l'on trouve à la Désirade. Le **planteur** est concocté à partir de rhum blanc ou de rhum vieux mélangé à du jus de fruits. Enfin, les dames apprécient généralement la douceur de l'**alexandra** : rhum blanc, rhum vieux, un peu de liqueur de cacao et du lait concentré sucré, le tout relevé d'un peu de muscade en poudre.

AUTOUR DU TI-PUNCH	
An noumenm	À la nôtre !
On pétépyé	Un verre de rhum sec
On amortisé	Un verre d'eau pour amortir l'effet du rhum
On boug a wom	Un amateur de rhum
On moun ka bwé	Quelqu'un qui boit
I won kon la lin plen	Il (elle) est rond (e) comme la pleine lune
Boulé an sann (Brûlé comme de la cendre)	Ivre mort

LES AUTRES BOISSONS

Les **jus de fruits** locaux – goyave, corossol, ananas et autres délices des îles –, s'ils font bon ménage avec le rhum, sont tout aussi délicieux sans. N'oubliez pas de goûter aux désaltérants **jus de noix de coco** ou de **canne à sucre** vendus sur le bord des routes.

La **bière** est également appréciée. Les plus courantes sont **Corsair** et **Carib**, des bières blondes assez ordinaires, mais on trouve aussi la plupart des marques vendues en métropole. Nouvelle venue sur le marché, la **Gwada** est une bière locale très parfumée. Les Guadeloupéens adorent aussi les bières brunes, en particulier la Guinness.

Les **eaux minérales** produites en Guadeloupe sont la **Capès** et la **Matouba.** La **Didier,** produite à la Martinique, est également commercialisée. La petite production locale de **café** est excellente. La marque la plus connue est **Chaulet**.

Arts et culture

Quatre facteurs primordiaux – le peuplement, le climat, l'histoire et l'économie – ont entremêlé leurs influences au point de donner naissance au style créole qui désigne à la fois une langue et une culture. Parmi ces quatre facteurs, l'économie est sans doute le plus important, puisque les plantations et l'esclavage ont façonné les paysages des villes et des campagnes, jusque dans les noms de lieux.

Architecture

SUR LES TRACES DES AMÉRINDIENS

Les premiers habitants des Antilles vivaient probablement dans des campements constitués d'abris en feuilles de palmier ou de latanier. Très peu de traces ont été relevées, sinon celles des foyers qui servaient à cuire les aliments et à se chauffer. Plus tard, les différentes populations rattachées aux cultures du bassin de l'Orénoque ont construit des habitations plus vastes et pourvues d'une charpente. Elles pouvaient accueillir plusieurs dizaines de personnes. Ces cases familiales, ou **carbets**, mesuraient jusqu'à 30 m de long sur 10 m de large. Le mobilier, rudimentaire, était constitué de petites tables en bois, de hamacs en coton et de calebasses. Ces dernières pouvaient être ornées de dessins géométriques et servaient à toutes sortes d'usages, y compris à conserver les ossements des morts. Le travail de vannerie, le tissage des filets et des cordages étaient réservés aux hommes, tandis que les femmes travaillaient l'argile et réalisaient de multiples poteries. On a retrouvé de nombreux vestiges de **céramiques** s'apparentant à différentes cultures : le style **saladoïde** (en référence au site vénézuélien de Saladero) s'est répandu dans tout l'arc des Antilles, suivi, autour des 8e et 9e s., par le style **troumassoïde** (du nom du site de Trouméssé, à Ste-Lucie), plus primitif, qui est l'identité des Petites Antilles. Les caractéristiques du sous-style **suazan** (de la savane de Suazey, à la Grenade, 12e-15e s.) sont proches de celles des céramiques de la Guyane. Cette découverte accréditerait

LE VILLAGE CRÉOLE

Après l'abolition de l'esclavage, de petits groupes de cases se constituèrent, souvent le long des routes. Ils reprenaient de manière étonnante la structure de l'habitat traditionnel africain : une case pour le père, une case pour la mère, une autre pour le fils aîné, autant de cases que de filles à marier et d'autres pour la cuisine, le magasin, les enclos à bétail. Ces villages portaient souvent le nom de l'habitation la plus proche. S'ils ont disparu dans leur forme première, les hameaux, ou sections, qui les ont remplacés sont encore souvent habités par des membres d'une même famille.

Maison Zévallos au Moule.
Danièle Schneider / Photononstop

l'hypothèse d'une migration tardive des Indiens caraïbes vers les Petites Antilles. Toutes ces céramiques étaient élaborées avec des boudins d'argile agglutinés (colombins), puis cuites au feu. Les archéologues pensent qu'il existait des céramiques utilitaires destinées à contenir le manioc ou la bière de racines et d'autres, peintes en rouge, blanc ou noir, ayant probablement une fonction rituelle. Ces dernières sont décorées de petits motifs animaliers ou de figures humaines qui rappellent les dessins des roches gravées, nombreuses dans le sud de la Basse-Terre et regroupées dans le parc archéologique des Roches gravées *(voir p. 170)*.
Les civilisations amérindiennes des Petites Antilles utilisaient souvent des coquillages à des fins utilitaires et décoratives. Conques, casques, burgots, porcelaines et lambis, parfois gravés, étaient employés pour confectionner des parures, des couteaux ou des pointes de flèche. Le bois, enfin, était abondamment utilisé pour la fabrication de pirogues, d'outils, d'arcs et de flèches. Au fil des siècles, ces techniques ont été transmises aux nouveaux arrivants. C'est ainsi que de nombreux termes amérindiens figurent dans la langue créole.

HABITAT PRIMITIF ET CASES

L'habitat rencontré par les Européens dans les premières années de la colonisation présentait un modèle parfaitement adapté au milieu local : utilisation du bois, matière renouvelable, couverture en palme permettant la ventilation et protégeant de la pluie.
L'orientation de ces habitations par rapport au soleil et au vent a été reprise par les conquérants quand ils ont bâti des maisons en dur. Certaines règles se retrouvent encore dans la disposition des cases traditionnelles : exposition face à la mer, séparation des communs et de l'espace intime, du foyer et de l'habitation. Le potager, situé près de la case, reste également fidèle à l'organisation traditionnelle avec l'**ajoupa** (mot amérindien qui désigne une petite cabane

abritant la « cuisine » et les vivres). Dans la cuisine, la ménagère créole conserve l'usage du « coui », cuvette de couleur en plastique ou en métal qui a remplacé les calebasses évidées où macéraient la viande et le poisson. Le « canari », grand pot à faire cuire, est un terme caraïbe pour le fait-tout. Si la tôle, aujourd'hui omniprésente sur le toit des cases, s'est substituée à la couverture en latanier du carbet, de la toubana et de l'ajoupa, on se sert toujours du balai en feuilles qu'utilisaient les femmes et les enfants amérindiens.

La **case créole** est d'abord composée d'une simple pièce faite de branchages (gaulettes, roseaux) enduits parfois de torchis. Les planches n'entrent dans sa fabrication qu'au 19e s. Dans l'organisation de l'habitation sucrière, la case (« kaz ») est réservée aux esclaves, mais ne leur appartient pas, la propriété étant alors un droit accordé au seul maître. Dans cet espace, la « rue cases-nègres » regroupe tous les abris rudimentaires alignés sur un axe. Après l'abolition de l'esclavage, la case et ses « dépendances » (potager, ajoupa, case à eau pour la lessive et la toilette) restent la structure de base de l'habitat, y compris dans les villes. La jouissance, et non la possession, du terrain entraîne la construction de cases transportables, posées sur des pierres ou des poteaux enfoncés dans le sol et, plus tard, sur des murets en ciment. La case principale est construite par le propriétaire qui fait appel au « coup de main » de sa famille et des voisins. Cette pratique demeure courante dans les îles de Guadeloupe où l'autoconstruction, même de grandes maisons modernes, est fréquente.

Selon la richesse du propriétaire, la case comporte jusqu'à trois pièces réparties dans un rectangle d'environ 3 m sur 6, couvert d'un toit en tôle ou en tuiles à deux pans, typique de la région. Une véranda peut être ensuite « aménagée ». On retrouve des variantes de ces cases dans toutes les îles de Guadeloupe. Aux Saintes, par exemple, elles comportent souvent quatre pans et, à la Désirade, elles possèdent parfois une citerne enterrée destinée à recevoir les eaux de pluie canalisées par la gouttière. Le bois est le matériau principal, il est peint ou laissé à l'état naturel. Non seulement c'est un matériau bon marché, mais il se remplace facilement après un cyclone et il résiste aux séismes.

L'HABITATION

Du 17e au 19e s., l'**habitation** désigne le domaine de l'« habitant », c'est-à-dire le planteur. Elle regroupe les bâtiments agricoles, l'usine à sucre, la distillerie, les « cases nègres » et la maison du maître. Certaines demeures imitent parfois les manoirs français, comme Château-Murat à Marie-Galante. D'autres sont construites selon une architecture plus adaptée au climat. Le premier souci consiste à trouver un site aussi frais que possible, généralement sur une hauteur, comme c'est le cas pour la caféière Beauséjour *(voir p. 208)*. L'habitation se compose d'un rez-de-chaussée entouré d'une galerie sur laquelle donnent les pièces principales. Les chambres se situent en général à l'étage. Les ouvertures symétriques à persiennes, la double épaisseur des murs, le sol carrelé et un lit monté sur colonnes avec moustiquaire favorisent la ventilation et la fraîcheur.

Les bâtiments fonctionnels, comme ceux de la plantation de la Grivelière *(voir p. 196)*, abritent le moulin hydraulique, le moulin à bêtes, les étables, les chaudières, les magasins à vivre et les entrepôts.

Le moulin à vent destiné à broyer la canne à sucre fait son apparition au début du 19e s. à Marie-Galante et sur la Grande-Terre.

L'HABITAT URBAIN

Dans la seconde moitié du 19e s., les riches propriétaires des usines sucrières accèdent à un nouveau type d'habitat qui mêle plusieurs matériaux. Pour prévenir les risques liés aux tremblements de terre, on fait appel aux charpentes métalliques dans les bâtiments publics et privés. Se dressent alors d'élégants pavillons en brique, entourés d'un fin réseau de galeries et de balcons arrimés à cette structure importée de France ou des États-Unis. La **maison Zévallos** au Moule *(voir p. 142)* et la **maison Souques-Pagès** (aujourd'hui musée St-John Perse) à Pointe-à-Pitre *(voir p. 111)* en sont les plus beaux exemples. Ceux qui ont moins de moyens se contentent de **maisons « Haut-et-Bas »**, comme au Gosier ou aux abords de la place de la Victoire à Pointe-à-Pitre : le rez-de-chaussée commerçant est en pierre et l'étage, parfois entouré d'une coursive ou d'un balcon supporté par des piliers métalliques, est surmonté de chiens-assis.

ARCHITECTURE MILITAIRE

Les conflits avec les autochtones et la convoitise des puissances coloniales rivales ont entraîné, dès la fin du 17e s., la construction d'ouvrages défensifs en Guadeloupe. Tournés vers la mer, ils étaient généralement peu imposants et se composaient d'une tour, comme la tour du père Labat à Baillif *(voir p. 178)*, ou de batteries d'artillerie indépendantes, comme celles qui se trouvent au-dessus de Deshaies.

Au 18e s., les fortifications vont prendre une allure plus imposante en se dotant de bastions à la Vauban. Six forts sont érigés en Guadeloupe, dont le plus récent est le fort Napoléon, édifié au 19e s. aux Saintes *(voir p. 227)*. À côté de ces bâtiments défensifs sont construits des casernes et des hôpitaux militaires, affectés par la suite à des usages civils. C'est le cas de l'actuel lycée Gerville-Réache de Basse-Terre.

ARCHITECTURE RELIGIEUSE

Comme en métropole, villes et bourgs se sont constitués autour des paroisses. Les cyclones, les séismes, parfois même les guerres ont tellement endommagé les églises qu'aucune n'a conservé sa structure d'origine complète. Les parties les plus anciennes des édifices religieux ne remontent pas, en général, au-delà du 18e s. Les façades, comme au Moule, à la Désirade ou à Pointe-à-Pitre, s'inspirent des églises classiques du 17e s. Leur originalité tient davantage au style de leur charpente, souvent recouverte d'une voûte en bois, inspirée du savoir-faire des charpentiers de

ALI TUR, ARCHITECTE OFFICIEL

Après le terrible cyclone de 1928, le gouvernement français décida de doter la Guadeloupe de bâtiments publics alliant solidité et esthétique. Ali Tur (1889-1977), architecte du ministère des Colonies, fut choisi pour mener à bien la reconstruction. Inspiré par l'œuvre d'Auguste Perret, il signa plus d'une centaine d'édifices (mairies, églises, écoles, halles, etc.), dans lesquels le béton armé se coule dans les lignes du style Art déco, parfois relevées de notes orientalistes. On lui doit notamment l'ancien palais du gouverneur, actuel siège du conseil général de Basse-Terre.

marine. Les églises construites depuis le milieu du 19e s. disposent parfois d'une structure métallique prenant en compte les normes antisismiques et, en raison des risques de tremblements de terre, les clochers sont séparés du bâtiment principal.

ARTS PLASTIQUES

On trouve de beaux bâtiments Art déco signés **Ali Tur**, mais ces derniers mis à part ces derniers, l'architecture en Guadeloupe n'a pas brillé par son originalité au cours du 20e s.

Même constat pour les arts plastiques. Les rares artistes du 19e s. sont méconnus, sauf le peintre **Guillaume Lethière** (1760-1832) qui a fait toute sa carrière en France et en Italie. Dans la seconde moitié du 20e s., des peintres et des sculpteurs ont voulu produire un art inspiré de l'histoire et du paysage antillais, et tirer parti des influences africaines. Le peintre guadeloupéen **Michel Rovelas** (né en 1939) s'inscrit dans cette mouvance. Mais il est difficile de trouver une expression réellement guadeloupéenne, car l'île ne dispose pas de lieux d'exposition ni de galeries dignes de ce nom. Pourtant, la Guadeloupe regorge de jeunes talents qui, pour s'exprimer, n'ont souvent pas d'autre choix que de s'exiler.

Langue et littérature

LE CRÉOLE, LANGUE DU CŒUR

Le créole est avant tout un lien oral, comme un secret chuchoté qui ne trouve étrangement pas sa place sur les avis administratifs ou les panneaux de signalisation. Cette langue du cœur, qui peut dire les réalités du quotidien grâce à un surprenant répertoire d'expressions imagées, reste pudiquement cantonnée à une tradition orale.

Bien que reconnue **langue régionale** au même titre que le breton ou l'alsacien, elle demeure dans l'ombre. Fait significatif, les écrivains guadeloupéens – à l'exception notable de Sonny Rupaire à la fin des années 1960 – ne s'expriment qu'en français, même pour dénoncer le mépris dont le créole fut longtemps l'objet à l'école.

Et pourtant, il suffit d'assister aux défilés du **carnaval** *(voir p. 70)* ou au Tour cycliste de la Guadeloupe pour faire ce constat : l'émotion, les vibrations de cette foule joyeuse massée sur le bord des routes se manifestent en créole. Signe des temps, même les commentaires et publicités diffusés par les haut-parleurs ne se font plus exclusivement en français.

MÉTISSAGES LINGUISTIQUES

Grâce au travail entrepris dans les années 1970 par le Groupe d'études et de recherches en espace créolophone (Gerec) et aux efforts de grammairiens, linguistes ou écrivains tels que **Sylviane Telchid** ou **Hector Poullet**, le créole n'est plus aujourd'hui une langue uniquement parlée, mais possède une orthographe et une grammaire parfaitement codifiées.

L'usage de cette langue évolue également sous l'influence des médias et d'Internet. On l'imprime et on la lit dans des situations de la vie quotidienne, on s'en sert pour rédiger des messages publicitaires. En outre, on enseigne désormais le créole à l'école et à l'université, un Capes de créole ayant été institué pour l'enseignement secondaire. Toutefois, ces mesures, qui ont permis de rendre à la langue sa dignité, ont eu aussi un effet inattendu. Codifié, enfermé dans des règles sans doute trop contraignantes pour sa créativité bouillonnante, le créole s'est scindé progressivement en deux modes d'expression : une sorte de créole francisé, qui s'écrit plus qu'il ne se parle, a été transmis par les universitaires, les intellectuels et les étudiants ; dans le même temps, la généralisation de l'usage du français a fait émerger, dans le parler courant, une sorte de français créolisé émaillé d'expressions locales, qui emprunte des chemins de traverse linguistiques étrangers à tout académisme.

SE DÉBROUILLER EN CRÉOLE

Historiquement, le créole est devenu la propriété de gens qui ne possédaient rien. Ils se sont construit une identité autour de mots simples, souvent empruntés au monde rural. Les mots se sont peu à peu organisés en expressions figurées, adaptées au mode de vie local. Inutile d'essayer d'apprendre le créole mot à mot, même si vous êtes doué pour les langues. Le créole se consomme par bouts entiers de phrases, expressions et sentences, qu'il convient de savoir placer au bon moment pour montrer que l'on n'est pas totalement *moun vini*, c'est-à-dire un étranger.

➲ Voir le lexique sur le rabat de la couverture.

QUELQUES FIGURES LITTÉRAIRES

La littérature guadeloupéenne est une littérature jeune. Jusqu'à la fin du 19e s., seuls les contes oraux perpétuaient les légendes. Si cette tradition tend à disparaître en tant que telle, elle imprègne fréquemment les récits des écrivains antillais qui s'inscrivent dans la lignée de différents courants : la négritude, fondée par Aimé Césaire et Léopold Sédar Senghor, l'antillanisme et la créolité dont les représentants les plus connus sont originaires de Martinique. Les écrivains guadeloupéens sont souvent revenus sur l'histoire de leur île et ont revendiqué la reconnaissance d'une culture noire, préalable indispensable à la fondation d'une culture proprement antillaise, riche de tous les métissages et brassages de cultures. De Maryse Condé à Ernest Pépin, de Max Ripon à Gisèle Pineau, ils ont investi tous les genres littéraires, révélant une langue riche et inventive.

➲ Retrouvez références et autres ouvrages sur la Guadeloupe dans la rubrique « Bibliographie » *(p. 43)*.

Dany Bébel-Gisler (1935-2003), sociologue et linguiste, chercheuse au CNRS et pédagogue. Inlassable combattante pour la reconnaissance de la langue créole, elle est l'auteur de plusieurs essais dont *Cultures et Pouvoir dans la Caraïbe* (1975) et *Le Défi culturel guadeloupéen : devenir ce que nous sommes* (1989).

Maryse Condé (née en 1937) a vécu en Afrique et a enseigné à l'université de Columbia, à New York. Romancière de talent, elle a publié près d'une centaine d'essais, de romans, de pièces de théâtre et de contes pour enfants.

Gerty Dambury (né en 1957), auteur dramatique et poète, a écrit une quinzaine de pièces de théâtre jouées en Guadeloupe et au festival d'Avignon, ainsi que des recueils de poésie.

Max Jeanne (né en 1945), poète et écrivain engagé dans le mouvement indépendantiste. Il est l'auteur de plusieurs romans dont *La Chasse au racoon* (1980), *Jivaros* (1993) et *Tourbillon partenaire* (2000).

Lucie Julia, première assistante sociale guadeloupéenne en 1952, est une féministe engagée. Elle a publié des romans, des nouvelles et des recueils de poésie.

Jean Juraver (né en 1945), écrivain et musicien, est l'auteur de recueils de poèmes et de contes pour enfants.

Daniel Maximin (né en 1947) a publié notamment *Soufrières* (1987) et *Tu, c'est l'enfance* (2004).

Michèle Montantin (née en 1943) est professeur, metteur en scène et auteur de pièces de théâtre dont *Vie et Mort de Vaval* (1991).

Ernest Moutoussamy (né en 1941), professeur, conseiller régional et maire de St-François ; il est le chantre de la présence indienne aux Antilles.

Paul Niger (1915-1962), de son vrai nom Albert Béville, est une figure emblématique des intellectuels noirs anticolonialistes, auteur de deux romans : *Les Puissants* (1959) et *Les Grenouilles du mont Kimbo* (1964). Il a longtemps vécu en Afrique.

Ernest Pépin (né en 1950), écrivain de la créolité, est un observateur acerbe et lucide de la société guadeloupéenne. Il a publié des recueils de poésie et plusieurs romans.

Gisèle Pineau (née en 1956) est l'auteur de nombreux contes pour enfants, de nouvelles et de romans, dont *La Grande Drive des esprits* (1993), *L'Âme prêtée aux oiseaux* (1998), *Chair piment* (2002) et *Fleur de barbarie* (2005).

Marie-Noëlle Recoque (née en 1950), Guadeloupéenne d'adoption, est l'auteur d'anthologies et de dictionnaires sur la culture créole. Elle publie en 2004 *Débouya pa péché*, son premier roman.

Max Rippon (né en 1944), originaire de Marie-Galante, a publié une quinzaine de romans et de recueils de poésie consacrés à son île.

Sonny Rupaire (1940-1991), intellectuel engagé dans le combat syndicaliste, fut une figure de l'indépendantisme et un grand poète de langue créole.

Luc Saint-Eloy (né en 1955), dramaturge et metteur en scène, disciple de Bernard-Marie Koltès, a écrit une quinzaine de pièces de théâtre.

Simone Schwarz-Bart (née en 1938), épouse du romancier André Schwarz-Bart, a écrit de beaux romans sur des personnages guadeloupéens mythiques. Avec son mari, elle a publié *Un plat de porc aux bananes vertes* (1967) et une encyclopédie de la femme noire.

Sylviane Telchid (née en 1941), militante du créole, a signé deux romans, plusieurs dictionnaires, ainsi que des ouvrages de référence sur sa langue natale.

Guy Tirolien (1917-1988), compagnon de Léopold Sédar Senghor et d'Aimé Césaire, a passé de longues années en Afrique avant de publier plusieurs recueils de poésie.

Fresque murale à Pointe-à-Pitre.
Guido Alberto Rossi / Tips / Photononstop

Histoire

La Guadeloupe a été marquée par une succession d'invasions qui ont peu à peu forgé une civilisation originale : la culture créole mêle les influences amérindienne, africaine et européenne. Ce brassage n'a pas été sans heurt : l'archipel porte les stigmates de la domination coloniale, de la disparition des Amérindiens et de l'esclavage des Noirs, reconnu comme crime contre l'humanité par le Parlement français en 2001.

Les Amérindiens

Les us et coutumes des peuples présents en Guadeloupe avant l'arrivée des Européens restent méconnus. L'absence d'écriture, la rareté des vestiges archéologiques et l'intérêt tardif des historiens pour ce passé expliquent ces nombreuses zones d'ombre, auxquelles ont aussi contribué les récits des premiers colons : la dualité qu'ils relataient entre Arawaks et Caraïbes tenait plus du mythe que de la réalité.

LES PREMIERS HABITANTS

Les Amérindiens accostent les rives des Petites Antilles, jusque-là inhabitées, vers 1 600 av. J.-C. Les Arawaks, venus en pirogue du delta de l'Orénoque (aujourd'hui sur le territoire du Venezuela), prennent pied en Guadeloupe au début de l'ère chrétienne. Ils y introduisent l'agriculture sur brûlis et la culture du manioc, source principale de subsistance avec la chasse et la pêche, et construisent les premiers villages, constitués de huttes, les carbets (*voir p. 84*). Éloignés du continent, ils développent peu à peu une culture spécifique, typiquement insulaire et principalement fondée sur la pêche et l'exploitation de la mangrove. Les céramiques dites « de style **troumassoïde** » (8e-9e s.) attestent une activité artistique originale (*voir p. 84*). Des représentants du peuple **Taïnos** se sont vraisemblablement installés sur l'île de la Désirade vers le 6e s. de notre ère. Réputés pacifiques, ils ont accrédité aux yeux des colonisateurs européens l'image du « bon sauvage ».

LE MYTHE CARAÏBE-CANNIBALE

L'un des mythes les plus tenaces lié à la culture amérindienne concerne la prétendue invasion des Petites Antilles par les **Caraïbes**, également appelés Kalinagos ou Kalinas, présents en Guyane. Rien n'étaye pourtant cette thèse, sinon quelques chroniques des colonisateurs européens. L'ignorance de la langue et la volonté d'exterminer les Indiens ont entraîné des interprétations fantaisistes. Selon les écrits de Christophe Colomb, les Arawaks avaient fait une description terrifiante de ces Kalinas, dont le nom, associé à la racine latine *canis* (chien), s'est transformé en *canib*, puis en *cannibale*, devenu synonyme de mangeur d'hommes. Le **père Raymond Breton**, premier ethnographe des Amérindiens, auteur d'un dictionnaire français-caraïbe au 17e s., conteste très tôt cette théorie. Tout porte donc à croire que Caraïbes et Arawaks formaient un seul et même peuple.

UNE DISPARITION PROGRAMMÉE ?

En 1660, le traité signé au fort St-Charles de Basse-Terre entre les représentants français, anglais et une quinzaine de chefs amérindiens accorde aux Caraïbes le statut d'« entité nationale ». Pour autant, il masque difficilement le processus d'élimination des Indiens des Petites Antilles, entamé à la fin du 15e s.

Il aura fallu moins de deux siècles pour que ce peuple, exploité par les flibustiers, asservi par les conquérants, décimé par la soldatesque du gouverneur français **Charles Houël** et contaminé par les maladies, soit anéanti. Les rescapés sont chassés de Guadeloupe vers la Dominique et St-Vincent, îles où leur sont accordées des terres au titre de « territoires indiens ». Mais le **traité de Basse-Terre** est régulièrement bafoué et de nouveaux colons s'installent… jusqu'à ce qu'en 1763 les Britanniques prennent officiellement possession de ces territoires.

En Guadeloupe, les confins nord de la Grande-Terre constituent jusqu'au 18e s. un refuge pour des familles amérindiennes, finalement assimilées au 19e s. Les derniers survivants se réfugient au nord de l'île de la Dominique, où quelques descendants vivent encore aujourd'hui.

Les Européens

Lors de son deuxième voyage (1493-1496), **Christophe Colomb** cherche un passage vers les Indes. Il aborde, le 3 novembre 1493, une île qu'il baptise *Santa-Maria-de-Guadalupe*, du nom d'un monastère en Estrémadure. L'équipage ne trouve sur l'île que des femmes et en enlève quelques-unes. Les hommes se sont vraisemblablement retirés dans la forêt pour préparer une attaque. **Karukera** – « l'île aux belles eaux » en langue caraïbe – reste longtemps un lieu de passage, où les équipages se ravitaillent en fruits et en eau douce. Les Espagnols doivent faire face à une forte résistance de la part des Amérindiens. Les relations sont tendues, notamment pour les missionnaires espagnols et français, contraints d'embarquer en catastrophe à plusieurs reprises au cours du 16e s.

LES PREMIERS COLONS

Le 28 juin 1635, **Charles Liénard de l'Olive** et **Jean Du Plessis d'Ossonville**, fidèles du flibustier **Pierre Belain d'Esnambuc**, un proche de **Richelieu**, débarquent en Guadeloupe à la tête de centaines de colons normands « engagés ». Ce sont, en réalité, de pauvres hères, petits artisans ou gens de la campagne, parfois enrôlés de force. Souhaitée par Richelieu et succédant à celle de l'isle St-Christophe créée en 1626, la **Compagnie des isles d'Amérique**

(1635) finance la colonisation. Cette organisation privée associe marchands, armateurs et flibustiers. Le but de Du Plessis et de l'Olive est d'enrichir leur trésorerie et celle de leurs commanditaires en valorisant tout ce qui peut l'être sur l'île. Les habitants sont, eux, maintenus dans un état de terreur.
Les débuts de la colonisation sont catastrophiques. Six mois après le débarquement, la famine, la fièvre jaune et les attaques des Caraïbes déciment le contingent. Du Plessis meurt en décembre. Les survivants continuent à se battre et réussissent à créer un établissement sur le site de l'actuel Vieux-Fort, à l'extrémité méridionale de la Basse-Terre. Une dizaine d'années sont nécessaires avant d'établir une colonie viable.

LA LOI DE L'EXCLUSIF

Débute alors le temps de la mise en valeur, strictement réglementée par le **régime dit « de l'exclusif »**, édicté sous Louis XIII. Cet assujettissement économique se traduit par la vente exclusive des matières premières à la métropole, l'achat des seuls produits manufacturés métropolitains et le recours au fret national. Toute la colonie est sous le coup de l'exclusif. Ce régime cesse au début du 19e s.
Du tabac, alors très rentable, est d'abord planté, puis du cacao et, à partir de 1643, de la **canne à sucre**, dont la vente alimente pour quelques temps les caisses de la Compagnie. Mais, en 1649, celle-ci est en faillite. **Jacques de Boisseret**, beau-frère de Charles Houël, gouverneur de la Guadeloupe de 1643 à 1664 et fondateur de la ville de Basse-Terre, rachète l'île à la Compagnie. S'opère alors jusqu'en 1664 une sorte de partition familiale de la Guadeloupe, Boisseret restant propriétaire de la côte sous le vent, avec Baillif pour capitale, Houël régnant sur la côte au vent à partir de Basse-Terre. Ces nouveaux hommes forts accueillent plusieurs centaines de protestants hollandais, chassés du Brésil par l'Inquisition en 1654. Ingénieux agriculteurs, les immigrants – l'île ne compte alors que 3 000 habitants – élaborent un procédé de fabrication du sucre de canne. En moins de deux ans, la Guadeloupe devient une île à sucre. Cette monoculture implique une main-d'œuvre considérable décuplée avec l'arrivée d'esclaves.

SOUS LE SIGNE DE L'« OR ROUX »

La prospérité générée par l'« or roux » donne des ailes aux exploitants. Gênés dans leurs ambitions par le système de l'exclusif qui limite les échanges avec la métropole, ils entretiennent clandestinement des relations économiques avec les Pays-Bas. Ce n'est pas du goût de Paris.
En 1664, **Colbert** rachète les propriétés privées et crée, sur le modèle de la Compagnie des Indes orientales néerlandaise, une nouvelle entité politico-commerciale : la **Compagnie des Indes occidentales**. Sur le papier, cette dernière assure à la France l'exclusivité de la vente du sucre de Guadeloupe. Dans les faits, les planteurs se livrent à une contrebande effrénée à bord de navires dits « interlopes », qui transportent la précieuse denrée vers les îles néerlandaises et anglaises.
À la fin du 17e s., la prospérité de la Guadeloupe attire la convoitise des Anglais. En 1691 puis en 1703, ceux-ci tentent de s'en emparer, sans succès. Mais ils ne renoncent pas et conquièrent l'île en 1759.

RIVALITÉ FRANCO-BRITANNIQUE

Les Britanniques, marins confirmés, entament leurs travaux par la construction d'un port. Pointe-à-Pitre (la pointe à Peter, du nom d'un pêcheur hollandais) émerge ainsi des marais, coûtant la vie à des milliers d'esclaves, massivement utilisés par les nouveaux colons : on dénombre plus de 20 000 morts en moins de cinq ans.

En 1763, le **traité de Paris**, qui met fin à la guerre de Sept Ans, rend la Guadeloupe à la France, tandis que la couronne britannique hérite du Canada. L'économie sucrière, toujours aussi prospère, comme la culture du café, introduite en 1720 et devenue la deuxième production commerciale de l'île, nécessitent une abondante main-d'œuvre. D'où une nouvelle arrivée d'esclaves. Au moment de la Révolution française, l'île compte 14 000 Blancs pour 73 000 Noirs.

Tirant parti de la tourmente révolutionnaire, les Britanniques remettent pied en Guadeloupe en 1794. Mais ils en sont chassés par le Marseillais **Victor Hugues**, mandaté par la Convention pour faire appliquer la loi d'abolition de l'esclavage. Hugues se comporte en tyran. Il crée un contingent de flibustiers sans foi ni loi qui terrorise les Britanniques, et fait guillotiner les aristocrates locaux. Ceux qui échappent à l'échafaud s'enfuient à la Martinique, où la Révolution française est tenue à l'écart.

Les Noirs

En 1674, Louis XIV met fin à l'existence de la Compagnie des Indes occidentales et intègre la Guadeloupe à la couronne de France. Pour soutenir l'essor économique lié aux revenus du sucre, il faut des esclaves, toujours plus d'esclaves.

LE CODE NOIR

En administrateur soucieux du maintien de l'ordre nécessaire à la prospérité des colonies d'Amérique, **Colbert** édicte en 1685 le **Code noir,** composé de 60 articles qui gèrent la vie, la mort, l'achat, la vente, l'affranchissement et la religion des esclaves.

Les premiers articles entérinent les mesures relatives aux juifs, sujets indésirables expulsés l'année précédente. Le deuxième stipule que chaque esclave devra être baptisé dans la religion catholique à son arrivée sous peine de sanctions, même lorsque son maître est de confession protestante, religion tolérée.

Le code précise que l'esclave ne possède aucun bien, qu'il ne travaille pas le dimanche, qu'il doit être nourri quotidiennement, logé, vêtu et soigné. Son maître doit également pourvoir à ses besoins lorsqu'il est trop vieux pour travailler : un fait exceptionnel car les esclaves ne vivent pas vieux.

L'affranchissement est possible et ceux qui en bénéficient sont déclarés sujets du roi et jouissent des mêmes droits que les personnes libres. Le mariage d'un célibataire libre avec une esclave est autorisé. L'esclave et ses enfants sont alors affranchis.

À côté de ces garanties, l'article 38 prévoit de terribles sanctions en cas de **marronnage** (de l'espagnol *cimarron*, « esclave fugitif »). Les fuyards des habitations, repris, sont amputés ou battus à mort : « L'esclave fugitif qui aura été en fuite pendant un mois (...) aura les oreilles coupées et sera marqué d'une fleur de lis sur une épaule ; s'il récidive un autre mois pareillement du jour de la dénonciation, il aura le jarret coupé, et il sera marqué d'une fleur de lis sur l'autre épaule ; et, la troisième fois, il sera puni de mort .»

Le code prévoit des sanctions pour le maître coupable de violences « illégitimes » ou d'actes de barbarie sur son esclave, mais les plaintes sont rares et les sanctions jamais appliquées.

L'HABITATION SUCRIÈRE

C'est, au 18e s., l'unité autour de laquelle s'organise la vie sociale fondée sur l'esclavage. À sa tête règne un maître, secondé par un économe, le géreur. Le domaine, qui peut s'étendre jusqu'à 300 ha, comprend l'habitation du maître, les « cases nègres » où vivent les esclaves, le moulin à canne et l'usine à sucre : chaudières pour concentrer le jus de canne, « purgerie » où le sucre est raffiné sous forme de pains, « guildiverie » pour distiller le rhum, « gragerie » où est râpé le manioc. Au milieu du 18e s., la Guadeloupe compte 266 habitations. Leur nom est à l'origine de la plupart de ceux des hameaux et villages de l'archipel.

LA CONDITION D'ESCLAVE

Au fil des siècles, l'esclavage revêt différentes facettes. Si les conditions de vie demeurent inhumaines et exécrables dans les champs de canne à sucre et dans les sucreries, elles sont moins pénibles pour les **« nègres à talents »**, ceux qui ont la chance d'apprendre un métier ou qui servent à l'habitation. Exceptionnellement, des esclaves apprennent à lire et à écrire. Au début du 19e s., l'enseignement catholique gratuit est accordé à certains.
Ces derniers demeurent cependant la propriété de leur maître et ne peuvent être affranchis qu'après vingt ans de service ; ils ne sont alors pas pour autant libres de faire ce qu'ils veulent : la médecine, les professions maritimes, les métiers juridiques, les fonctions religieuses leur sont interdits. De plus, les mariages entre Noirs et Blancs sont rarissimes et les enfants illégitimes, nombreux.

LES PRÉCURSEURS DE LA LIBERTÉ

L'histoire a retenu les noms des Européens qui ont œuvré pour l'abolition de l'esclavage. Les nombreuses révoltes d'esclaves, qui débutent en 1656, ont, quant à elles, laissé peu de traces avant le 18e s.
En Europe, au 17e s., certains esprits s'élèvent contre la traite des Noirs. Le moine **Épiphane de Moirans** s'y oppose le premier publiquement dans les colonies espagnoles. Il écrit, en 1682, une *Défense juridique de la liberté naturelle des esclaves*, dans laquelle il menace les esclavagistes des flammes de l'enfer. Il est jugé par un tribunal ecclésiastique. Dans la seconde moitié du 18e s., c'est d'abord en Grande-Bretagne que la Société pour l'abolition de la traite est créée en 1787, sous l'influence des quakers. Un an plus tard, la France voit naître la **Société des amis des Noirs**, à l'initiative de Brissot, Mirabeau, Robespierre, La Fayette, Condorcet et l'abbé Grégoire. Le roi Louis XVI ne lui est pas défavorable. À un représentant des planteurs de la Martinique qui lui demande d'interdire la Société, le monarque répond obligeamment : « Ces pauvres Noirs ont-ils donc des amis en France ? Tant mieux, je ne veux pas interrompre leurs travaux. »

LES AMBIGUÏTÉS DE LA RÉVOLUTION

La Déclaration des droits de l'homme et du citoyen d'août 1789 ne met pas un terme à l'esclavage. Comme le souligne Condorcet : « Tous les hommes blancs demeurent libres et égaux en droit, donnez une méthode pour déterminer le degré de blancheur ». Interpellée non pas sur l'esclavage, mais sur le fait de savoir si un homme libre de couleur est un citoyen comme un autre, la Constituante finit par accorder en 1792 la citoyenneté à ces hommes, à condition qu'ils soient nés de père et de mère libres, ce qui ne concerne que 5 % d'entre eux. Quelques mois plus tard, un autre tour de passe-passe permet à l'Assemblée de supprimer l'esclavage en France sans que les colonies ne soient concernées.

LA PREMIÈRE ABOLITION

L'abolition décrétée à St-Domingue en 1793 à la suite de révoltes armées accélère le processus, même si la Convention tergiverse encore avant de décréter l'**abolition générale**, le 16 pluviôse an II (le 4 février 1794). En Guadeloupe, le lieutenant de vaisseau **Jean-Baptiste Lacrosse**, jeune aristocrate éclairé, est envoyé dans les îles pour conjurer la menace britannique. Il débarque en Guadeloupe en janvier 1793 et proclame la République. Mais un an plus tard, les Britanniques le chassent. Il faut toute l'énergie de **Victor Hugues** pour rétablir la République et repousser les hommes de Sa Majesté, avec l'appui de milliers d'esclaves libérés. À leurs côtés figure **Louis Delgrès**, fils d'un officier français et d'une métisse libre, qui s'illustrera lors des luttes contre le rétablissement de l'esclavage.

RÉTABLISSEMENT DE L'ESCLAVAGE

Les intérêts financiers des planteurs et la « raison d'État » balaient rapidement les Droits de l'homme. En 1801, Napoléon, pressé, dit-on, par Joséphine de Beauharnais, fille de planteurs de la Martinique, dépêche l'armée du général Richepanse pour mater la Guadeloupe, qui s'est donné un gouverneur mulâtre en la personne de **Magloire Pélage**. Cette armée, forte de 4000 hommes, compte dans ses rangs deux officiers noirs : Louis Delgrès et **Ignace Massoteau**. Craignant le rétablissement de l'esclavage, les deux hommes mènent une révolte héroïque contre la France, qui s'achève dans un bain de sang. En mai 1802, réfugiés au Matouba dans les forêts de la Soufrière, Delgrès et ses hommes, plutôt que de se rendre, choisissent la mort. L'esclavage est rétabli le 5 août 1802, mais les esclaves d'hier sont nombreux à refuser de retourner en servitude, préférant reprendre la tradition du marronnage. L'« ordre » est rétabli sous la férule de Lacrosse, passé aux ordres de l'Empereur. Cependant, en 1810, les Britanniques s'emparent à nouveau de la Guadeloupe. Le territoire n'est rendu à la France qu'en 1815, au terme du congrès de Vienne qui consacre le démantèlement de l'Empire et la défaite de la France.

VICTOR SCHŒLCHER

Fils d'un prospère fabricant de porcelaine d'origine alsacienne, Victor Schœlcher est né à Paris en 1804. C'est au cours d'un voyage aux États-Unis, en 1830, qu'il découvre l'esclavage et ses ravages. Influencé par les idées libérales de la franc-maçonnerie, le jeune homme, de tempérament artiste, décide d'entrer en politique dans le camp républicain modéré. À la faveur de la révolution de 1848, il est nommé secrétaire d'État à la Marine et fait voter la loi du 27 avril 1848, qui supprime l'esclavage dans toutes les colonies françaises, mais prévoit l'indemnisation des planteurs. Élu député de la Martinique, il s'exile à Londres après la proclamation du Second Empire en 1852, avant de rentrer en région parisienne où il meurt en 1893.

Le fort Napoléon aux Saintes.
Greg Gawlowski / Photononstop

L'ABOLITION

Le congrès de Vienne interdit la traite des Noirs, abolie par le Danemark dès 1792. La Grande-Bretagne s'incline et devient la première puissance coloniale à abolir officiellement l'esclavage en 1833. La France de Louis-Philippe, plus timorée et soumise à la pression des planteurs, tarde à faire de même.

Elle cesse les poursuites contre les nègres marrons, affranchit des milliers d'esclaves, favorise même leur instruction avec l'enseignement catholique, mais ne prononce toujours pas l'abolition. Il faut attendre l'élan révolutionnaire de 1848.

La Guadeloupe citoyenne

Lorsque l'abolition de l'esclavage est décrétée, le 27 avril 1848, à l'initiative de **Victor Schœlcher**, la Guadeloupe est en piteux état. Le tremblement de terre de 1843 a détruit Pointe-à-Pitre, endommagé les récoltes et Paris a instauré un impôt sur le sucre de canne afin de favoriser la culture de la betterave.

MODIFICATIONS EN PROFONDEUR

Le paysage se hérisse de moulins à vent destinés à broyer la canne à sucre. Le Second Empire marque la fin de la domination des « **Blancs-pays** ». Ruinée par le crédit bancaire, cette aristocratie des planteurs blancs cède peu à peu la place aux usines sucrières centrales qui fonctionnent à l'aide de machines à vapeur. Mais l'industrie de la canne à sucre nécessite une importante main-d'œuvre. Les propriétaires ne font pas confiance aux anciens esclaves, qu'ils jugent paresseux à présent qu'ils sont libres. Il semblerait surtout que les anciens maîtres, toujours aux commandes de l'économie, expriment quelques réticences à payer des salaires aux « nouveaux citoyens ». Il est décidé de faire appel à des milliers de « travailleurs sous contrat », plus disponibles, venant de France, de Madère, d'Inde, de Chine et du Congo. À la fin du 19e s. et au début du 20e s., la Guadeloupe se métamorphose. Le suffrage universel et l'école publique obligatoire, même imparfaitement mis en œuvre, permettent la constitution d'une élite. Mais la chute des cours du rhum et du sucre, ainsi que la politique douanière voulue par la métropole, qui favorise les commerçants au détriment des sucriers, ruinent ces derniers. Dans le même temps, soutenus par des capitaux métropolitains, les producteurs-négociants en rhum deviennent les nouveaux nababs et s'enrichissent en vendant leur boisson aux armées durant la Première Guerre mondiale.

CONTRADICTIONS POLITIQUES

Effondrement de l'économie coloniale et appauvrissement du prolétariat guadeloupéen engendrent de vives tensions sociales. Elles s'accentuent sous la poussée du chômage et avec les catastrophes naturelles. Le mouvement socialiste mené par **Hégésippe Légitimus**, premier député noir de Guadeloupe en 1898, ne parvient pas à répondre aux attentes de la population. Fraude électorale, corruption et violence avivent la colère, tout comme l'ordre donné en 1910 de tirer sur les ouvriers agricoles en grève. En 1914, à l'instar de leurs homologues métropolitains, les parlementaires guadeloupéens approuvent le départ à la guerre de plusieurs milliers de leurs compatriotes, dont beaucoup ne reviendront pas.
À la veille de la Seconde Guerre mondiale, lorsque le Guyanais **Félix Éboué** devient gouverneur général de la Guadeloupe, l'île est très affaiblie sur le plan économique. La crise des années 1930 est elle aussi passée par là.
La Seconde Guerre mondiale met pour un temps la démocratie entre parenthèses. Le gouverneur **Constant Sorin**, fidèle à Vichy jusqu'en 1943, réprime syndicalistes et opposants. Les résistants sont arrêtés, emprisonnés, mais quelques centaines de Guadeloupéens courageux réussissent à rejoindre la France libre en transitant par l'île britannique de la Dominique.

DÉPENDANCE OU INDÉPENDANCE ?

Au lendemain du conflit mondial, l'heure est aux grandes réformes. La IVe République accorde aux Antilles françaises le statut de département. Mesure ambiguë, car si les Guadeloupéens sont appelés à devenir des citoyens français à part entière, ils ne le seront, sur le plan social, que peu à peu. Le processus d'intégration progressive de l'île au modèle social métropolitain apporte d'incontestables progrès, mais la Guadeloupe des années 1960-1970 reste soumise au régime colonial de la grande propriété foncière. L'économie de la banane, qui remplace celle de la canne à sucre, maintient l'île dans la dépendance et empêche toute émergence d'une classe de petits propriétaires. La dépendance croissante vis-à-vis de la métropole, la fin des espoirs d'indépendance liée à l'intégration, les difficultés économiques et la sévère répression des mouvements sociaux exacerbent les tensions.

LE TEMPS DES ATTENTATS

Les années 1960 sont marquées par de nombreux événements internationaux parmi lesquels la guerre d'Algérie et la révolution cubaine. Dans ce contexte naît, en 1963, le mouvement indépendantiste créé par des étudiants maoïstes : le **Groupe d'organisation nationale**

guadeloupéenne (GONG), auquel succède, en 1978, l'**Union populaire pour la libération de la Guadeloupe** (UPLG). Dans les années 1980, émerge le **Groupement de libération armée** (GLA). En mars 1980, il revendique l'assassinat de **Gaston Viviès**, conseiller général de la Désirade. Plusieurs attentats sont perpétrés sur le territoire au fil de l'année.

En 1983, une série de « nuits bleues » signée par l'**Alliance révolutionnaire caraïbe** (ARC) frappe les Antilles (Guadeloupe, Martinique, Guyane) et Paris. À Basse-Terre, l'attentat de novembre contre la préfecture fait 23 blessés. Le gouvernement dissout l'ARC. Son leader, **Luc Reinette**, est arrêté en février 1985 et condamné à 19 ans de prison. Un mois plus tard, un nouvel attentat tue deux Guadeloupéennes et un Américain. En juin 1985, Luc Reinette et trois de ses compagnons s'évadent de la prison de Basse-Terre. Ils sont repris en 1987, avant que la Guadeloupe ne vive une nouvelle vague d'attentats commis par l'ARC. En avril 1989, 25 militants sont arrêtés. L'amnistie prononcée en mai met fin à l'épisode indépendantiste.

CYCLONE ET POLITIQUE

Au début des années 1990, la revendication indépendantiste a quasiment disparu de la scène politique. Le **cyclone Hugo** a joué un rôle certain. Les 16 et 17 septembre 1989, des vents dépassant 250 km/h ravagent la Guadeloupe. On déplore 22 morts et 22 000 sans-abris. Les dégâts sont considérables. Pourtant, en moins de deux ans, les routes sont refaites, les bâtiments qui peuvent l'être sont remis en état et d'importantes indemnités sont allouées aux collectivités territoriales.

Les indépendantistes font profil bas, mais l'**Union générale des travailleurs guadeloupéens** (UGTG), créée en 1973, conserve sa force. Fer de lance d'un syndicalisme dur, elle défend la « préférence nationale », en faveur de l'emploi des Guadeloupéens, et tient un discours anti-immigrés dirigé principalement contre les Haïtiens. Opérations « coup de poing », piquets de grève, blocages des ports et des dépôts d'essence, occupations des hôtels se multiplient sur fond de rhétorique invoquant le passé esclavagiste. Ces actions ont conduit plusieurs fois en prison le leader du mouvement, **Michel Madassamy**.

LES ÉVÉNEMENTS DE MAI 1967

Le 20 mars 1967, un propriétaire blanc de Basse-Terre lâche son chien sur un petit artisan noir qui est gravement mordu. Révoltée, la population descend dans la rue. Basse-Terre vit trois jours d'émeutes. Le préfet Bolote qui dit « comprendre les manifestants » parvient à rétablir l'ordre sans violence. L'affaire est encore dans tous les esprits lorsque, deux mois plus tard, éclate une grève des ouvriers du bâtiment à Pointe-à-Pitre. Les 26 et 27 mai, la violence est terrible. Des magasins du centre-ville sont incendiés, des émeutiers pillent une armurerie. Dépassé, le préfet fait tirer sur la foule. Officiellement, il y a sept morts. Plus vraisemblablement 45, de nombreux corps ayant été enterrés en cachette. On parle même d'une centaine de victimes. Cette affaire, qui n'a suscité aucune réaction en métropole, n'a pas été oubliée des Guadeloupéens et explique en partie la radicalité des conflits dans ce département.

Les années 2000

Le 7 décembre 2003, malgré l'engagement en faveur du « oui » de l'exécutif local dirigé par **Lucette Michaux-Chevry**, les Guadeloupéens votent massivement « non » lors du référendum pour un statut unique, celui de **collectivité d'outre-mer** (COM), qui remplacerait la région et le département *(voir p. 48)* et conduirait l'île vers plus d'autonomie. À l'occasion de ce même référendum, l'île de **St-Barthélemy** (7 000 hab.) et la moitié septentrionale de l'île de **St-Martin** (35 000 hab.), deux anciennes communes du département de la Guadeloupe, décident en revanche à une large majorité de devenir des collectivités territoriales françaises à part entière. Depuis le 22 février 2007, elles sont donc indépendantes de la Guadeloupe et exercent les compétences dévolues aux communes, départements et régions, *via* un conseil territorial élu pour 5 ans. Ce dernier compte 19 élus à St-Barthélemy et 23 élus à St-Martin. Chacune de ces deux collectivités est représentée par un député et par un sénateur.

En janvier 2009 démarre un **mouvement social et populaire pour lutter contre la « vie chère »** qui a paralysé l'île pendant plusieurs semaines. Si les événements qui se sont produits ont des causes lointaines et structurelles, c'est la flambée des prix des carburants qui a déclenché le mouvement (depuis 2004, en effet, les prix des carburants n'ont cessé d'augmenter alors que les salaires sont loin d'être au niveau de ceux de la métropole). Face à la montée de la violence opposant une partie de la population aux forces de l'ordre, le gouvernement, craignant une extension et une radicalisation du conflit, a fini par céder sur la plupart des revendications du collectif LKP (Ligue contre la profitation) et de son leader Elie Domota. Le 5 mars 2009, le calme est donc revenu en Guadeloupe.

Ce conflit a eu également une forte incidence sur la saison touristique en Guadeloupe où le taux de fréquentation des hôtels est tombé à 20 %. Ses répercussions n'ont pas encore fini de se faire sentir sur l'économie fragilisée de l'île.

Chronologie

LES TEMPS PRÉCOLOMBIENS

Vers 1 600-1 500 av. J.-C. – Traces des premiers peuplements amérindiens.

Vers 500 av. J.-C. – Arrivée des Arawaks.

4ᵉ-7ᵉ s. apr. J.-C. – Époque probable des pétroglyphes, autour de Trois-Rivières, en Basse-Terre.

11ᵉ-14ᵉ s. apr. J.-C. – Rencontre des Arawaks avec les Taïnos et d'autres peuples de la région dont, peut-être, les Caraïbes.

LES DÉBUTS DE LA COLONISATION

Novembre 1493 – Christophe Colomb découvre la Guadeloupe, Marie-Galante et Les Saintes.

16ᵉ-début 17ᵉ s. – Rivalités hispano-anglaises sur les Antilles. Époque des corsaires et des flibustiers.

1635 – Début de l'installation des Français en Guadeloupe.

1646 – Premiers moulins à sucre. Début de la traite des Noirs.

1664 – Création par Colbert de la Compagnie des Indes occidentales.

LE TEMPS DE L'ESCLAVAGE

1685 – Le Code noir est promulgué.

1759 – Prise de la Guadeloupe par les Britanniques, fondation de Pointe-à-Pitre.

4 février 1794 – La Convention abolit l'esclavage dans les colonies.
1794-1798 – Dictature de Victor Hugues en Guadeloupe.
1802 – Malgré l'opposition de Louis Delgrès, Napoléon rétablit l'esclavage en août.
1809-1814 – Les Britanniques occupent la Guadeloupe.
1843 – Un violent séisme détruit Pointe-à-Pitre.
27 avril 1848 – La France abolit l'esclavage, à l'initiative de Victor Schœlcher.

L'INTÉGRATION DANS LA RÉPUBLIQUE

1853-1884 – L'industrialisation de la Guadeloupe nécessite de la main-d'œuvre. Arrivée massive de travailleurs indiens, ou « coolies ».
1875 – Députés et sénateurs représentent la Guadeloupe en métropole.
1902-1910 – Naissance des premiers syndicats dans un contexte de crise sociale, émaillé de grèves.
1928 – La Guadeloupe est dévastée par un terrible cyclone.
1936 – Félix Éboué devient le premier gouverneur noir de la Guadeloupe.
1939-1943 – Les gouverneurs de la Guadeloupe sont fidèles à Vichy avant de rallier la France libre.

19 mars 1946 – La Guadeloupe devient département français (DOM).

L'ÉPOQUE MODERNE

1967 – Émeutes à Basse-Terre, après l'agression d'un artisan noir par le chien d'un commerçant blanc. À Pointe-à-Pitre, plusieurs dizaines de personnes périssent au cours de manifestations ouvrières et estudiantines.
1976-1977 – Éruption de la Soufrière. St-Claude et Basse-Terre sont évacuées.
1983 – Loi de décentralisation. La Guadeloupe devient une région.
1983-1989 – Des attentats indépendantistes sont perpétrés par l'ARC (Alliance révolutionnaire caraïbe).
1989 – Le cyclone Hugo ravage la Guadeloupe. Le RMI est institué.
1996 – Le Smic est aligné sur celui de la métropole.
10 mai 2001 – Le Parlement français reconnaît l'esclavage comme crime contre l'humanité.
Décembre 2003 – La Guadeloupe repousse le projet de statut administratif unique.
Novembre 2004 – Tremblement de terre évalué à 6,3 sur l'échelle de Richter. Les communes les plus touchées sont celles des Trois-Rivières, Capesterre-Belle-Eau et de Terre-de-Bas.
Février 2007 – St-Barthélemy et St-Martin, deux anciennes dépendances de la Guadeloupe, deviennent des collectivités d'outre-mer (COM).
Janvier 2009 – Un mouvement social et populaire démarre pour lutter contre la « vie chère » et paralyse l'île pendant plusieurs semaines.

3/ DÉCOUVRIR LA GUADELOUPE

Lagon à Saint-François.
Philippe Giraud / Comité du Tourisme des Îles de Guadeloupe (CTIG)

La Grande-Terre 1

Plage publique de Sainte-Anne.
Philippe Giraud / Comité du Tourisme des Îles de Guadeloupe (CTIG)

A
B
1
2
3
Pointe de la Grande Vigie
Pointe Petite Tortue
Pointe du Piton
Porte d'Enfer
Trou Madame Coco
Pointe du Souffleur
Anse Laborde
D 122
Anse de la Chapelle
Anse-Bertrand
Anse Lavolvaine
D 120
la Montagne
Pointe d'Antigues
Mahaudière
Pointe Petit Nègr
Campêche
N6
Anse du Souffleur
Ancienne sucrerie de Beauport
Port-Louis
Gaschet
N8
Gros Cap
Ste-Anne
les Mangles
Anse Maurice
Ste-Marguerite
Anse Ste-Marguerite
Petit-Canal
D 123
GRAND CUL-DE-SAC MARIN
Pte à Retz
Rougeole
Îlet Duberran
Plaine de Grippon
Îlet Macou
Cal des Rotours
Musée de la préhistoi
Edgar-Clerc
Anse Babin
Vieux-Bourg
Morne-à-l'Eau
D 107
N 5
Distillerie Damoiseau
Cimetière
Anse Perrin
Château-Gaillard
D 106
D 108
Pte Lambis
Îlet à Christophe
D 101
D 111
Les Grands Fonds
Rivière Salée
N 11
Les Abymes
Grands-Fonds
Douville
D 102
Morne l'Escale
Pointe-à-Pitre
N 1
Fouché
D 104
D 103
Dupré
Petit Cul-de-Sac Marin
Fort Fleur d'Épée
Tombeau
Durivage
Saint Ann
Poucet
N 4
Petit-Havre
Bas du Fort
Le Gosier
St-Félix
Anse à Éblain
pointe de la Verdure
Périnet
Anse à Jacques
Petit-Havre
Îlet du Gosier
Pointe Canot
Anse Vinaigri
LES SAINTES
MARIE-GALANTE
LES SAINTES
MARIE-GALAN

C
D
LA GRANDE-TERRE
0
5 km
N
Pointe des Châteaux
★★ Mérite un détour
Porte d'Enfer
★ Intéressant
Anse-Bertrand
À voir
Circuit conseillé avec ville de départ
SE LOGER
Algues de la Chapelle (Les)............. 1
Case à Canne............ 3
Clamy (Gîtes)............ 5
Hibiscus (Les)............ 7
Hostellerie des Châteaux............ 9
Kaladja............ 12
Lucette Promeneur (Gîtes de)............ 15
Maison des Alizés (La)............ 20
Petit Havre (Le)............ 25
OCÉAN
ATLANTIQUE
1
2
3
Baie du Nord-Ouest
Plage de l'Autre Bord
e Moule
D 115
Gardel
Maison Zévallos
Anse Petite savane
Anse à l'Eau
D 117
D 116
N5
Anse à la Croix
Baie Olive
Anse à la Gourde
Plage Tarare
N 4
D 118
Saint-François
Anse Kahouanne
Anse du Mancenillier
9
Pointe des Châteaux
LA DÉSIRADE
ench
Plage du Gros Sable
Plage du Bois Jolan
Plage des Raisins Clairs
Pte du Gros Bœuf
Pte du Vent
Pte du Helleux
nse du Belley
LES SAINTES
MARIE-GALANTE
C
ILE DE LA PETITE-TERRE
D

Pointe-à-Pitre

★

17 408 habitants, 135 000 avec son agglomération - Sous-préfecture du département de la Guadeloupe et capitale économique de l'île

NOS ADRESSES PAGE 116

S'INFORMER

Comité du tourisme des îles de Guadeloupe – Plan de la ville, B2 - *5 sq. de la Banque - 05 90 82 09 30 - www.lesilesdeguadeloupe.com - lun.-vend. 8h-17h, sam. 8h-12h.* Consultez l'état des traces avant de partir en randonnée et faites le plein de cartes de la série « Chemin bleu », très pratiques. Le **service du patrimoine** de la ville de Pointe-à-Pitre organise aussi des visites thématiques *(voir Informations utiles)* ; programme au Comité du tourisme.

Syndicat d'initiative de Pointe-à-Pitre – *Marina de Bas-du-Fort - 05 90 90 70 02 - www.sivap.gp - lun.-vend. 9h-12h30, 14h30-17h30, sam. 9h-12h.*

SE REPÉRER

Carte de microrégion A3 *(p. 106-107)* - plan p. 110 - carte IGN 4603 GT.

À NE PAS MANQUER

L'ambiance des marchés colorés du centre-ville.

ORGANISER SON TEMPS

Réservez la visite de Pointe-à-Pitre au jour de votre départ. Vous n'aurez ainsi pas à vous charger, durant tout votre séjour, des souvenirs achetés sur les marchés de la ville. Arrivez dans la matinée, faites un tour à pied jusqu'à l'heure du déjeuner. Il vous restera assez de temps pour rendre votre véhicule de location, enregistrer vos bagages et faire vos dernières emplettes dans les boutiques de l'aéroport. Vous ne manquerez rien : la ville est très animée le matin, calme l'après-midi et vide le soir.

AVEC LES ENFANTS

La visite de l'aquarium de Guadeloupe, à la marina de Bas-du-Fort, ravira petits et grands, et les amateurs de sensations fortes pourront même passer une nuit auprès des requins !

Disons-le franchement, la capitale économique de la Guadeloupe, qui est aussi son unique porte d'entrée, ne mérite pas que l'on s'y attarde plus d'une demi-journée. Pointe-à-Pitre est une ville sans grand cachet ni hébergement digne de ce nom. Si l'on peut trouver un certain charme à arpenter les rues bordées de vieilles maisons qui supportent de plus en plus mal l'outrage des ans, les sites intéressants sont limités. On se contente donc de déambuler entre les étals colorés des marchés où la gouaille des vendeuses d'épices et de punch, en tenue madras, s'exprime parfois avec agressivité devant un appareil photo ou une caméra.

Marché Saint-Antoine à Pointe-à-Pitre.
Philippe Giraud / Comité du Tourisme des Îles de Guadeloupe (CTIG)

Se promener Plan de la ville p. 110

Comptez de 2h30 à 3h.

LE QUARTIER DE LA DARSE B2

Conseil – Évitez les quartiers peu sûrs de Carénage et de cour Zamia, au sud-est de la Darse. Ils n'ont d'ailleurs aucun intérêt pour les touristes.

Sur la vaste **place de la Victoire** (B2), la plus belle de Guadeloupe, se dressent palmiers et sabliers plantés par Victor Hugues en 1794 comme « arbres de la liberté ». C'est ce dernier qui la baptisa ainsi, en souvenir de sa victoire sur les Britanniques. Au centre trône un joli kiosque à musique datant de 1930. On découvre aussi le buste de **Félix Éboué**, premier gouverneur noir de la Guadeloupe, compagnon de la Libération, dont les restes reposent au Panthéon, à Paris. Remarquez aussi le **monument aux morts** sur lequel, pour de mystérieuses raisons, aucun nom n'est inscrit. Le buste du général Frébault, qui a donné son nom à la plus célèbre rue de la ville, honore la mémoire du gouverneur de la Guadeloupe sous le Second Empire.

Au sud-est, la place est dominée par la façade jaune vif à volets bleus de la **sous-préfecture**, une ancienne caserne du 19ᵉ s. La **maison Mathé**, demeure bourgeoise créole du 19ᵉ s., dresse ses deux étages en bois entourés de balcons en fer forgé sur un rez-de-chaussée en dur, la protégeant ainsi à la fois du feu et des séismes. L'**ancien presbytère**, au nord de la place, est également un bel exemple d'architecture traditionnelle, en cours de rénovation (il accueillera le Centre de promotion du patrimoine et du tourisme).

En bordure de mer, le **marché de la Darse** (B2) s'anime chaque matin (*sauf le dim.*) avec les marchandes de légumes aux costumes colorés qui vous expliquent comment mijoter un vrai court-bouillon créole. Sur le côté du marché, au bord de la Darse, des pêcheurs débitent au sabre thazars et dorades coryphènes.

SE LOGER
- Fleur d'épée (Hôtel) ... 1
- Saint-John-Perse (Hôtel) ... 3
- Village Soleil (Hôtel) ... 5

SE RESTAURER
- Bella Vita ... 2
- Canne à sucre (La) ... 3
- Fairouz ... 5
- Jardin (Le) ... 7
- Maharajah Monty ... 9
- Paëlla Grill ... 12
- Pelage (Pâtisserie) ... 16

LE VIEUX POINTE-À-PITRE A2

La **rue Frébault** (A2), qui part des quais et remonte tout le vieux Pointe-à-Pitre jusqu'au boulevard Chanzy, est la plus commerçante et la plus animée de la ville. Chaque pas de porte est occupé par un petit commerce et l'on y trouve à peu près de tout, sauf de l'alimentation. Pour cela, il faut s'arrêter au **marché St-Antoine★**, délimité par les rues Frébault, Schœlcher, Peynier et Saint-John-Perse. Ce lieu très touristique, animé dès 6h du matin, est presque exclusivement tenu par des « doudous » en madras qui proposent, parfois de manière un peu insistante, leurs épices, punchs et autres spécialités locales *(voir p. 76-77)*.

SAINT-JOHN PERSE

Saint-John Perse (1887-1975), de son vrai nom Alexis Léger, a passé une partie de son enfance en Guadeloupe entre un père avocat et une mère issue d'une famille de planteurs. Ce Blanc créole, qui a fait carrière dans la diplomatie et s'est trouvé en poste en Extrême-Orient, s'est consacré par la suite à la poésie. Il a vécu aux États-Unis et a beaucoup voyagé en Amérique du Sud et dans les Caraïbes, mais n'est jamais revenu sur sa terre natale. **Prix Nobel de littérature** en 1960, il est l'auteur d'une œuvre qui célèbre, dans une langue foisonnante, la splendeur du monde et la force des éléments. Son premier recueil, *Éloges* (1911), porte en lui les images et les sensations de sa jeunesse antillaise. L'ensemble de son œuvre est paru en 1972 dans la collection « Bibliothèque de la Pléiade » (Gallimard).

Prenez le temps de vous promener dans les **rues de Nozières**, **Jean-Jaurès**, **Peynier** et **Achille-René-Boisneuf** (A2) où s'élèvent quelques belles maisons du 19e s., souvent agrémentées de structures métalliques comportant colonnettes et balustrades en ferronnerie.

Au n° 51 de la rue Achille-René-Boisneuf, l'**ancienne mairie**, érigée en 1887, offre un bel exemple d'architecture administrative traditionnelle avec des éléments classiques dans la façade du rez-de-chaussée en pierre surmonté d'un étage en bois. Elle abrite aujourd'hui la médiathèque de la ville. Au n° 54, une plaque signale la **maison natale d'Alexis Léger**, poète et diplomate plus connu sous le nom de Saint-John Perse *(voir encadré ci-dessus)*. Malheureusement, malgré une pancarte annonçant une aide de la Communauté européenne, l'édifice tombe en ruine. Pour en savoir davantage sur la vie du poète, dirigez-vous vers le musée qui lui est consacré.

★ Musée Saint-John Perse A2

Comptez 30mn de visite.

9 r. de Nozières - ✆ 05 90 90 01 92 - lun.-vend. 9h-17h, sam. 8h30-12h30 - 2,50 €.

L'ancienne demeure à structure métallique de la **famille Souques-Pagès**, propriétaire de la sucrerie Darboussier, date des années 1870 et constitue l'une des principales richesses architecturales de la Guadeloupe. Sa structure a été réalisée en métropole avant d'être transportée par bateau en pièces détachées. Il en existe une réplique au Moule, appelée **maison Zévallos** *(voir p. 142)*. L'élégance de son allure générale rappelle les maisons de Louisiane.

Le musée rassemble quelques souvenirs personnels de l'écrivain pointois *(voir encadré ci-dessus)*. Des mannequins reconstituent l'ambiance d'une maison bourgeoise créole à la fin du 19e s. L'étage accueille des expositions temporaires et un petit centre documentaire sur l'auteur.

Musée Schœlcher A2

Comptez 30mn.

24 r. Peynier - ✆ 05 90 82 08 04 - lun.-vend. 9h-17h - 2 €.

Républicain et franc-maçon d'origine alsacienne, Victor Schœlcher (1804-1893) est à l'origine de la loi qui a définitivement **aboli l'esclavage** en 1848. Son nom est associé à de nombreuses rues, places, et autres lieux publics des Antilles. Le musée est installé dans un beau bâtiment de style classique, achevé en 1887 et construit spécialement pour abriter les collections que Victor Schœlcher a léguées au conseil général de la Guadeloupe.

Pointe-à-Pitre au fil des siècles

UNE ORIGINE INCERTAINE

Selon une légende, « Pointe-à-Pitre » viendrait d'un certain Peter, marchand de poissons juif hollandais qui se serait installé ici au 16e s. Plus vraisemblablement, son étymologie rapproche le nom de l'espagnol *pitera* qui a donné *pitre* en créole et signifie « agave », comme l'atteste une carte du 17e s. sur laquelle figure le nom « Rivière aux pitres ».

Au 18e s. se forme aux Abymes une bourgade qui commence à développer la culture de la canne à sucre. Mais les environs du Petit Cul-de-Sac Marin sont marécageux et insalubres. Les Britanniques, qui occupent la Guadeloupe de 1759 à 1763, assainissent le littoral tout en construisant un village sur les hauteurs du morne Renfermé. Les travaux sont rendus possibles par l'emploi de milliers d'esclaves, dont beaucoup périssent, victimes du paludisme.

UN 18e SIÈCLE MOUVEMENTÉ

Avec le retour de la souveraineté française, la localité se dote de services administratifs et d'un tribunal de l'amirauté. Cela marque le début d'une rivalité entre Pointe-à-Pitre et Basse-Terre, jamais apaisée depuis. La fin du 18e s. est une période fortement contrastée pour la capitale. Après l'incendie de 1780, la ville est reconstruite selon un plan en damier, conservé jusqu'à aujourd'hui. Son développement économique et démographique ne cesse de progresser grâce aux richesses générées par le commerce de la canne à sucre et par le trafic maritime. En 1785, 234 navires exportent 80 % du sucre de Guadeloupe au départ de Pointe-à-Pitre, contre seulement 25 vaisseaux depuis Basse-Terre. Mais la Révolution française va faire des ravages considérables. Envoyé par la Convention pour faire respecter l'abolition de l'esclavage promulguée en 1794, le Marseillais **Victor Hugues**, tyran aventurier, rebaptise la ville Port-de-la-Liberté et décapite, au propre comme au figuré, une bonne partie de l'aristocratie créole. Sa mission ne l'empêche pas, quelques années plus tard, d'être tout aussi cruel pour rétablir l'esclavage en Guyane.

DE CATASTROPHES EN RENAISSANCES

Malgré ces tragiques péripéties, la prospérité de Pointe-à-Pitre perdure encore quelques décennies jusqu'à sa destruction par le **tremblement de terre** du 8 février 1843. La ville est presque immédiatement reconstruite. Les **incendies** de 1850 et de 1871, les séismes de 1851 et de 1897, le **cyclone** de 1865 et la terrible épidémie de choléra de 1865-1866 n'empêchent pas la capitale de se parer peu à peu d'immeubles à étages parfois luxueux, de trottoirs et d'infrastructures comparables à celles de la métropole.

Le 20e s., au cours duquel se succèdent cyclones et séismes, voit la cité se transformer. Les constructions en dur résistent mieux aux cyclones que celles en bois, mais, inversement, les secondes sont moins vulnérables aux tremblements de terre. Certaines maisons se caractérisent donc par un rez-de-chaussée en pierre, des étages en bois et des balcons en fer forgé. D'où la combinaison de plusieurs types d'habitat toujours d'actualité.

UNE ÉMANCIPATION LABORIEUSE

Pointe-à-Pitre est la première ville de Guadeloupe à proclamer l'**abolition de l'esclavage**, le 26 mai 1848. La mesure conduit à un afflux considérable d'anciens esclaves quittant les habitations des maîtres dans l'espoir de pouvoir jouir de leurs droits de citoyen. Mais il leur faut attendre près d'un siècle.

Sous le Second Empire, le suffrage universel est suspendu. Un collège de notables nommés par le pouvoir règne sur Pointe-à-Pitre jusqu'en 1875.

À la fin du 19e s., la Guadeloupe connaît une grave crise économique due à l'effondrement du sucre. L'usine Darboussier, principal employeur de la ville, licencie à tour de bras, provoquant grèves et révoltes sur lesquelles plane l'influence d'**Hégésippe Légitimus** et d'**Achille-René Boisneuf**, grandes figures de la vie politique pointoise. Cette époque est marquée par l'émancipation sociale de la classe moyenne, qui envoie ses enfants au lycée Carnot. Créé en 1883, cet établissement devient une véritable pépinière d'élites pour la société guadeloupéenne, mais la plupart feront carrière en métropole ou dans les colonies.

DES DÉFIS IMPORTANTS À RELEVER

La départementalisation, instaurée en 1946, puis l'arrivée, en principe provisoire, mais en réalité définitive, d'entreprises et d'administrations évacuées de Basse-Terre lors de l'éruption de la Soufrière en 1976, ont conforté Pointe-à-Pitre dans son rôle de **« capitale » de la région**. La création, dans les années 1990, de la dynamique **zone industrielle de Jarry** a confirmé le rôle économique leader de la ville. Cependant, Pointe-à-Pitre n'échappe pas aux mutations de la société française au cours du 20e s. Départ des élites vers la métropole, chômage caractérisé par la fermeture de l'**usine Darboussier** en 1980, montée de l'immigration clandestine, toxicomanie sont aujourd'hui les principaux défis que doit affronter la ville. La tâche est rude.

La dépréciation de l'immobilier n'incite guère les propriétaires à entreprendre les indispensables travaux de rénovation qui permettraient à Pointe-à-Pitre d'assumer enfin son label de « Ville d'art et d'histoire ». Il semble toutefois qu'un timide début de retour de balancier soit amorcé. La rénovation du quartier de l'ancienne usine Darboussier et de trop rares initiatives de réhabilitation de l'habitat ancien témoignent d'une certaine volonté de sortir la ville de sa torpeur. Mais le phénomène le plus décisif sera sans doute la pression immobilière et foncière, très forte en Guadeloupe, qui va immanquablement réorienter l'offre sur la capitale dans les années à venir. La ville qui a su résister à tant de cataclysmes recèle une énergie suffisante pour se redresser.

Celles-ci, réparties au rez-de-chaussée et à l'étage, comprennent des porcelaines provenant de la fabrique parisienne que possédait sa famille, ainsi que différents objets domestiques dessinés par lui-même. Dans une vitrine, un document illustré décrit l'horreur du transport d'esclaves à bord de *La Vigilante*, navire négrier clandestin saisi en 1822 après l'interdiction de la traite décidée en 1815. Une feuille de recensement d'esclaves dans une habitation montre comment ces derniers étaient assimilés à du bétail. Un centre de documentation est situé à l'étage.

La basilique Saint-Pierre-et-Saint-Paul B1

Comptez 15mn.

Place Gourbeyre - ouverte le matin.

La basilique est l'édifice catholique le plus important de Pointe-à-Pitre. Le bâtiment actuel, précédé du petit marché aux fleurs, date de 1849. Il remplace l'ancienne église, construite en 1807 et détruite par le séisme de 1843. Il est pourvu d'une structure métallique correspondant aux normes antisismiques de l'époque. Le clocher en charpente de style Eiffel a été exécuté en 1872. La façade a repris les éléments de l'ancien édifice. À l'intérieur, la structure métallique de la nef centrale est soutenue par des colonnes en fonte surmontées de motifs gothiques. L'élégant autel en marbre de Carrare date de 1850.

En quittant la basilique, vous pourrez remonter la **rue Alsace-Lorraine** (B1). Elle est bordée de maisons de style colonial ornées de fins balcons métalliques. Remarquez notamment la **maison Hayot** au n° 1.

Le cimetière

Au nord de la ville, non loin de la gare maritime de Bergevin (A1), le cimetière est un étonnant reflet de la société guadeloupéenne présente et passée. L'aspect somptueux de certaines sépultures, dont quelques-unes sont, paraît-il, climatisées, montre l'importance accordée aux défunts. On remarque aussi l'immense écart social qui sépare les imposants caveaux de l'allée centrale des humbles tombes à tumulus de sable décorées de lambis.

La tombe la plus curieuse est celle du **commandant Bouscaren**, obscur militaire du 19e s., dont le souvenir fait l'objet d'une dévotion toute particulière. Sa sépulture, la plus fréquentée du cimetière, est en effet décorée en permanence de fleurs rouges dont la présence serait liée à de mystérieuses pratiques de sorcellerie populaire.

LA MARINA ET BAS-DU-FORT B2 en direction

De Pointe-à-Pitre, prenez la direction du Gosier et Ste-Anne, puis empruntez la sortie Marina.

La Marina B2 en direction

Entre Pointe-à-Pitre et Le Gosier, ce quartier résidentiel accueille la marina, principal lieu de sortie nocturne des environs (*voir « En soirée », p. 121*). C'est là que, tous les quatre ans, s'achève la fameuse **Route du Rhum**. L'arrivée triomphale et tumultueuse de Florence Arthaud en 1990 est restée dans les mémoires, ainsi que les victoires de Laurent Bourgnon (1994 et 1998), d'Ellen MacArthur en 2002 et de Lionel Lemonchois en 2006.

Bas-du-Fort B2 en direction

Comme son nom l'indique, le quartier Bas-du-Fort est situé au pied du **fort Fleur d'Épée**, auquel on accède par une petite route en forte pente *(9h-17h - entrée libre)*. C'est un agréable lieu de promenade, offrant une belle vue sur le Petit Cul-de-Sac Marin, la zone touristique du Gosier et Marie-Galante.

Basilique Saint-Pierre-et-Saint-Paul.
Philippe Giraud / Comité du Tourisme des Îles de Guadeloupe (CTIG)

Construit à la fin du 18e s., il a été en 1794 le théâtre d'âpres combats opposant les Britanniques à Victor Hugues, venu, à la tête de 3 000 esclaves affranchis, libérer Pointe-à-Pitre. Les fortifications s'élèvent au-dessus d'un espace planté de flamboyants, où se dresse un petit bâtiment couvert de tuiles qui servait de poudrière. Des expositions temporaires sont organisées dans les galeries souterraines.

Aquarium de la Guadeloupe B2 en direction

Marina de Bas-du-Fort, pl. Créole - ✆ 05 90 90 92 38 - www.guadeloupeaquarium.com - 9h-19h - 9 €, billet combiné avec le parc des Mamelles 21 € - ✕.

La visite permet de découvrir la faune sous-marine tropicale, avec plusieurs centaines d'espèces représentées : coraux, poissons multicolores, requins, tortues, murènes, etc. L'aquarium organise par ailleurs d'intéressantes sorties Écotour, des stages pour découvrir les différents écosystèmes de l'île et offre même la possibilité de passer une nuit devant le bassin des requins !

NOS ADRESSES À POINTE-À-PITRE

Voir le plan de la ville p. 110.

INFORMATIONS UTILES

Banques

Nombreux distributeurs automatiques dans le centre-ville. Toutes les grandes banques françaises sont représentées.

Internet

CyberKa – *Place de la Victoire - lun.-vend. 7h-20h, sam. 8h-18h, (1 €/10mn, 2 €/30mn).*

Librairie

Librairie Jasor – A1-2 - *46 r. Victor-Schœlcher - ✆ 05 90 82 17 70 - lun.-vend. 8h-18h, sam. 8h-13h.* Vaste choix dans la plus grande librairie de Guadeloupe.

Location de bateaux

Capitainerie – *Marina de Bas-du-Fort - ✆ 05 90 93 66 20.*

AD Location – *Marina de Bas-du-Fort (quai n° 3) - ✆ 05 90 90 96 77 ou 06 90 55 20 42 - http://pagesperso-orange.fr/ad.location.*

Gîtes de France

Gîtes de France Guadeloupe – *Place de la Victoire, à côté du comité du Tourisme - ✆ 05 90 91 64 33 - www.gitesdefrance-guadeloupe.com - lun.-vend. 9h-12h, 13h30-17h30.* Service réduit à sa plus simple expression, mais vous pourrez acheter le catalogue *(3 €)* des gîtes à l'agence.

VISITE

Service du patrimoine – *Centre José-Marti - ✆ 05 90 21 68 96 - www.ville-pointeapitre.fr, rubrique Culture et Histoire.* Plusieurs visites guidées par mois sur réservation avec d'excellents guides-conférenciers sur des thèmes comme « Les secrets du cimetière » ou « La ville des bords de l'eau ». Le programme est disponible au comité du tourisme des îles de Guadeloupe *(voir p. 108)*. Comptez 6 €/pers.

ARRIVER / PARTIR

En avion

Aéroport international Guadeloupe Pôle Caraïbes – *Aux Abymes, à environ 6 km au nord de Pointe-à-Pitre - ✆ 05 90 21 14 72 - www.guadeloupe.aeroport.fr.* C'est le seul aéroport de la Guadeloupe. **Services** : bureau d'informations touristiques, distributeurs et bureau de change, poste, pharmacie et presse au niveau 0 ; boutiques, presse, restaurant, connection Wifi au niveau 2.

Pour rejoindre le centre-ville – Aucune navette ni transport public. **Taxis** au niveau 0 (porte 1), service du premier au dernier vol, *(✆ 05 90 21 12 21).* Assurez-vous du fonctionnement du taximètre des voitures, car les litiges sont fréquents. La meilleure solution est d'avoir réservé une voiture de location *(voir « Location de véhicule », p. 36-37).*

Bon à savoir – De nombreux propriétaires d'hébergements proposent de vous attendre à l'aéroport. N'hésitez pas à vous renseigner au moment de votre réservation.

Bagage Plus – *Aéroport Pôle Caraïbes - ✆ 05 90 21 13 36 ; 25 Carrefour-de-la-Marina - ✆ 05 90 93 60 91 - www.bagageplus.com.* Une solution pratique pour éviter la file d'attente au retour. Cette compagnie récupère vos bagages à votre adresse et s'occupe de tout : transfert, enregistrement, etc. Comptez 34 €/pers. (60 €/2 pers.) ou 25 € (40 €/2 pers.) si vous déposez vos bagages à la marina ou à l'aéroport.

Air Antilles Express – ☏ *0 890 648 648 (coût d'un appel local), www.airantilles.com.*
Air Caraïbes – ☏ *0 820 835 835 (0,12 €/mn), ou 05 90 82 47 47 - www.aircaraibes.com.*
Air France – ☏ *36 54 (0,34 €/mn) - www.airfrance.gp ; bd Légitimus -* ☏ *0 820 820 820 (0,12 €/mn).*
Air Canada – ☏ *05 90 21 12 77 - www.aircanada.com.*
Corsairfly – ☏ *0820 042 042 - www.corsair.fr.*

Location de véhicules

Bon à savoir – Il est vivement conseillé de réserver votre véhicule avant votre départ.
Les principaux loueurs ont leurs bureaux à l'aéroport, à l'extérieur du hall des arrivées (niveau 0), sur la droite (porte 3). C'est là que vous effectuerez vos démarches : contrat de location, confirmation de réservation. Votre véhicule vous attend sur le parking des loueurs, à l'autre bout de l'aéroport où vous conduisent les navettes des différentes compagnies. Au retour, vous devrez effectuer la démarche inverse pour récupérer votre facture.
Toutes les compagnies ne proposent pas les mêmes services. Nous avons sélectionné celles qui présentent le plus de garanties. Vérifiez qu'un exemplaire de constat amiable vous est remis : ce n'est pas toujours le cas (*voir « Sur place de A à Z », p. 36-37-22*).
ADA – ☏ *05 90 21 13 64.*
Avis – ☏ *05 90 21 13 54.*
Budget – ☏ *05 90 21 13 49.*
Europcar – ☏ *05 90 21 13 52.*
Hertz – ☏ *05 90 21 13 46.*
Jumbo Car – ☏ *05 90 21 13 50.*
National Citer – ☏ *05 90 21 13 58.*
Sixt – ☏ *05 90 21 13 44.*
Voitures des îles – ☏ *05 90 89 22 10 (voiture livrée à l'aéroport moyennant un supplément de 25 €).*

En bateau

Liaisons à partir de la **gare maritime de Bergevin** (A1-2), au nord-ouest de la Darse de Pointe-à-Pitre.
Si vous devez laisser votre véhicule à la gare maritime, sachez qu'il en coûte 16 €/j., tarif onéreux pour un parking non gardé.
Bon à savoir – Les horaires changent selon les saisons et même selon les mois. Renseignez-vous toujours avant de prévoir une traversée. Les informations suivantes sont données à titre purement indicatif.
Caribbean Spirit – ☏ *05 90 57 45 74 - www.caribbean-spirit.fr.* Attention : les horaires varient chaque semaine ! En principe, en haute saison : **Les Saintes** : départ de Pointe-à-Pitre mar., merc. et jeu. 8h ; retour mar., merc. et jeu. 16h ; 20 € aller, 32 € AR. **Marie-Galante** : départ pour Grand-Bourg tlj sf mar. 7h45 ou 8h ; retour tlj sf mar. 15h ou 17h ; 20 € aller, 32 € AR.
L'Express des îles – ☏ *0 825 359 000 (0,14 €/mn) - www.express-des-iles.com.* **Les Saintes** : départ de Pointe-à-Pitre lun. et jeu. 8h ; retour lun. 16h45 et jeu. 16h30 ; 24,15 € aller, 39,90 € AR. **Marie-Galante** : départ pour Grand-Bourg lun.-sam. 8h, 12h30 et 17h, dim. 8h, 17h et 19h ; départ pour St-Louis lun.-sam. 12h45 ; retour de Grand-Bourg lun.-sam. 6h, 9h15 et 16h, dim. 6h, 16h et 18h15 ; 24,15 € aller, 39,90 € AR. **La Dominique** : départ pour Roseau merc. et vend. 8h, dim. 10h ; retour de Roseau lun. et jeu. 15h, sam. 10h ; 66,50 € aller, 99,90 € AR (enf. 79,30 €). **Martinique** : départ pour Fort-de-France merc. et vend. 8h, dim. 10h ; retour de Fort-de-France lun. et jeu. 13h ; 66,50 € aller, 99,90 € AR.

1

TRANSPORT

À pied

Les distances sont courtes et peuvent se parcourir à pied. Préférez la marche, vous éviterez les embouteillages et les problèmes de stationnement.

En bus

Les fréquentes liaisons entre les localités sont assurées par une multitude de petites compagnies aux horaires imprévisibles.

Trois gares routières se trouvent à Pointe-à-Pitre : une près de la Darse dessert le sud de la Grande-Terre (Le Gosier, Ste-Anne, St-François, etc.), tandis que celle du boulevard Légitimus, sur le morne Ferret, rejoint le nord (Morne-à-l'Eau, Anse-Bertrand, Port-Louis). Les liaisons vers la Basse-Terre sont, elles, au départ de la gare routière de Bergevin, située à l'angle des boulevards Chanzy et de la Dissidence (A1).

En voiture

Les rues sont étroites et les nombreux sens interdits ne facilitent pas la circulation. Vous pouvez stationner partout en ville, mais la plupart des rues sont payantes (tlj sf dim. de 7h30 à 13h et de 14h à 17h; 1 €/1h10, 2 €/2h).

Voir aussi « Location de véhicules » *(p. 117).*

En taxi

En réservant par téléphone, exigez une voiture équipée d'un taximètre. Pour les longs trajets, il est indispensable de négocier à l'avance.

CDL G9 – *05 90 20 74 74.*

HÉBERGEMENT

Pointe-à-Pitre

Bon à savoir – Le centre-ville comporte peu d'hébergements de qualité. Optez de préférence pour ceux de la marina de Bas-du-Fort, à environ 4 km du centre de Pointe-à-Pitre.

POUR SE FAIRE PLAISIR

Hôtel Saint-John-Perse – A2 - *Quai Ferdinand-de-Lesseps - 05 90 82 51 57 - www.saint-john-perse.com - - 44 ch. 100 €.* Un hôtel sans charme, donnant sur le port, à deux pas du marché de la Darse. Uniquement en dépannage, à l'arrivée ou au départ.

Marina de Bas-du-Fort

BUDGET MOYEN

Hôtel Village Soleil – A2 en direction - *Marina de Bas-du-Fort - 05 90 90 85 76 - www.hotel-village-soleil.com - - 67 studios 75 € (tarifs dégressifs selon la durée du séjour) - 9,15 € - accès Wifi - service de blanchisserie, location de voitures et excursions.* Dans un cadre verdoyant et calme, au-dessus de la marina, des chambres fonctionnelles au décor marin, avec ou sans balcon, équipées d'une kitchenette. Navette gratuite pour la plage du Gosier, à 3 km.

UNE FOLIE

Hôtel Fleur d'épée – B2 en direction - *Bas-du-Fort - 05 90 90 40 00 - www.hotel-fleur-depee.com - - 191 ch. 226 € (vue jardin). Poss. de pension complète (« All inclusive », 302 € pour 2 pers.) - accès Wifi.* Situé au pied du fort Fleur d'Épée, avec accès direct à la plage, cet établissement propose tous les services d'un grand hôtel de chaîne. Les chambres ont toutes un balcon ou une terrasse. Promotions et tarifs spéciaux sur le site Internet.

RESTAURATION

Pointe-à-Pitre

Bon à savoir – Attention, si on n'a que l'embarras du choix à l'heure du déjeuner, la plupart des établissements sont fermés le soir.

PREMIER PRIX

Bon à savoir – La place de la Victoire est bordée de snacks proposant sandwiches, salades et pâtisseries.

Pâtisserie Pelage – A2 - *17 r. Delgrès - 05 90 83 53 81 - tlj sf sam. après-midi et dim. 9h-19h - menu du jour à 9,50 €.* Une restauration sans prétention, mais correcte. Service efficace dans l'arrière-salle d'une boulangerie.

Bella Vita – B2 - *20 r. Alexandre-Isaac - 05 90 89 00 54 - tlj du matin au soir sf dim. - 10 €.* Cette pizzeria populaire dispose de quelques tables en terrasse, face à la place de la Victoire. Carte variée incluant aussi des plats créoles.

Paella Grill – A2 - *29 r. Frébault (à l'angle de la r. Saint-John-Perse) - 05 90 82 12 34 - tlj sf le dernier sam. du mois et dim. midi - 10 €.* Une adresse populaire située dans un quartier animé, appréciée pour son agréable terrasse face au marché St-Antoine, sa paella, mais aussi ses plats créoles et ses bons jus tropicaux.

BUDGET MOYEN

Fairouz – A2 - *17 r. Jean-Jaurès - 05 90 91 39 69 - tlj sf dim. - 9/20 €.* Une bonne adresse pour savourer une cuisine libanaise familiale dans une agréable salle climatisée. Bon choix de mezze et couscous en plat unique à 9 € le midi.

Le Jardin – B2 - *4 r. Barbès - 06 90 65 86 99 - tlj 8h-15h sf dim. - 10/12 €.* Une cour arborée

à l'écart du tumulte de la ville. Pizzas, crêpes, grillades, copieuses salades. La carte change tous les jours.

Maharajah Monty – A2 - *47 r. Achille-René-Boisneuf (à l'angle de la r. Jean-Jaurès) - 05 90 83 12 60 - tlj sf dim. - 15/20 €.* Situé à l'étage d'une maison du centre-ville, ce restaurant indien climatisé propose pour le déjeuner différents menus.

POUR SE FAIRE PLAISIR

La Canne à Sucre – A2 - *1 quai Foulon - 05 90 90 38 83 - tlj sf dim. à midi, le soir sur réservation - 15/25 €.* Parmi les spécialités, vous pourrez déguster un carpaccio de Saint-Jacques au tartare de tomates ou un carré d'agneau en croûte de tapenade. Belle terrasse avec vue sur la mer.

Marina de Bas-du-Fort

Bon à savoir – B2 en direction - À la sortie de Pointe-à-Pitre en direction du Gosier, la marina est le seul endroit animé de l'agglomération de Pointe-à-Pitre une fois la nuit tombée. Rendez-vous des plaisanciers et des « métros », l'endroit fait assez « ghetto pour Blancs ». Vous y trouverez une quinzaine de restaurants, en général assez chers, alignés autour du bassin.

1

Un conseil, soyez prudents, notamment dans les endroits mal éclairés de la marina.

BUDGET MOYEN

Le Plaisancier – B2 en direction - *Marina de Bas-du-Fort - ✆ 05 90 90 71 53 - tlj sf dim. - 15/20 €.* Ce restaurant propose sans doute le meilleur rapport qualité-prix du secteur avec un menu créole autour de 17 €.

La Mandala – B2 en direction - *Marina de Bas-du-Fort - ✆ 05 90 20 39 87 - tlj sf sam. et dim. midis midi - 18/20 €.* Une adresse raffinée où déguster une « world food » de qualité dans un étonnant décor asiatique.

La Route du Rhum – B2 en direction - *Marina de Bas-du-Fort - ✆ 05 90 90 90 00 - tlj sf dim. - plusieurs menus à partir de 17 €, nettement plus cher le soir et à la carte.* Les passionnés de voile retrouveront toutes sortes de souvenirs relatifs à la fameuse course transatlantique, créée en 1978. Cuisine créole et « métro ».

UNE FOLIE

La Villa Fleur d'Épée – B2 en direction - *R. du Fort-Fleur-d'Épée - ✆ 05 90 90 86 59 - http://villafleurdepee.free.fr - mar.-sam., le soir uniquement - réserv. conseillée.* Le chef Thierry Larade propose une cuisine raffinée d'inspiration créole rehaussée de touches méditerranéennes et orientales, dans un étonnant cadre intimiste tendu de tapisseries pourpres. Impressionnante carte des vins et bonne cave à cigares.

ACHATS

Marchés

Principale attraction de Pointe-à-Pitre, le marché de la rue Frébault se tient **tous les matins, sauf le dimanche.** Vous découvrirez une grande variété d'épices. Sachez cependant qu'à l'exception de la cannelle, de la muscade, du « bois bandé » et d'un peu de vanille, la Guadeloupe n'en produit pas. Celles que vous trouverez sont pour l'essentiel importées d'Asie ou d'Amérique du Sud. En revanche, vous aurez le choix entre de nombreux punchs aromatisés aux fruits locaux *(env. 11 € la bouteille).*

On vous propose gentiment de goûter, mais difficile ensuite de ne rien acheter. Les couleurs des épices et des marchandes en habits madras invitent à prendre des photos, mais nous vous conseillons fortement de demander l'autorisation avant d'immortaliser les étals. Vous risquez d'essuyer un refus si vous n'achetez rien.

Le marchandage est possible, mais seulement si votre achat dépasse 15 €.

Marché de la Darse – B2 - *Sur le port.* Propose principalement des fruits et des légumes. Sur le quai, tout à côté, des pêcheurs débitent de gros poissons en tranches.

Marché de la rue Frébault (ou marché St-Antoine) – A2 - *Lun.-vend. 6h-14h, sam. 6h-13h.* Le plus coloré. On y trouve surtout des épices, des assortiments de punchs aux fruits, des madras et divers colifichets.

Marché aux fleurs – B1 - *Devant l'église St-Pierre-et-St-Paul.* Toute la gamme des couleurs florales de l'île.

Marché à Man Réaux (ou St-Jules) – A1 - *Au nord du centre-ville, au-delà du boulevard Chanzy - lun., merc., vend. et sam.* Entouré d'immeubles en béton, c'est sans doute le plus authentique de Pointe-à-Pitre. C'est aussi celui où il ne faut à aucun prix tenter de prendre

des photos. Abondance de fruits, légumes, viandes et de tout ce qui fait le quotidien des Guadeloupéens.
Marché aux puces – B2 - *Chaque 1er dimanche du mois, devant la Darse.*

Magasins

Jusqu'à 14h, Pointe-à-Pitre est un gigantesque bazar animé par les magasins de la **rue Frébault** et des rues alentour, tenus pour la plupart par des commerçants libanais et syriens. Nombreuses boutiques de vêtements, d'électroménager et de bijoux… rien qui puisse vraiment intéresser le touriste, à l'exception des tissus madras.
Le principal **centre commercial** de l'agglomération pointoise se situe à **Baie-Mahault**, en direction de Basse-Terre. On y trouve à peu près tous les produits de la métropole, en plus cher, mais aussi un bon choix de rhums à des prix intéressants. Non loin de là, la **zone industrielle de Jarry** rassemble la plupart des magasins de chaînes.

EN SOIRÉE

Bon à savoir – Pointe-à-Pitre n'est pas une ville où l'on sort le soir. De plus, certains quartiers ne sont pas sûrs. De façon générale, évitez de vous promener à pied dès la nuit tombée. Les amateurs de soirées endiablées se rendront plus volontiers au Gosier *(voir p. 127)*.
L'essentiel de la vie nocturne se concentre sur la marina de Bas-du-Fort, où l'endroit le plus animé est le **Zoo Rock Café** *(✆ 05 90 90 77 77 - www.zoorockcafe.com)*, un bar-restaurant-club qui résonne tous les soirs jusqu'à minuit *(1h le w.-end)* de rythmes caribéens et d'autres musiques.
Sinon, situé à Bas-du-Fort, entre le Gosier et Pointe-à-Pitre, **Chez Nous** est un endroit cosy pour prendre un verre en début de soirée ; des concerts et soirées musicales y sont régulièrement organisés. Vous pourrez ensuite aller danser le zouk ou la salsa au **Zénith** *(✆ 05 90 90 72 04 - marina de Bas-du-Fort)*.

ACTIVITÉS

Art et culture créoles

Centre des arts et de la culture – B1 - *Pl. des Martyrs-de-la-Liberté - ✆ 05 90 82 79 78 - www.centredesarts.fr.* C'est ici que s'exprime la culture créole et guadeloupéenne à travers des pièces de théâtre originales, des créations musicales, des chorégraphies et des expositions. Le ciné-club propose des films anciens et récents.

Croisières

Tip.Top.One – *Marina de Bas-du-Fort - ✆ 05 90 84 66 36 - www.tip-top-one.com - comptez de 80 à 160 € selon les îles ; repas inclus.* Croisières à la journée à bord d'un catamaran. Départs des marinas de Bas-du-Fort, de St-François ou de Ste-Anne selon les destinations (Petite-Terre, Les Saintes, Marie-Galante, La Dominique). Réserv. 2 à 3 jours à l'avance.
King Papyrus – *Marina de Bas-du-Fort - ✆ 05 90 90 92 98 - http://pagesperso-orange.fr/king.papyrus - bureau fermé le w.-end - réserv. indispensable.* Découverte de la mangrove durant 2h (départ merc. et vend. à 9h ; 25 €), journée à l'îlet Caret (départ mar., jeu. et dim. à 9h ; 66 €) et soirée dansante à l'îlet de Gosier (départ sam. à 20h30 ; 66 €) à bord d'un catamaran de 22 m aux allures de bateau-mouche. Repas compris.

Pêche au gros

Corail Bleu – *Marina de Bas-du-Fort - ✆ 06 90 35 04 07 - www.corailbleu.com.* Éric vous conduit sur les meilleurs sites de pêche de la Guadeloupe, des Saintes, de Marie-Galante ou de Petite-Terre. Il assure aussi la location de bateau à moteur avec skipper, pêche et croisière.

AGENDA

Carnaval – Pointe-à-Pitre fête généralement le **carnaval** *(voir p. 70)* le dimanche précédant Mardi gras.
Festival Indigo – *En juillet, au fort de Fleur d'Épée.* Expositions d'œuvres réalisées par des artistes de la Caraïbe.
Fête des cuisinières – *Le sam. le plus proche du 10 août.* Défilé de cuisinières dans les rues de la ville et dégustation de plats traditionnels.
Arrivée de la Route du rhum – *En novembre.* Tous les quatre ans, les concurrents de cette régate relient Saint-Malo et Pointe-à-Pitre. Prochaines éditions : 2010 et 2014.
Festival des quartiers de Pointe-à-Pitre – *Le w.-end, en nov. et déc.* Concours, concerts et animations autour d'un thème choisi dans chaque quartier.
Ilot Jazz – *En décembre.* Festival de musique à Pointe-à-Pitre et aux Abymes.

Le sud de la Grande-Terre

Du Gosier à la pointe des Châteaux

NOS ADRESSES PAGES 126, 129 ET 137

S'INFORMER

Office du tourisme de Sainte-Anne – Plan p. 128, B2 - *Hôtel de ville, 1er ét. - ✆ 05 90 21 23 83 - www.ville-sainteanne.fr, rubrique Tourisme - lun., mar. et jeu. 7h30-12h30, 14h-17h, merc. et vend. 7h30-13h.*

Office du tourisme de Saint-François – Plan p. 134-135, C1 - *Av. de l'Europe - ✆ 05 90 88 48 74 - www.destination-stfrancois.com - lun.-vend. 8h-17h, sam. 8h-13h.*

SE REPÉRER

Carte de microrégion ABCD3 *(p. 106-107)* - plans p. 124-125, 128 et 134-135 - cartes IGN 4603 GT et 4604 GT. Environ 45 km de côte bordée de plages sur toute l'étendue sud de la Grande-Terre.

À NE PAS MANQUER

Le coucher de soleil sur la mer à la pointe des Châteaux ; une excursion aux îles de la Petite-Terre ; la visite des Grands Fonds.

ORGANISER SON TEMPS

Si vous n'avez pas beaucoup de temps, vous pourrez en une journée vous balader aux Grands Fonds et à la pointe des Châteaux, ou partir de St-François pour une excursion aux îles de la Petite-Terre.

AVEC LES ENFANTS

Ils apprécieront sans aucun doute une balade aux îles de la Petite-Terre pour observer les iguanes et, peut-être, apercevoir des dauphins.

Entre Pointe-à-Pitre et la pointe des Châteaux, à l'extrémité orientale de la Grande-Terre, ce littoral est celui de la Guadeloupe où le tourisme de masse s'est le plus développé. Les magnifiques plages de sable blond et corallien offrent un cadre idyllique aux amateurs de baignade et de farniente, et les hautes falaises de la pointe des Châteaux, de superbes panoramas. Si les grands ensembles hôteliers ont vieilli, des structures plus petites et plus attrayantes voient le jour dans cette région qui ne manque pas d'atouts.

Se promener

LE GOSIER Plan de la ville, p. 124-125 et carte de microrégion, A3

Cette commune de 27 193 habitants, contiguë à Pointe-à-Pitre, tire son nom d'une variété de pélicans communément appelés « gosiers ». Elle a été, avec St-François, le principal pôle de développement touristique de la Guadeloupe dans les années 1970. Le secteur est donc fortement marqué par l'esprit des promoteurs de l'époque, désireux de rentabiliser chaque mètre carré de terrain, si possible, les « pieds dans l'eau ». L'endroit n'est donc pas indiqué à ceux qui recherchent le calme, la nature et l'authenticité.

1

Le Gosier possède peu de vestiges du passé en dehors de la **Maison « Haut-et-Bas »**, une demeure bourgeoise créole typique, située sur le boulevard du Général-de-Gaulle.

Du bourg, on descend par une petite rue jusqu'à l'étroite plage de la Datcha, où l'on peut embarquer pour l'**îlet du Gosier★**.

★ Îlet du Gosier Carte de microrégion, A3

Navettes 8h30-17h - 3 € AR.

En dehors des 31 juillet et 1er août, dates d'une fête patronale, il n'y a pas grand-chose à faire sur cette île de carte postale dominée par son phare rouge et blanc. Les amateurs de plongée de surface peuvent se diriger à l'est ou à l'ouest de l'îlet pour rejoindre les bancs de coraux, mais doivent éviter l'arrière de l'îlet, trop agité. Prévoyez un pique-nique.

Les plages du Gosier Plan de la ville ABC2

Les plages les mieux entretenues du secteur, bien que très fréquentées, sont celles des

SE REPÉRER

Le Gosier est divisé en plusieurs quartiers : la **pointe de la Verdure** où se trouve la zone hôtelière, **Montauban** et **Poucet**, en allant vers Pointe-à-Pitre, et **Périnet**, en direction de Ste-Anne. En poursuivant vers cette commune, on atteint le **Petit-Havre**.

LE GOSIER

SE LOGER

Bananiers (Les)................. 1

Canella Beach Hôtel........ 3

Chablis (Gîte)..................... 5

Vieille Tour (Auberge de la)............. 7

grands hôtels, en principe accessibles à tous. Elles sont pour la plupart situées à l'ouest du Gosier, dans la zone hôtelière de la **pointe de la Verdure** (Plan de la ville, A2), où se trouve l'autre attraction du Gosier, le **casino**.
La plage la plus agréable est toutefois celle de **Petit-Havre** (Carte de micro-région, B3), à environ 4 km sur la route de St-François. L'endroit est cerné par une zone résidentielle, mais reste encore un havre de paix, avec ses cabanes de pêcheurs et ses tables de pique-nique abritées. On trouve un snack sur place.

NOS ADRESSES AU GOSIER

INFORMATIONS UTILES

Internet – *Cyber-base – Rue Alexandre-Christophe - ✆ 05 90 85 59 50 - lun. 8h45-14h, mar., jeu. et vend. 8h45-18h, merc. 9h45-18h, sam. 10h15-14h.*

TRANSPORTS

En bus – Cette partie de l'île est la plus facile à parcourir en bus. Vous trouverez des arrêts de bus et des abribus au bord de la route. Bus réguliers entre St-François et Pointe-à-Pitre via Ste-Anne ou le Moule.

HÉBERGEMENT

Bon à savoir – Tous les grands hôtels sont concentrés dans cette partie de l'île. Ils accueillent surtout des groupes. Pour les voyageurs individuels, les prix sont plus élevés et le rapport qualité-prix devient alors assez médiocre.

Montauban

UNE FOLIE

L'Auberge de la Vieille Tour – Plan de la ville, B2 - *✆ 05 90 84 23 23 - www.auberge-de-la-vieille-tour-guadeloupe.com - 103 ch. 240 € - accès Wifi.* Luxe, calme et volupté. Cet établissement, construit autour d'un moulin du 18e s. dans un jardin tropical surplombant la mer, est l'un des plus beaux de Guadeloupe. Accès direct à la plage. Plusieurs bars et restaurants dont un gastronomique *(ouv. tlj sf jeu. pour le dîner)* cher et réputé.

Périnet

BUDGET MOYEN

Les Bananiers – Plan de la ville, C2 - *R. des Phares-et-Balises - ✆ 05 90 84 10 91 - www.les-bananiers.com - 4 ch. : 65 € et 4 studios (2-4 pers.) : 75 € pour 2 pers. - accès Wifi.* Le bleu de la piscine autour de laquelle s'ordonnent chambres et studios contraste joliment avec l'environnement verdoyant de ce charmant petit hôtel. Plage à 15mn à pied.

Petit-Havre

BUDGET MOYEN

Les Hibiscus – Carte de microrégion, B3 - *3 lot Manioc, route de la plage (en direction de Ste-Anne, téléphonez pour vous faire expliquer le chemin) - ✆ 05 90 85 82 28 - http://leshibiscus.fr - 2 studios (2 pers.) 70 € (le premier petit-déj. est offert).* Joliment aménagés et fort bien décorés, les 2 studios se partagent un agréable jardin tropical à proximité de la maison des propriétaires. Vous êtes à 10mn à pied de la plage de Petit-Havre.

Le Petit Havre – Carte de microrégion, B3 - *Route de la plage (en direction de Ste-Anne) - ✆ 05 90 85 20 83 - www.hotelpetithavre.com - 12 ch. 85 €.* Un hôtel tranquille et très agréable situé au-dessus de la plage. Les chambres possèdent toutes un balcon.

Tombeau

BUDGET MOYEN

Gîte Chablis – Plan de la ville, C1 en direction - *Rte de Chablis-Tombeau - ✆ 05 90 89 38 66 - 1 gîte (4-5 pers.) 530 €/sem. pour 4 pers. (location à partir de 3 nuits).* Gîte confortable et bien équipé sur une hauteur dans la campagne.

Pointe de la Verdure

POUR SE FAIRE PLAISIR

Canella Beach Hôtel – Plan de la ville, A2 - *✆ 05 90 90 44 00 - www.canellabeach.fr - 123 studios et appart. 135 € (studio).* Cet hôtel-résidence est situé à l'extrémité de la pointe de la Verdure, sur un site calme, près de la plage. Studios et duplex équipés d'une kitchenette. Palmes, masques, tubas, planches de surf et canoës mis à disposition. Soirées à thèmes au restaurant et nombreux services (blanchisserie, baby-sitting, excursions, etc.).

RESTAURATION

BUDGET MOYEN

Chez Alberi – Plan de la ville, C1 - *Besson, sur les hauteurs du Gosier (prenez la sortie Poucet en dir. de Pointe-à-Pitre, puis tournez à gauche sur la D 103) - ✆ 05 90 83 91 82 - tlj sf lun. midi et dim., midi et soir - 10/12 €.* Un restaurant populaire fréquenté par les employés et ouvriers du secteur. Le patron, boucher de son état, sert de l'excellente viande locale. Les portions sont très copieuses.

Chez Taillepierre – Plan de la ville, BC2 - *64 bd Amédée-Clara - ✆ 05 90 84 54 29 - tlj sf merc. - 10/12 €.* Authentique cuisine créole familiale servie à la terrasse d'une vieille case traditionnelle en bois. La générosité des plats est à la mesure de la gentillesse du patron.

L'Affirmatif – Plan de la ville, B2 - *20 bd du Général-de-Gaulle - ✆ 05 90 82 57 87 - tlj le soir - menus à partir de 17 €.* Bonnes pizzas, pâtes, grillades, spécialités créoles : il y en a pour tous les goûts. Tout est très bon et servi avec gentillesse et efficacité. L'un des meilleurs rapports qualité-prix du Gosier.

POUR SE FAIRE PLAISIR

Quatre Épices – Plan de la ville, B2 - *25 bd du Général-de-Gaulle - ✆ 05 90 84 76 01 - tlj midi et soir - 30 €.* On déguste ici une cuisine antillaise originale et raffinée sur une élégante terrasse aux tables recouvertes de tissu madras.

UNE FOLIE

Les Fourneaux de Saint-Félix – Plan de la ville, C1 - *3 lot. Khodr - ✆ 05 90 90 16 02 - mar.-sam. soir - 40 € - réserv. conseillée.* La table dont tout le monde parle. Cuisine raffinée et carte renouvelée chaque semaine pour une cuisine française avec des touches créoles. Beau décor et lumières tamisées.

EN SOIRÉE

Bon à savoir – Les amateurs de soirées endiablées apprécient généralement le Gosier, lieu incontournable des nuits guadeloupéennes.

Le Cheyenne – *Quartier Montauban - ✆ 05 90 90 01 01 - www.lecheyenne.com - de 20h à l'aube.* Ce vaste complexe réunit un restaurant, qui sert très tard toute la semaine, proposant des formules et menus variés mais assez chers, un agréable café-bar ouvert jusqu'à l'aube, ainsi qu'une grande discothèque, rendez-vous des adolescents, accessible de 23h à l'aube les soirs de week-end et veilles de jours fériés. Des DJ et des groupes sont régulièrement invités. Nous vous conseillons aussi le **Daoly**, route de Mathurin à Poucet, un restaurant bar-lounge à tapas, style cubain, où l'on danse certains soirs. Plus antillais, le **Latino Café**, est très animé le week-end.

ACTIVITÉS

Promenades en hydravion

Orizon – Plan de la ville, A2 - *Sur la plage du Canella Beach - ✆ 06 90 31 08 08 - www.ulm-orizon.com.* Découvrez l'îlet du Gosier, Ste-Anne ou le Cul-de-Sac Marin à bord d'un ULM hydravion. Comptez de 40 à 140 € le vol. Les mordus peuvent prendre une leçon de pilotage *(80 €)* ou suivre un stage *(10h/770 €)*.

1

SAINTE-ANNE Plan de la ville ci-dessous

Comme Le Gosier, Ste-Anne (23 095 hab.) est une commune très étendue qui couvre plusieurs sections le long du littoral.

Sainte-Anne et ses plages

Il y a peu à voir ou à faire à Ste-Anne, sinon profiter des belles plages. C'est aussi la porte de la région des Grands Fonds qui mérite une excursion.

Le bourg est dominé par le clocher de l'**église** (A2) des années 1930 construite par l'architecte Ali Tur *(voir encadré p. 87)*. Face à celle-ci, notez le monument dédié à Victor Schœlcher et sa mention « La race noire reconnaissante ».

Sur le boulevard qui longe la plage, vous trouverez un petit **marché**, animé surtout le samedi matin.

La **plage de la Caravelle**, à l'entrée de Ste-Anne en venant du Gosier (A2), est l'une des plus belles du secteur. Ce n'est pas pour rien que le Club Méditerranée s'y est installé. Elle est publique, mais on y accède par un petit portillon.

La longue **plage de Ste-Anne** (B2) étire son ruban doré sur plus de 2 km au niveau du bourg. Elle est souvent bondée et des marchands envahissent ses abords le matin. Elle est désormais dotée d'un éclairage de nuit.

CHANGEMENTS EN VUE !

Un nouveau plan d'urbanisme est en œuvre depuis 2010. Plusieurs artères devraient changer de nom et on prévoit la construction d'un nouveau carrefour à l'entrée du village.

SE LOGER

Berceuse créole (La)	3
Casa Boubou	5
Eden d'Eole-Marineland (L')	6
Eden Palm	8
Grand Large (Auberge Le)	12
Manguiers (Habitation Les)	14
Palmes (Les)	17
Pierre et Vacances (Village)	19
Ti Village Créole	28
Toubana (La)	31

Plage de Sainte-Anne.
Jonathan / Photononstop

La **plage du Bois Jolan** (carte de microrégion, C3), accessible depuis la route de St-François, est bien plus calme que celle de Ste-Anne, mais ne laissez rien sur le rivage et fermez soigneusement votre voiture. Une belle promenade à pied permet de rejoindre la **plage de Gros-Sable** (carte de microrégion, C3), près de l'hôtel Eden Palm sur la route de St-François, qui offre un bon spot de surf. Comme son nom le laisse deviner, des cailloux bordent le rivage *(chaussures indispensables pour la baignade)*.

NOS ADRESSES À SAINTE-ANNE

Voir le plan de la ville ci-contre.

INFORMATIONS UTILES

Internet – *Cyber-base - bibliothèque, place Schœlcher (à côté de l'hôtel de ville) - ✆ 05 90 68 63 89 - mar. et merc. 9h-18h, jeu. 14h-18h, vend. 14h-19h, sam. 10h-18h.*

HÉBERGEMENT

Morne Burat

BUDGET MOYEN

Habitation Les Manguiers – A1 en direction - *Au nord de Ste-Anne, prenez la D 105 au niveau du village artisanal - ✆ 05 90 88 33 56 - www.lesmanguiers.com - 3 bung. (2-4 pers.) : 400 €/sem. pour 2 pers. et 1 maison (2-6 pers) : 1 000/1 400 € selon le nombre d'occupants - accès Wifi.* À 5mn en voiture des plages, un petit ensemble situé sur une colline et entouré d'un beau jardin. Les logements sont très confortables et bien décorés. La maison possède l'accès à une piscine.

Durivage

POUR SE FAIRE PLAISIR

Les Palmes – A2 en direction - *Les Bauhinias - ✆ 05 90 88 22 90 ou 05 90 88 27 56 (agence Le Verger de Ste-Anne) - www.*

lespalmes.net - ▤ CC - 3 bung. (2-6 pers.) 565 €/semaine pour 2 pers. (location de 3 nuits mini.) - panier petit déj. fourni le 1er jour. Ce charmant ensemble est niché au calme dans un jardin tropical paysager. Les bungalows sont très bien équipés : lave-linge, lave-vaisselle, matériel de cuisine performant, etc.

Casa Boubou – A2 en direction - *1 km avant Ste-Anne, entre la plage de la Toubana et le Club Med - ✆ 05 90 85 10 13 - www.casaboubou.fr - ▤ CC - 10 bung. (2-6 pers.) 595 €/sem. pour 2 pers. (location de 3 nuits mini.) - panier petit déj. fourni le 1er jour - jacuzzi - accès Wifi.* Un petit paradis enfoui dans une végétation luxuriante. Ces bungalows colorés sont parfaitement équipés, avec minichaîne et lecteur DVD. Les propriétaires proposent une multitude de services (prêt de matériel, laverie, location de voiture). Plages à 15mn à pied.

UNE FOLIE

La Toubana – A2 en direction - *Fonds-Thézan - ✆ 05 90 88 25 78 - www.latoubana.com - ▤ ✕ ⛱ CC - 32 ch. 254 € ☕ et 294 € ☕ avec vue sur la mer (offres spéciales sur le site Internet) - accès Wifi.* Ces confortables bungalows disposent d'un grand balcon entouré de fleurs des îles. L'élégant restaurant et la magnifique terrasse qui entoure la piscine à débordement donnent sur la mer et sont bien agréables pour prendre un verre. Accès direct à la plage. L'endroit abrite aussi un Spa.

Castaing

POUR SE FAIRE PLAISIR

L'Eden d'Éole - Marineland – B1 - *Castaing - ✆ 05 90 88 10 61 - www.awmarineland.com - ▤ CC - 4 bung. (2-6 pers.) : 85 € pour 2 pers. (location de 2 nuits mini.), 1 villa (10 pers.).* Bien situés, avec un accès direct à la plage, les bungalows coquets possèdent tous une très agréable terrasse avec vue sur un joli jardin.

Plage de Sainte-Anne

POUR SE FAIRE PLAISIR

Auberge Le Grand Large – B2 - *Chemin de la Plage - ✆ 05 90 85 48 28 - www.aubergelegrandlarge.com - ▤ CC - 8 bung. (2 pers.) : 99 €/nuit ou 560 €/sem. et 1 villa (4 pers.) - ☕ 8 €.* Le principal intérêt du lieu est sa proximité avec la plage à 50 m, car les bungalows datent un peu. Ils peuvent être loués en formule hôtel.

Dupré

BUDGET MOYEN

Ti Village créole – A1 - *Dupré, sur les hauteurs de Ste-Anne - ✆ 05 90 85 45 68 ou 06 90 80 06 50 - www.im-caraibes.com/ti-village-creole - ♿ ▤ ⛱ CC - 3 studios (2 pers.) : 64 € (réductions pour 7 nuits) et 11 bung. (2-6 pers.) : 84 €.* Voici un lieu bien agréable où les hôtes sont choyés. Préférez les bungalows aux couleurs gaies, impeccables et joliment meublés, aux studios qui sont un peu petits. Lave-linge à disposition. Panier de bienvenue.

Route de Fouché

POUR SE FAIRE PLAISIR

La Berceuse créole – A1 - *Rte de Fouché, Delair - ✆ 05 90 88 04 85 ou 06 90 62 52 74 ou 06 90 30 74 99 - www.laberceusecreole.com - ♿ ▤ ✕ ⛱ CC - 15 bung. (4-12 pers.) 100 € (location à partir de 2 nuits) - possibilité de demi-pension (26,50 €/pers.) - accès Wifi.* Les sympathiques propriétaires feront tout pour rendre votre séjour agréable. Les quatre bungalows autour de la piscine sont les plus confortables, mais les studios, côté jardin, présentent aussi un bel équipement.

Le Helleux

POUR SE FAIRE PLAISIR

Village Pierre et Vacances – B1 en direction - *Lieu-dit Séo - 0 825 040 608 (0,15 €/mn) ou 0 892 700 130 (0,34 €/mn) - www.pierreetvacances.com* - - *514 appart. (2-6 pers.) 112/155 € pour 2 pers.* Une bonne solution pour des vacances en famille. Le village, en bord de plage, présente différentes formules dans ses bâtiments créoles sur 2 étages où chaque appartement, avec balcon, comporte une kitchenette. Grand plan d'eau surveillé. Nombreuses activités et animations pour petits et grands.

UNE FOLIE

Eden Palm – B1 en direction - *05 90 88 48 48, www.edenpalm.com* - - *46 ch. (2-3 pers.) et 20 suites (3-4 pers.) : 178/230 € pour 2 pers.* - *accès Wifi.* Cet hôtel de luxe niché dans un jardin tropical verdoyant, dominé par un moulin à canne à sucre du 19e s., propose de vastes bungalows avec terrasse et des suites de grand confort. L'ensemble justifierait son prix élevé si les fréquentes animations nocturnes ne venaient troubler la quiétude des résidents. Au restaurant, cuisine « fusion » pour environ 40 €, mais, là encore, vous « profiterez » involontairement des mariages et autres réceptions.

RESTAURATION

PREMIER PRIX

Bon à savoir – Si vous logez en studio ou en appartement, vous pouvez acheter des plats cuisinés sur le boulevard Hégésippe-Ibéné auprès des « doudous » qui vendent boudins, christophines et crabes farcis maison. *Comptez environ 7 € la portion.* On y trouve également fruits et légumes frais, tout comme au marché qui jouxte la salle des fêtes. Le rayon charcuterie du magasin Cora est réputé pour ses boudins créoles. Tout au long de la plage, plusieurs restaurants et snacks proposent des plats à petits prix, mais la propreté n'est pas forcément au rendez-vous…

Coconack – B2 - *Plage de Ste-Anne - 05 90 88 01 40 - 8h-18h.* Avec son agréable terrasse sous les palmiers, ce restaurant est l'une des meilleures adresses du coin.

Koté Mer – B2 -*Plage de Ste-Anne - 05 90 84 63 21 - 8h-18h.* Un peu victime de son succès : bonne cuisine et ambiance sympathique mais attente assez longue.

La Mionette – A2 en direction - *Près de la plage de la Caravelle, juste avant l'hôtel Rotabas - 05 90 88 08 92 - 8h-18h.* Possède une terrasse très agréable.

BUDGET MOYEN

Le Lucullus – B2 - *Rte de la plage - 05 90 85 44 29 - midi et soir - 10/28 €.* Dans un décor sans prétention, à deux pas de la plage, on vous sert ici de copieux plateaux créoles avec acras, boudin, crabe farci, lambi et demi-langouste pour 28 €. Plats du jour pour les plus petits appétits. Très bonne ambiance.

POUR SE FAIRE PLAISIR

Koté Sud – A1 en direction - *16, lotissement Doré Durivage - 05 90 88 17 31 - tlj le soir sf dim. - menus à partir de 23 € (lun.-jeu.)/40 €.* Une très bonne table. Bien installé sur une terrasse ventilée, découvrez le flan d'oursin à la bisque d'ouassous, le divertissement de lambi cru mariné sur lit de christophines ou le menu langouste.

1

ACHATS

Gwadlup Ktam – A2 - *Rte des Grands-Fonds, Calvaire, Ste-Anne - ✆ 06 90 62 70 59.* Joël, ancien menuisier, fabrique à présent des « ka », tambours traditionnels « gwadloupéyens » en lamé-collé tendus d'une peau de cabri, ou des djembés en « bois fouillé », un morceau de tronc d'arbre évidé. Comptez de 50 à 500 € selon l'instrument. Il dispense aussi des cours de percussion. Téléphonez avant de passer.

Village artisanal – A2 - *Rte du Gosier.* Une quinzaine de boutiques proposent colifichets divers, tissus madras, T-shirts et autres gadgets. N'espérez pas y trouver grand-chose de guadeloupéen en dehors des punchs.

Marché – *Bd Hégésippe-Ibéné - 6h-16h.*

Marché aux puces – *Plage de Galbas.* Chaque troisième dimanche du mois.

EN SOIRÉE

Sur la plage de Ste-Anne, **Koté Sud** et **Kouleur Kréol** proposent régulièrement des concerts en soirée. **Le Corail**, dans le même secteur, organise des soirées zouk le mercredi soir. Le restaurant **Les Cocotiers**, à Durivage, s'anime au son d'un orchestre Compa chaque samedi soir.

Le Palace, au-dessus de Ste-Anne sur la route de Fouché, est une discothèque courue.

ACTIVITÉS

Excursions

Marius Voyages – *Bd Hégesippe-Ibéné - ✆ 05 90 88 19 80 - www.marius-voyages.fr.* Ce voyagiste bien implanté organise des excursions d'une 1/2 journée ou d'une journée à la découverte de la Grande-Terre ou de la Basse-Terre. Comptez de 45 à 61 € la journée (sans déjeuner). Fait aussi office de billetterie pour les traversées vers les Saintes ou Marie-Galante au départ de Pointe-à-Pitre et de St-François. C'est également un loueur de voitures.

Comatrile – *Port, face au village artisanal - ✆ 05 90 22 26 31.* **Les Saintes** : départ tlj sf lun. et sam. à 7h15 ; retour tlj sf lun. et sam. à 15h40 ; 28 € aller, 38 € AR ; durée du trajet 1h40, certains bateaux font escale à **Marie-Galante**, 26 € aller, 36 € AR ; durée 50mn.

Croisières

Tip.Top.One – *Voir p. 121.*

Plongée

On compte une demi-douzaine de spots de plongée réputés entre Pointe-à-Pitre et la pointe des Châteaux.

Face à Bas-du-Fort, après environ 5mn de bateau, on arrive sur le **Mouchoir Carré**, un récif corallien réservé aux plongeurs expérimentés, car la houle y est forte. On peut descendre jusqu'à - 23 m pour admirer des coraux corne d'élan et croiser des raies pastenagues. **L'îlet du Gosier**, beaucoup plus fréquenté, convient parfaitement aux débutants. Les plongées se déroulent au sud-ouest de l'îlet, bien abrité, où l'on rencontre la faune habituelle des récifs. Vous verrez de plus gros poissons – diodons, mérous, capitaines – ainsi que des langoustes sur le spot du **Cirque**, entre Le Gosier et Ste-Anne, réservé aux plongeurs de niveau 1. Même remarque pour le **site « des raies »**, à 15mn au large de St-François. Comme son nom l'indique, l'endroit est habité par une dizaine de raies bien connues des plongeurs locaux qui les ont toutes prénommées.

Les sites les plus réputés sont ceux proches de la pointe des Châteaux. Ils sont réservés aux plongeurs expérimentés en raison des forts courants.

Tropicalys – B2 - *Bd Hégesippe-Ibéné (face au bar L'Américano près de la plage de Ste-Anne) - ✆ 06 90 54 49 26.* Organise des descentes sur épaves et sur récifs pour plongeurs confirmés. Comptez 34 € la plongée et 45 € le baptême.

Kitesurf

Turquoise Kite's Cool – *Rés. Belle-Vue-du-Phare - ✆ 06 90 43 15 51 - www.kitesurfguadeloupe.com - 100 € la séance découverte de 3h.* Initiation et pratique du kite-surf en Grande-Terre.

AGENDA

Fête des Grands Fonds – *Autour du 1er janvier.* Défilés et concours de bœufs tirant.

Festival de gwo-ka – *Une semaine en juillet.* Concerts et démonstrations sur la plage et dans le village par des artistes connus et moins connus.

Forum de l'artisanat d'art et des traditions populaires – *Une semaine en juillet.* Exposition-vente de produits locaux et étrangers, et élection de Miss Ste-Anne.

LES GRANDS FONDS Carte de microrégion, B3

Demeurée hors des itinéraires touristiques, cette région mérite d'être découverte pour le charme de ses paysages verdoyants, au relief découpé. Longtemps isolée, elle se caractérise par l'originalité d'une partie de sa population : les « Blancs-Matignon » *(voir encadré p. 54).*

Un tour des Grands Fonds

Balade d'une demi-journée.

La région est située au nord-ouest de Ste-Anne, entre les Abymes et le Moule. Depuis Ste-Anne, on y accède par la D 105, mais on peut également suivre la D 108 et la D 101 depuis Morne-à-l'Eau.

Les Grands Fonds sont un secteur de petite agriculture au paysage verdoyant et tourmenté, sillonné de routes tortueuses. Son nom évoque le réseau des petites vallées à la topographie « chenillée », enserrées entre des mornes calcaires, qui culminent au bien nommé hameau de Deshauteurs, près du **morne l'Escale**, d'où se dégage un beau point de vue. Le fond des vallées est partiellement occupé par des cultures vivrières ou fruitières. C'est ici que l'arbre à pain fut introduit au 18e s. Le manioc y occupe aussi une place importante.

C'est une région agréable à parcourir en voiture, à pied ou à VTT. Le long des routes se succèdent cases et maisons, car les Grands Fonds ont une densité de population très élevée avec près de 300 hab. au km^2 ! Il y a de l'animation dans les différents hameaux lors de la fête traditionnelle qui se déroule chaque année autour du 1er janv., avec défilés et concours de bœufs tirant.

SAINT-FRANÇOIS ET SES ENVIRONS Plan p. 134-135 et carte de microrégion

Avec son village, ses plages, sa marina, son golf et la proximité de la pointe des Châteaux, St-François (13 886 hab.) dispose de suffisamment d'atouts pour être une station touristique agréable. Malheureusement, l'ensemble s'est développé de manière anarchique et il s'en dégage aujourd'hui une impression de négligé. La séparation entre la marina et le bourg crée une ségrégation de fait entre Guadeloupéens d'un côté, commerçants et touristes de l'autre.

Un tour de Saint-François Plan de la ville ci-dessus

Comptez 1h30.

La région de St-François a d'abord été occupée par les Amérindiens. Les découvertes archéologiques conservées au musée Edgar-Clerc *(voir p. 144)* attestent de cette présence. Les Européens s'installèrent dans la première moitié du 17e s., développant la culture du coton, puis celle de la canne à sucre.

Le bourg de St-François (13 886 hab.) a énormément souffert du cyclone de 1928, puis de Hugo, en 1989. Quelques belles cases en bois ont néanmoins résisté rue de la République et rue de la Fraternité. Le seul monument historique du village est l'ancienne prison *(à l'angle des rues Lavidange et de la République - 9h-17h)* (B2), réaménagée en **salle du Patrimoine** qui accueille des expositions temporaires.

Le centre du bourg s'anime à l'occasion du petit **marché central** (B2) *(place de la Bibliothèque - mar.-dim. 6h-13h)*. Vous y trouverez les légumes du pays, dont la population indienne s'est fait une spécialité, ainsi que punchs et épices. Le soir, le bourg est mort.

Côté mer, la seule plage agréable aux abords immédiats de St-François est la **plage des Raisins Clairs** (A2), bien ombragée et entourée par de nombreux restaurants. Le sable y est doux et la baignade sans danger. Elle convient aux familles, mais elle a mauvaise réputation à la nuit tombée. Les autres plages sont situées vers la pointe des Châteaux.

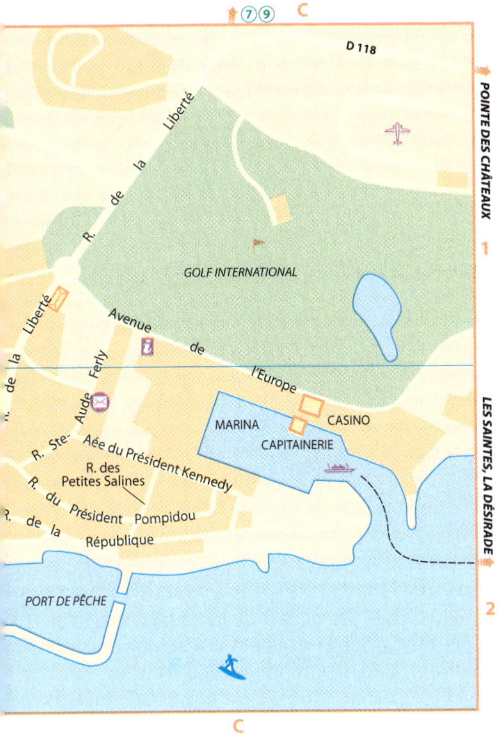

SE LOGER

Alizéa 1

Domaine de May 5

Golf Village (Hôtel) 7

Métisse (La) 9

Vers la baie Olive Carte de microrégion, D3

Petit circuit d'environ 1h. Quittez St-François en direction de la pointe des Châteaux puis, après l'aérodrome, poursuivez tout droit et prenez la route à gauche au prochain carrefour.

Ce circuit sur la côte nord de la pointe des Châteaux permet de découvrir des paysages sauvages battus par les vents et les vagues de l'océan Atlantique. La route que vous empruntez est un chemin de croix où se déroulent d'importants pèlerinages, notamment le 15 août. On prétend que la Vierge serait apparue par ici.

Après avoir traversé une petite forêt et des champs de culture maraîchère, la route débouche près d'une anse rocheuse où les vagues écumantes viennent projeter avec violence leurs gerbes mousseuses. La baignade est,

LES HINDOUS DE SAINT-FRANÇOIS

Après l'abolition de l'esclavage, l'arrivée massive d'**immigrants indiens** donna à St-François une coloration culturelle particulière qui perdure aujourd'hui. Vous vous ferez une idée de l'importance de cette communauté en visitant le **cimetière hindou** situé près de la plage des Raisins Clairs. À partir de 1854, ce fut la dernière demeure de milliers de coolies morts à la tâche dans les plantations. Dans la campagne, il existe aussi le temple Kali Devi et une chapelle, dite chapelle St-Prix. On ne peut en principe les visiter qu'après avoir pratiqué un rituel de purification (jeûne).

bien entendu, très dangereuse. Au-dessus de la baie, la petite chapelle n'est accessible qu'en faisant un détour par la gauche au départ du chemin de croix en venant de St-François. Le **point de vue** y est magnifique sur toute la côte.

★★ LA POINTE DES CHÂTEAUX Carte de microrégion, D3

Quittez St-François par la D 118 et filez vers l'est sur environ 11 km.

De St-François à la pointe des Châteaux, un étroit paravent de forêt littorale sépare la route d'une immense plage de sable : se succèdent l'**anse du Mancenillier**, l'**anse Loquet** et l'**anse Kahouanne**. Bien abritées, elles sont propices à la baignade, mais il faut s'éloigner du bord pour avoir de l'eau au moins jusqu'à la taille.

La **pointe des Châteaux** proprement dite est l'étroite presqu'île qui s'avance dans l'océan Atlantique à l'extrémité nord-est de la Grande-Terre. Son nom s'inspire de la forme bizarre des rochers découpés par le vent. Ce site grandiose rappelle certains paysages de Bretagne. Prenez garde à ne pas vous approcher du bord des falaises. La baignade, ici très dangereuse en raison des courants, est préférable sur le versant nord de la péninsule. On accède, par de petites routes en retrait de l'extrémité de la péninsule, à l'**anse à la Gourde** *(prévoyez des chaussures en plastique pour la baignade)* et à la **plage Tarare**, site naturiste.

La pointe des Châteaux à pied

Promenade très facile d'environ 45mn.

Au bout du parking, un panneau indique le départ de la trace. Après avoir longé la mer sur 150 m dans une végétation rase, au petit carrefour, poursuivez tout droit vers **Morne Pavillon**, falaise surmontée d'une croix *(accès par des escaliers)*. Le **panorama**★★ est superbe, avec la Désirade et les îles de la Petite-Terre, Marie-Galante et, au loin, les sommets de l'île de la Dominique. On peut apercevoir, au sud-ouest, les Saintes et la Basse-Terre, ainsi que le sud de la Grande-Terre. En redescendant, prenez le chemin sur la gauche qui mène jusqu'à la pointe du Souffleur, où le tracé du retour est bien signalé.

Excursion

★★ LES ÎLES DE LA PETITE-TERRE Carte 1er rabat de couverture

Rattachés à La Désirade, ces deux îlets inhabités sont classés réserve naturelle sous la surveillance de l'ONF. Au cours de votre excursion, vous aurez peut-être la chance d'apercevoir des dauphins. Le voyage comprend une visite jusqu'au **phare**. Au milieu de la végétation littorale, les iguanes abondent. Le spectacle du récif corallien, exploré en plongée de surface, est inoubliable. Les plages sont un site de ponte privilégié pour les tortues vertes *(Chelonya mydas)* et les imbriquées *(Eretmochelys imbricata)*. Vous pourrez peut-être aussi y observer dauphins, baracudas, petits requins citrons et requins vaches, raies, etc.

La pointe des Châteaux.
Giovanni Simeone / Sime / Photononstop

1

NOS ADRESSES À SAINT-FRANÇOIS

INFORMATIONS UTILES

Internet

@robas Café – Plan de la ville, B2 - *12 Galerie-du-Port, marina, Saint-François - ✆ 05 90 88 73 77 - 7h-23h - 1,90 €/15mn, 6,50 €/h.* Wifi gratuit pour les clients.

Capitainerie

Capitainerie – *Marina, St-François - ✆ 05 90 59 63 67 - VHF 09.*

Location de vélos

Dom Location – Plan de la ville, B2 - *R. Ste-Aude-Ferly, St-François - ✆ 05 90 88 84 81 - 10 € la demi-journée ou 15 € les 24h.*

LOCATION DE BATEAUX

Rêve d'Antilles – *Capitainerie de la marina, St-François - ✆ 06 90 63 96 88 - www.reves-antilles.com.* Location à la semaine de voiliers monocoques ou catamarans, avec ou sans skipper.

HÉBERGEMENT

Les Hauts de St-François

POUR SE FAIRE PLAISIR

Hôtel Golf Village – Plan de la ville, C1 en direction - *✆ 05 90 88 73 73 - www.primeahotels.com - location de 3 nuits mini. 56 ch. (2-4 pers.) : 118 € (192 € en demi-pension) pour 2 pers., 20 studios (2-3 pers.) : 150 € et 11 villas (2-6 pers.) : 324 € pour 2 pers. - accès Wifi - navette gratuite pour le village plusieurs fois par jour.* De charmantes villas de plain-pied, des chambres et de spacieux studios, aménagés dans des bungalows ou un bâtiment à un étage, sont disséminés dans un environnement fleuri.

UNE FOLIE

La Métisse – Plan de la ville, C1 en direction - *66 les Hauts de St-François - ✆ 05 90 88 70 00 - www.im-caraibes.com/metisse - 7 ch. 191 € - jacuzzi -*

accès Wifi. Dotées d'une terrasse privative, les chambres disposées de plain-pied autour de la piscine sont impeccables et très confortables. Une chance pour les lève-tard : il n'y a pas d'heure limite pour le petit déjeuner.

Route du Moule

BUDGET MOYEN

Domaine de May – Plan de la ville, B1 en direction - *05 90 88 79 51 ou 05 90 88 79 59 - www. domainedemay.fr -* - *4 studios : 399 €/sem. ; 3 bung. et 12 appart. (2-4 pers.) : location de 3 nuits mini. - 8 € - poss. de demi-pension (26 €) - poss. de louer une voiture sur place.* Les toits bleus des bungalows contrastent joliment avec l'environnement très verdoyant de cette résidence aux logements colorés et bien équipés.

Alizéa – Plan de la ville, B1 en direction - *Chemin Desvarieux (prenez la dir. du Moule, suivez la route pendant 1 km et au carrefour après le restaurant « La Porte des Indes », tournez à gauche et suivez la route sur 1 km) - 05 90 90 29 47 ou 06 90 32 88 51 - www. alizea-bungalows.com - - 7 bung. (2-4 pers.) 80 €/nuit, 490 €/ sem. pour 2 pers. - accès Wifi.* De jolis bungalows avec terrasse, très bien tenus. Recommandé pour un séjour familial.

Pointe des Châteaux

POUR SE FAIRE PLAISIR

Hostellerie des Châteaux – Carte de microrégion, D3 - *Rte de la Pointe-des-Châteaux - 05 90 85 54 08 - www.hostellerie-des-chateaux.com - - 4 ch. : 90 €/nuit, 570 €/sem. et 4 bung. avec kitchenette : 105 €/nuit ou 670 €/sem. - poss. de louer une voiture sur place.* Un établissement très bien tenu, sur une hauteur, à l'écart de la route. Chambres impeccables dotées de salle de bains avec baignoire et de terrasse donnant sur la piscine. *Voir aussi le restaurant p. 139.*

RESTAURATION

Saint-François

BUDGET MOYEN

Resto des Artistes – Plan de la ville, C2 - *Marina - 05 90 88 75 44 - midi et soir - 20/25 €.* Les atouts de cette adresse : une ambiance gaie, conviviale, un service efficace et rapide, et, dans l'assiette, de copieux plats de pâtes, d'épaisses entrecôtes grillées ou des pizzas à pâte fine.

Zig-Zag – *Port de pêche - 05 90 88 42 73 - tlj sf lun. mar. - 15/20 €.* Une bonne adresse qui propose les grands classiques de la cuisine créole (colombo, blaff, etc.) à prix raisonnables.

POUR SE FAIRE PLAISIR

Les Frères de la côte – Plan de la ville, C2 - *Port de pêche - 05 90 88 59 43 - midi et soir, fermé le merc. et le sam. midi - 30 € - réserv. vivement recommandée.* La spécialité de ce lieu, agréable et accueillant ? Farandole de quatre poissons grillés « à la planche », arrosés de la sauce de votre goût *(30 €).* Les amateurs pourront aussi trouver un bon choix de viandes.

La Porte des Indes – Carte de microrégion, C3 - *Desvarieux (sur la route du Moule) - 05 90 21 30 87 - mar.-sam. le soir et dim. midi - 35 € à la carte - réserv. fortement conseillée.* Cet élégant restaurant célèbre les saveurs de la communauté indienne.

Pointe des Châteaux

BUDGET MOYEN

Chez Man Michel – Carte de microrégion, D3 - *Plage de Tarare, rte de la Pointe-des-Châteaux - 05 90 88 72 79 - tlj à midi et les vend. et sam. soir - 20/50 €.* Ambiance créole et copieuse cuisine assortie. Comptez 20/25 €, 50 € pour un menu langouste, dont l'établissement s'est fait une spécialité.

POUR SE FAIRE PLAISIR

Hostellerie des Châteaux – Carte de microrégion, D3 - *Voir « Hébergement », p. 138 - tlj sf dim. soir et lun. - 22/35 €.* Propose pour le déjeuner un buffet de hors-d'œuvres, poissons ou viandes grillées, boissons comprises, servi autour de la piscine.

Chez nous – Carte de microrégion, D3 -*Chemin de Tarare, rte de la Pointe-des-Châteaux - ✆ 05 90 88 44 70 - mar.-dim. midi, vend. et sam. soirs sur réserv. - 22/35 €.* Une excellente table où déguster une cuisine créole soignée, originale et bien présentée, sur une terrasse au milieu d'un jardin. Spécialité de plateaux de fruits de mer. Un excellent rapport qualité-prix.

UNE FOLIE

Iguane Café – Carte de microrégion, D3 -*Rte de la Pointe-des-Châteaux - ✆ 05 90 88 61 37 - tlj sf le mar. soir et le dim. midi - 50 €.* Cuisine « fusion » de haut niveau dans un décor exotique de bon goût. Carpaccio de thon citronné à l'huile d'olive, poulet caramélisé au lait de coco, crème brûlée à la vanille bourbon…

ACHATS

Saint-François

Marchés – *Marché central, place du Marché - mar.-dim. 6h-13h. Petit marché - r. de la Liberté - lun.-sam. 6h-18h.*

Marché aux puces – *Plage des Raisins Clairs. Chaque premier dimanche du mois.*

Maison de la noix de coco – Plan de la ville, C1 - *Rte de la Pointe-des-Châteaux - ✆ 05 90 85 00 92 - www.maison-de-la-noix-de-coco.com - 9h-18h30.* La plupart des articles vendus ont peu à voir avec la noix de coco, mais on y trouve de beaux objets en bois produits par des artisans guadeloupéens.

EN SOIRÉE

Saint-François

Outre dans le quartier de la marina, l'animation nocturne se concentre sur les quais du port de pêche, qui se sont beaucoup renouvelés.

Beat Brass Café – *Port de pêche - ✆ 05 90 85 05 05.* Un bar-brasserie sur fond d'ambiance musicale et animé de concerts réguliers.

ACTIVITÉS

Bon à savoir – C'est sans doute à St-François que vous aurez le plus grand choix en matière d'activités : jet-ski, kayak, planche à voile, plongée, randonnées variées, sorties en bateau… l'offre est immense.

Croisières à la journée

Paradoxe Croisières – *Marina - ✆ 05 90 88 41 73 - www.im-caraibes.com/gsm - comptez 70/85 € la journée (repas compris)* Croisières à la journée à bord d'un catamaran de 25m vers Petite-Terre, Marie-Galante, la Désirade et les Saintes.

Tip.Top.One – *Voir p. 121.*

Excursions dans les îles

La marina de St-François est le port d'embarquement pour la Désirade *(durée du trajet 45mn)* et les îles de la Petite-Terre *(30mn)* *(voir p. 256 et 136).*

Bon à savoir – Les horaires des bateaux qui relient les Saintes, Marie-Galante et la Désirade sont donnés à titre indicatif. Ils varient en fonction des saisons et des périodes scolaires.

1

Comatrile – Plan de la ville, C2 - *Port de pêche* - ✆ *05 90 22 26 31.* **Les Saintes** : départ tlj sf lun. à 7h45; retour tlj sf lun. à 15h30; 24 € aller, 33 € AR; durée 1h40, avec escale à **Marie-Galante**, 22 € aller, 30 € AR; durée 45mn. **La Désirade** : départ tlj sf jeu. à 8h et tlj à 16h45; retour tlj à 6h15 et tlj sf jeu. à 15h45 ou 16h; 14 € aller, 22 € AR; durée 30mn.
La Somade – B2 - *Port de pêche* - ✆ *05 90 21 23 73.* **La Désirade** : départ tlj sf jeu à 8h; retour tlj à 6h15 et 16h45 ; 15 € aller, 22 € AR; durée 45 mn.

Surf, kitesurf et windsurf

St-François Surf Club – Plan de la ville, C2 - *Base nautique, av. Kennedy* - ✆ *06 90 40 15 65 - www.saintfrancoissurfclub.com - comptez 30 € pour 1h30 d'initiation.* Loïck, moniteur breveté, dispense des cours pour tous les âges et niveaux de surf.
Action Kite Caraïbes – *Marina* - ✆ *05 90 86 81 35 ou 06 90 86 81 35 - www.guadeloupe-kitesurf.com - comptez 30 € pour un cours d'initiation.* Stages et pratique du kitesurf et du surf.

Plongée

Voir « Activités » à Ste-Anne (p. 132) pour le descriptif des sites de plongée.
La Plongée caribéenne – Plan de la ville, C2 - *Marina* - ✆ *06 90 48 79 60 - www.plongeeguadeloupe.com.* Baptêmes *(48 €)*, plongées de jour *(40 €)* ou de nuit, initiations, passage de niveaux. RV tous les soirs entre 16h30 et 18h30 pour préparer vos sorties à venir.
Noa Plongée – Plan de la ville, C2 - *Marina* - ✆ *05 90 89 57 78 - www.anchorage-plongee.com - exploration 42 €, baptême 48 €.* Baptêmes, plongées de nuit, initiations, passage de niveaux. Trois sorties par jour.

Canyoning

Parfum d'aventure – Plan de la ville, C2 - *Marina* - ✆ *05 90 88 47 62 - 50 € la demi-journée et 70 € la journée (repas compris).* Organisation de canyoning en Basse-Terre. Parcours assez sportif, mais débutants acceptés.

Équitation

Le Haras de St-François – *Chem. de la Princesse (sur la route du Moule)* - ✆ *06 90 58 99 92 - à partir de 60 €.* Balades dans la campagne, sur la plage avec baignade des chevaux, cours, etc.

AGENDA

Pèlerinage à la chapelle Baie-Olive – *Le 1er janvier.* L'occasion de commencer l'année par un bain.
Pombiray en fête – *Fin janvier.* Ce quartier de St-François s'anime avec jeux et concours selon un thème différent chaque année.
Fête de la Mer et du Poisson – *Début avril.* Les restaurateurs rivalisent d'imagination pour offrir de nouvelles recettes où le poisson est à l'honneur. Concours et démonstrations de sports nautiques.
Fête de la section Dubedou – *Autour du 8 mai.* Courses cyclistes, défilés, concours agricoles et animations variées.
Fête de la pointe des Châteaux – *Autour du 14 juillet.* Évocation du patrimoine amérindien et célébration de l'agriculture traditionnelle.
Fête de la section Bois de Vipart – *En juillet.* Mise à l'honneur de l'héritage africain de l'île.
Fête des Marins – *Le 15-16 août.* Pèlerinage et bénédictions.
Fête de la section Braguelonne – *Autour du 11 novembre.* Courses de bœufs tirant et différentes manifestations.

Le nord de la Grande-Terre

★

Du Moule à Vieux-Bourg

NOS ADRESSES PAGE 151

S'INFORMER
Office du tourisme du Moule – *Bd Maritime, Damencourt (à la sortie nord du Moule) - ✆ 05 90 23 89 03 - www.ot-lemoule.com - lun.-vend. 8h15-13h, 14h-17h (16h merc. et vend.), sam. 8h30-12h.*

SE REPÉRER
Carte de microrégion ABC1-2 *(p. 106-107)* - carte IGN 4601 GT.

À NE PAS MANQUER
Une randonnée le long des falaises, au nord de la Grande-Terre ; une balade en train dans les champs de canne à sucre, à Beauport.

ORGANISER SON TEMPS
Le tour du nord de la Grande-Terre peut s'effectuer indifféremment en partant du Moule ou de Vieux-Bourg. Comptez une journée sans les randonnées et les excursions en mer pour cet itinéraire de 80 km environ. Une voiture est indispensable pour profiter pleinement de ce circuit.

AVEC LES ENFANTS
La découverte de la mangrove en kayak des mers, en VTT des mers ou à bord d'une saintoise est particulièrement enthousiasmante.

1

À l'écart du pôle touristique de la côte sud, cet itinéraire vous conduit dans une Guadeloupe traditionnelle, à la fois marine et agricole, où le temps s'écoule au ralenti. Le paysage, sur lequel ondulent les vagues vertes des champs de canne à sucre, peut sembler monotone, cependant le littoral fait tout l'attrait de cette région : à l'est, la beauté sauvage de la côte Atlantique, bordée de falaises calcaires, et, à l'ouest, la mangrove, riche d'une vie marine exceptionnelle.

Circuit conseillé Carte de microrégion

LE MOULE ET SES ENVIRONS C2

30mn de visite pour le village. Comptez 4h avec le parc du musée Edgar-Clerc, la distillerie Damoiseau et l'usine Gardel.

Le Moule a longtemps été le seul port de la Grande-Terre voué au commerce du sucre et la capitale de cette denrée, dans une région qui détenait cinq « usines centrales » au début du 20e s. On pouvait même se rendre à Pointe-à-Pitre en train, sur une voie de chemin de fer destinée à transporter les wagons de sucre. La ville, qui a eu bien du mal à se relever après les cyclones de 1928 et de 1989, ne manque pas de charme. Le tourisme s'y développe lentement, principalement autour du surf.

LE ROYAUME DE LA CANNE À SUCRE

La culture de la canne à sucre fut introduite dans le nord de la Grande-Terre en 1658. Jusque-là cultivé en Basse-Terre, le « doux roseau » a connu une extension rapide grâce au savoir-faire des agriculteurs hollandais venus du Brésil, mais surtout grâce à l'esclavage.
La monoculture de la canne à sucre a profondément modelé ce territoire organisé autour des habitations sucrières. Dès la fin du 19e s., les usines Gardel, Beauport, Darboussier, Chabert, etc. ont remplacé l'habitation sucrière et rythmé toute la vie sociale et économique de la région. À telle enseigne que, jusque dans les années 1930, les ouvriers des usines échangeaient des « jetons d'habitation » contre les denrées les plus courantes dans les « lolos » appartenant aux usines. Dans la seconde moitié du 20e s., touchées par une succession de crises, les usines sucrières ont fermé les unes après les autres. Seule l'**usine Gardel**, près du Moule, fonctionne toujours. Si les champs de canne à sucre paraissent encore immenses dans la région de Port-Louis, leur superficie ne cesse de diminuer, entraînant inexorablement la disparition de ce qui fut la civilisation du sucre.

Le bourg

On pénètre dans Le Moule après avoir passé le pont sur la rivière Audain. Garez votre voiture dans le centre-ville pour une promenade à pied.
Le centre du Moule, où se tient tous les matins un petit marché, est dominé par l'**église St-Jean-Baptiste**, classée monument historique, dont la pierre calcaire a résisté aux cyclones depuis le milieu du 19e s. Sa façade de style néoclassique s'ouvre sur un intérieur comportant dans le chœur de belles boiseries polychromes, des vitraux et des fresques des années 1930, le tout sous une belle voûte en bois.
À côté, l'**hôtel de ville** érigé en 1927 est, avec ses balustrades, digne d'une petite sous-préfecture de province.
En allant vers la mer, on rejoint le boulevard Cicéron où subsistent quelques vestiges d'une ancienne **batterie d'artillerie** du 19e s.
L'élégant **boulevard Maritime** prolonge Le Moule vers l'ouest. La mer y est souvent agitée, l'endroit est prisé des surfeurs, en particulier au **spot de Damencourt**, au-dessus duquel tourne une éolienne. En montant au pied de celle-ci, on profite d'un beau panorama sur la ville et les vagues.
On peut apercevoir l'élégante maison Zévallos.

Maison Zévallos C2

À environ 6,5 km du Moule en venant de St-François par la N 5 - ne se visite pas.
Cette belle demeure coloniale est la réplique de la maison qui abrite le musée Saint-John-Perse à Pointe-à-Pitre *(voir p. 111)*. Son caractère particulier tient à la délicatesse de ses composantes métalliques : marquise et galeries superposées bordées de fines balustrades. Comme sa sœur pointoise, elle a été construite en France à la fin du 19e s. et transportée par bateau en pièces détachées.
En se rapprochant du Moule, on aperçoit, émergeant de la campagne, plusieurs tours de moulin à sucre. Elles ont été construites au 19e s. avant d'être remplacées par les usines centrales qui, depuis, ont toutes fermé, à l'exception de l'usine Gardel.

Usine Gardel C2

Après la maison Zévallos, faites env. 2,5 km sur la N 5 en dir. du Moule, puis prenez la D 117 sur la gauche pendant 1,5 km - ✆ 05 90 23 37 75 - lun.-sam. en période de ramassage de la canne à sucre, de fév. à juil. - visites guidées uniquement sur RV - 7 €, les enf. de - 10 ans ne sont pas admis.

Le moulin à canne de la distillerie Damoiseau.
JM-Guyon / Fotolia.com

1

Conseil – Prévoyez des chaussures fermées.
La visite, fort intéressante, permet de découvrir la dernière sucrerie en activité en Guadeloupe. Enveloppé dans un parfum de caramel et sous la conduite d'un ouvrier passionné, on assiste d'abord au pesage de la canne à sucre apportée par camions. Celle-ci est défibrée, puis broyée. Le jus, ou vesou, en est extrait et est cuit à 70 °C pour obtenir un sirop pâteux qui cristallise. Les cristaux sont séparés par centrifugation. Une partie du sucre est ensachée pour être consommée sur place ; le reste est exporté. La visite se conclut autour d'un ti-punch. Tout à côté de l'usine sucrière, une centrale thermique utilise la « bagasse », fibre de canne à sucre séchée, en alternance avec du charbon importé d'Amérique du Sud.
En poursuivant vers Le Moule, vous arrivez dans un faubourg résidentiel où une petite route sur la droite conduit à la **plage de l'Autre Bord**. C'est l'une des plus agréables des environs, bien ombragée, dotée de tables de pique-nique et de carbets, ainsi que de sanitaires et de douches.

Distillerie Damoiseau

Du centre du Moule, prenez la D 101 en dir. des Abymes et faites env. 3 km pour rejoindre le hameau de Bellevue et la distillerie - ✆ 05 90 23 78 23 - www.damoiseau.com - lun.-sam. 8h-14h - boutique : lun.-sam. 8h-17h - visite libre.

RUE DU 14-FÉVRIER-1952

Près du cimetière du Moule, une rue rappelle le 14 février 1952. Ce jour-là, débutait la campagne de coupe de la canne à sucre. Les coupeurs, mécontents, se sont mis en grève afin d'obtenir une augmentation de salaire. Ordre fut donné à la police et à la gendarmerie d'interdire tout rassemblement. La tension monta et les forces de l'ordre tirèrent sur les grévistes qui avaient établi un barrage à l'entrée de la ville. Bilan : quatre morts et 12 blessés. Le souvenir de ce tragique événement est commémoré chaque année.

Un ancien moulin à canne restauré domine l'importante distillerie. L'activité s'exerce de façon irrégulière de novembre à juin et la visite suit une série de panneaux expliquant la fabrication du rhum. On peut également voir tourner la chaîne d'embouteillage. À la boutique, dégustation et vente des produits maison.

Pour rejoindre la route de la pointe de la Grande Vigie, il vous faut retourner au Moule, prendre la N 5 en direction de Pointe-à-Pitre, puis bifurquer sur la D 123 vers Anse-Bertrand.

À la sortie ouest du Moule, la route enjambe la **baie**, sorte d'échancrure marine, qui possède une plage bien abritée mais proche de la route et pas très propre. Tout de suite après la baie, prenez à droite et suivez le panneau indicateur du musée Edgar-Clerc.

Musée de la préhistoire Edgar-Clerc B2

Rte de Ste-Marguerite, parc de la Rosette - ✆ 05 90 23 57 57 - lun., mar., et jeu., 9h-17h, merc. et vend. 9h-13h - entrée libre.

Ouvert en 1984 grâce à la donation du directeur de l'usine Gardel, un féru d'archéologie. Le plus riche musée de la région est en cours de réaménagement, en principe jusqu'en 2012, et ne présente de ce fait qu'une partie de son fonds. Issues de fouilles réalisées sur tout l'archipel, ses collections uniques retracent l'histoire de l'homme aux Antilles depuis 6 000 ans. Son joli jardin amérindien peut se visiter le matin en compagnie d'un guide.

Poursuivez sur la D 123 sur environ 13 km, puis à **Gros Cap** *prenez à droite pour rejoindre l'anse Maurice.*

ANSE MAURICE B2

Cette plage de sable est assez bien protégée par une barrière corallienne. Vous y trouverez un restaurant *(voir « Restauration », p. 152)* et quelques tables abritées pour pique-niquer. Elle se prolonge au sud par l'anse Ste-Marguerite, plus sauvage et moins propice à la baignade.

En poursuivant sur environ 5 km, on rejoint la section de Campêche. Au premier carrefour, on aperçoit les ruines de l'ancienne **usine sucrière de la Mahaudière**. C'est d'ici que part la **trace des Falaises**, un itinéraire de randonnée d'environ 11 km (5h) qui conduit à la pointe du Souffleur, puis à la Porte d'Enfer, au nord. Toutefois, la partie nord de cette randonnée étant la plus intéressante, nous vous conseillons de partir de la Porte d'Enfer. Cette solution vous évite de prévoir une voiture à votre arrivée.

La porte d'Enfer.
R2V2.Prod / Fotolia.com

★ LA PORTE D'ENFER B1

Les deux falaises entre lesquelles s'insinuent les nuances d'émeraude et d'azur forment l'un des plus beaux sites naturels de la Grande-Terre. La mer, dont l'impétuosité est calmée par les rochers qui meublent l'entrée de cette sorte de fjord, pénètre paisiblement dans le lagon au fond tapissé de sable et propice à la baignade. Avec quelques tables et carbets, l'endroit est idéal pour pique-niquer ou déguster quelques grillades préparées dans les paillotes.

1

La trace des Douaniers

Environ 8 km AR. Comptez 3h.

Bon à savoir – Randonnée destinée aux marcheurs en bonne condition physique. Elle ne présente pas de difficulté particulière, mais il convient de ne pas s'approcher du bord des falaises. À effectuer dans la matinée, en partant de la Porte d'Enfer vers 9h30. Très peu d'ombre sur le parcours. Prévoyez 2 l d'eau par personne, un chapeau et de la crème solaire.

Quittez le parking, gagnez la rive droite de la Porte d'Enfer face à l'embouchure et rejoignez le sentier qui longe la mer et monte sur les falaises. Vous arrivez rapidement au **« trou Madame Coco »**, d'une profondeur impressionnante. De rocambolesques « histoires de bonnes femmes » se rattachent au nom de cet effondrement dans la falaise. L'endroit est, dit-on, fréquenté par les « quimboiseurs », les sorciers locaux, et l'on aperçoit ici et là les restes de bougies destinées à quelque cérémonie.

À partir de là, un balisage bleu et jaune, plus ou moins bien entretenu, indique la direction du chemin qui suit les falaises en direction du sud jusqu'à la **pointe du Souffleur** (B1), en 1h environ. Plutôt escarpé au début (prudence, donc), le sentier serpente ensuite entre les *raisiniers* pour déboucher sur l'herbe.

Les « souffleurs » sont des trous créés par l'érosion. L'eau, projetée avec violence, rejaillit en geysers écumants qui peuvent atteindre 15 m de haut. Un premier souffleur se trouve sur votre droite, bordé de vasques naturelles. Vous pouvez vous y tremper si les conditions météo et l'état de la mer le permettent.

Le second se situe plus en avant sur la pointe. D'accès plus périlleux que le premier et encore plus impressionnant, il mérite le détour à condition de ne commettre aucune imprudence et de veiller à la sécurité des enfants. Prenez le temps d'admirer les points de vue et la furie de la mer. Restez à une distance respectueuse du bord, car la roche est friable. Empruntez le même chemin pour le retour.

Si vous le souhaitez, continuez vers le sud en suivant un balisage orange et bleu. D'autres points de vue spectaculaires vous attendent. Mais attention à l'heure, la nuit tombe vite en Guadeloupe. Vous devez impérativement rentrer au plus tard à 17h.

Reprenez la route de la pointe de la Grande Vigie.

Après la Porte d'Enfer, la route gravit un escarpement jusqu'à un parking sur la droite. La **vue★** sur la Porte d'Enfer et sur le littoral de la Grande-Terre est splendide. Une végétation naine, composée d'épineux, de succulentes, d'espèces littorales, colonise le plateau.

★ LA GRANDE VIGIE B1

Garez-vous sur le parking puis marchez jusqu'au belvédère d'où, par beau temps, on aperçoit la Désirade.

À 84 m au-dessus de la mer, c'est à la fois le point le plus élevé du nord de la Grande-Terre et le site le plus septentrional de la Guadeloupe. La falaise est constituée de calcaires récifaux blancs et couverte d'arbustes xérophiles – pompon rouge, cannelle à puces, ti-baume – qui tentent de grandir en résistant aux vents marins. Au départ de la promenade, vous trouverez des tables de pique-nique abritées et une paillote où l'on propose un excellent sorbet coco.

Attention! – À gauche du parking, des panneaux indiquent une randonnée, « Le sentier des Pêcheurs ». Nous vous déconseillons vivement de vous y aventurer, faute de balisage.

Le tour de la pointe à pied

Balade facile de 30mn.

Conseil – Partez plutôt en fin d'après-midi pour admirer le splendide coucher de soleil. Équipez-vous de bonnes chaussures : le sentier est parsemé de pierres coupantes.

On abandonne la piste bétonnée pour le chemin qui conduit à la pointe Poirier. Vous découvrez, à droite, un **panorama★** magnifique sur la succession d'anses enchâssées entre les pointes qui hérissent la côte. Tournez le dos à la falaise et dirigez-vous vers l'intérieur. Vous croiserez peut-être quelques cabris qui grignotent la maigre végétation. Prenez le chemin de droite portant l'indication de la pointe. Vous vous faufilez entre les buissons en suivant l'arête de la langue de terre contre laquelle viennent se briser les vagues, 80 m plus bas. Au bout du chemin, la végétation se dégage sur un horizon où l'on distingue, par temps clair, la Désirade, 50 km à l'est, et, à l'ouest, l'île de Montserrat d'où s'échappe le panache de fumée de la Soufrière en activité depuis 1995. Lorsque les conditions le permettent, on entrevoit l'île d'Antigua à 80 km au

LES DERNIERS AMÉRINDIENS

Au 18e s., le sud et le sud-ouest de la pointe de la Grande Vigie, impropres à la culture, sont concédés aux derniers Amérindiens (*voir « Histoire », p. 91*) en contrepartie d'une mission de surveillance des allées et venues des navires britanniques. En 1730, on dénombre à Anse-Bertrand « soixante-seize sauvages, sauvageresses et leurs enfants ». Un article de 1855 évoque les « derniers sauvages » réfugiés à Anse-Bertrand. En 1882, une quinzaine de leurs descendants revendique 200 ha à l'extrême nord de la Grande-Terre. Ce sera le dernier acte de revendication des Amérindiens, restée bien entendu insatisfaite.

Pointe de la Grande Vigie.
Philippe Giraud / Comité du Tourisme des Îles de Guadeloupe (CTIG)

nord. Légèrement en retrait de la pointe, en contrebas sur la gauche, la pointe de Petite Tortue est constamment battue par les vagues qui explosent en geysers écumants. Il ne vous reste plus qu'à retourner sur vos pas.
Reprenez la D 122 sur 5 km jusqu'à Anse-Bertrand.

ANSE-BERTRAND A1

Avant de devenir un important centre sucrier, qui a compté jusqu'à 25 habitations sucrières au début du 19e s., les environs d'Anse-Bertrand étaient dévolus à la culture du coton. Comme à Port-Louis, l'économie fut longtemps dépendante de la sucrerie de Beauport.
Juste avant le bourg, tournez à droite pour atteindre l'**anse Laborde** (A1). La baignade est déconseillée toute l'année en raison des courants imprévisibles.
À l'heure du déjeuner, de bons restaurants vous attendent au bourg d'Anse-Bertrand, à moins que vous ne préfériez pique-niquer sur les tables ou dans les carbets. Sinon, peu de choses à voir, hormis le **monument aux morts** qui comporte un intéressant bas-relief. Le **cimetière** mérite une courte visite pour ses tombes en damier et ses vieilles sépultures coloniales néoclassiques.
À la sortie d'Anse-Bertrand, en direction de Port-Louis, tournez à droite pour gagner la **plage de la Chapelle** (A1), nom dû à une ancienne chapelle du 18e s. C'est aussi un spot réputé et plébiscité par de nombreux surfeurs le week-end. Côté restauration, vous trouverez plusieurs cafés et paillotes. La partie la plus ombragée de la plage possède des tables de pique-nique et des carbets. Le sable est clair et la baignade possible, mais munissez-vous de chaussures en plastique, car il y a des rochers dans l'eau.

Balade sur le littoral

Randonnée facile d'environ 5h AR - Carte IGN 4601 GT.
Bon à savoir – Vous pouvez n'en faire qu'une partie ou prévoir une voiture pour vous récupérer à Port-Louis. Pensez à emporter 1,5 l d'eau par personne et une crème contre les moustiques.

Cet itinéraire tient plus de la promenade que de la randonnée. Il longe le littoral et permet de découvrir la mangrove. À Anse-Bertrand, dirigez-vous vers le centre de vacances d'EDF en bord de mer, contournez-le par la gauche et garez-vous. La balade commence sur un sentier en bord de plage facile à suivre. La végétation littorale est assez dense jusqu'à l'**anse Colas** que l'on atteint au bout d'environ 1h. Si vous appréciez le paysage, sachez qu'il revient de loin. Ce site devait en effet accueillir la « plus grosse raffinerie de pétrole du monde » selon les vœux d'un ministre de l'époque qui a finalement renoncé au projet.

Pendant environ 2h, vous marchez en zone humide où abondent différentes sortes de **mangles** (palétuviers), avant d'atteindre la **pointe d'Antigues** (A1) offrant une belle vue sur le sud de la Guadeloupe. Une zone marécageuse en arrière du cordon littoral accueille des échassiers et des oiseaux marins. Il faut passer un petit gué, à la pointe des Mangles, pour rejoindre, par un chemin bien tracé, le cimetière de Port-Louis que l'on contourne en longeant la mer. Plusieurs tables de pique-nique et des carbets vous attendent sur ce tronçon, ainsi que de belles plages assez fréquentées le week-end.

PORT-LOUIS A1

Comptez 3 à 4h de visite avec la sucrerie de Beauport.

Ce village un peu endormi a été, au début du 19e s., un important centre sucrier. Il comporta près de 30 manufactures jusqu'à la création de l'usine Beauport en 1863. De tradition volontiers contestataire, Port-Louis s'honore d'avoir été la seule commune de Guadeloupe à résister ouvertement au régime de Vichy. On ne compte pas non plus les grèves, les émeutes et les conflits sociaux qui ont eu lieu autour de son usine. Plus paisiblement, Port-Louis possède l'un des groupes de *steel-band* les plus populaires de la Guadeloupe.

Le bourg

On a peine à imaginer le passé tumultueux de Port-Louis. Les rues de cette localité de 5 466 habitants ne s'animent aujourd'hui que vers 17h, lorsque les pêcheurs ramènent leurs prises.

L'intérieur de l'**église Notre-Dame-du-Bon-Secours** mérite votre attention pour sa voûte lambrissée, aménagée après le cyclone Hugo de 1989, et pour son autel en marbre de Carrare qui porte une inscription rappelant l'abolition de l'esclavage en 1848. L'hôtel de ville, l'ancien dispensaire, la vieille halle et la pharmacie de la rue Victor-Schœlcher datent des années 1930 et portent la griffe de l'architecte **Ali Tur** *(voir encadré p. 87)*.

Pour la baignade, rendez-vous à la **plage du Souffleur★**, au nord de la ville, près du pittoresque **cimetière marin** où l'on aperçoit de touchantes tombes à conques de lambi. L'endroit est agréable, bien aménagé pour les enfants, et possède de nombreux carbets pour le pique-nique. Malheureusement, les *yen-yen* envahissent les lieux en fin de journée : ces minuscules moustiques piquent et pourraient bien avoir raison de votre envie de contempler le soleil couchant.

Au nord de la plage, le Conservatoire du littoral a installé un **sentier sur pilotis** avec mirador pour observer la mangrove.

En poursuivant vers le nord, jusqu'à l'**anse Lavolvaine**, vous trouverez d'autres plages plus tranquilles, avec de très beaux spots pour la plongée de surface.

Récolte de la canne à sucre.
J-C.&D. Pratt / Photononstop

1

★ Beauport - Le pays de la canne A1-2

Comptez env. 3h de visite avec la balade en train.

Située à env. 3 km au sud-est de Port-Louis par la N 6 (bon fléchage) - 05 90 22 44 70 - mar.-dim. 9h-17h ; fermé jours fériés et en septembre - balade en train (50mn) à 11h et 15h, départs suppl. à 10h et 14h en période de forte affluence. Billet combiné centre culturel + train : 9 €. Voyage en train uniquement : 6 €. En diverses occasions (Journées du Patrimoine, Festival international Cinéma et Femmes, etc.), le site propose des rendez-vous culturels complétés de spectacles en son et lumières faisant intervenir des artistes, poètes, musiciens et danseurs (9 €).

Créée en 1863, l'usine sucrière de Beauport a supplanté les manufactures des environs, ruinées par la concurrence du sucre de betterave. Son fondateur, Armand Souque, a développé un réseau de voies ferrées avant que l'usine ne change de main à plusieurs reprises. Fermée depuis 1990, l'usine est devenue un centre culturel destiné à rendre vivantes l'histoire de la canne à sucre et son aventure humaine. Une quinzaine de stations d'interprétation, agrémentées d'une documentation interactive, de maquettes, d'un livre sonore et de deux films, jalonnent le parcours que l'on suit à l'aide d'un audiophone. Vous découvrirez aussi les différentes espèces de canne à sucre, ainsi qu'un laboratoire où sont expliquées les innombrables utilisations du sucre.

L'itinéraire en train, à bord de **Flèch Kan**, est très agréable. Il permet de découvrir le pays de la canne à sucre sous un angle inattendu en suivant le parcours d'une voie métrique.

Quittez Port-Louis par la N 6 en direction de Petit-Canal.

La route traverse une région où la canne à sucre est encore omniprésente. À noter, sur la droite, en venant de Port-Louis, deux petits **temples hindous** *(ne se visitent pas)*.

PETIT-CANAL A2

Cette localité s'est constituée dès le 18e s. en bordure de la mangrove et tire son nom d'un canal destiné à faciliter le mouillage des navires. La première usine sucrière centrale de la Grande-Terre y fut créée en 1844. C'est aujourd'hui un bourg paisible qui tente de se tourner vers le tourisme avec l'organisation des visites de la mangrove et du Grand Cul-de-Sac Marin *(voir p. 217)*.

L'agréable **parc paysager** *(r. du Parc-Paysager - ✆ 05 90 22 76 18 - 9h-17h - visite libre 5 €; visite guidée 6 €)* offre sur 2,5 ha une bonne approche des quelque 300 espèces de plantes de la Grande-Terre, dont un jardin médicinal composé d'une cinquantaine d'essences. Possibilité de pique-niquer.

Rejoignez l'**église Saint-Jacques-et-Saint-Philippe**, construite sur une hauteur au-dessus du port. Ici encore, on retrouve la signature de l'architecte Ali Tur qui a remodelé le bâtiment originel datant de 1856, après le passage du cyclone de 1928. Derrière l'église, un petit monument en forme de cloche commémore l'abolition de l'esclavage. Il précède l'escalier monumental dit **« marches des esclaves »**. Contrairement à une légende tenace, il ne s'agit pas d'un escalier que gravissaient les esclaves débarqués des bateaux. Ces marches, édifiées après l'abolition de l'esclavage, facilitaient tout simplement le transport des marchandises depuis le port. Cette histoire tardive permet néanmoins de célébrer la mémoire des peuples africains déportés en Guadeloupe ; le nom de chaque ethnie a été attribué aux différentes marches de l'escalier. Au pied de celui-ci, un monument en forme de tambour est dédié à l'« Esclave inconnu ».

Dans le bourg, à côté de la mairie, le **musée de la Vie d'antan** présente les arts et traditions populaires de la région. Exposition permanente sur l'utilisation du feu et de la lumière au temps des Amérindiens *(r. de l'Église - ✆ 05 90 83 33 60 - lun.-sam. 9h-12h, 14h30-17h - 3 €)*.

MORNE-À-L'EAU B2

Cette importante localité au carrefour des routes du Moule, des Abymes et d'Anse-Bertrand est le lieu d'un important **marché** qui s'installe chaque matin, route du stade. La principale curiosité de Morne-à-l'Eau est son **cimetière★★**, situé sur une hauteur à l'entrée de la ville. Cette cité des morts, avec ses imposantes tombes en damier, prend le contrepied de la période esclavagiste durant laquelle les esclaves étaient le plus souvent enterrés à même la terre à l'écart des cimetières réservés aux Blancs.

De Morne-à-l'Eau, prenez la N 5 en direction de Pointe-à-Pitre, puis la D 107 pour rejoindre Vieux-Bourg.

VIEUX-BOURG A2

On peut visiter la réserve naturelle du **Grand Cul-de-Sac Marin** à partir de ce village portuaire doté de plusieurs restaurants en bord de mer et d'où l'on peut s'embarquer pour visiter la mangrove (*voir « Activités », p. 154-155*). La **plage de Babin**, que l'on rejoint par une route passant près de l'église, est bien abritée et aménagée.

NOS ADRESSES DU NORD DE LA GRANDE-TERRE

Voir la carte de microrégion.

INFORMATIONS UTILES

Banques

Distributeurs automatiques au Moule, à Port-Louis et à Morne-à-l'Eau.

Internet

Bibliothèque – *48 r. St-Jean, Le Moule - ✆ 05 90 23 09 30.*

ARRIVER / PARTIR

En bus

De Pointe-à-Pitre ou de St-François, vous trouverez facilement des bus pour vous rendre au Moule (bus de 5h à 18h entre Le Moule et Pointe-à-Pitre). De nombreux minibus circulent aussi le long de la N 6, de Morne-à-l'Eau à Anse-Bertrand. En revanche, il sera plus difficile de trouver un transport en commun pour le reste de l'itinéraire.

HÉBERGEMENT

Bon à savoir – Il n'existe pas de structures hôtelières dans cette partie de l'île. L'hébergement est axé sur les petites structures familiales ou sur la location de meublés touristiques.

Le Moule

Bon à savoir – La liste des hébergements est à retirer à l'office du tourisme ou peut être consultée sur son site Internet. Attention : certains de ces gîtes sont situés en bordure de route, donc assez bruyants.

PREMIER PRIX

Gîtes de Lucette Promeneur – B2 - *Baie du Moule, sur la gauche de la N 5, à la sortie du Moule en dir. du nord - ✆ 05 90 23 60 12 - - 4 gîtes et 1 appart. (2 à 6 pers.) 45 €/nuit (location à partir de 3 nuits), 336 €/sem. pour 2 pers.* Dans un environnement fleuri et calme, à deux pas de la plage de la baie, ces gîtes confortables se répartissent dans deux bâtiments séparés avec terrasse. Un appartement de plain-pied, avec entrée indépendante, est aménagé dans la maison voisine.

Anse-Bertrand

PREMIER PRIX

Les Algues de la Chapelle – A1 - *Au-dessus de la plage de la Chapelle - ✆ 05 90 22 12 54 - http://pagespro-orange.fr/scilesmarines - - 3 bung. (2 à 6 pers.) 305 € pour 2 pers. (location à la semaine uniquement).* Sans doute l'une des meilleures adresses de la région. Les confortables bungalows, dotés d'une terrasse couverte, s'ouvrent sur une pente verdoyante avec vue sur la plage de la Chapelle.

BUDGET MOYEN

Gîtes Clamy – A1 - *2 r. Stéphane-Francisquin, section Chapelle - - ✆ 05 90 22 15 43 - 5 gîtes 370 € (location à la semaine uniquement).* Bien situés, au cœur du bourg, à 250 m de la belle plage de la Chapelle, ces quatre gîtes d'architecture créole sont entourés d'un petit jardin. Bien tenus, ils disposent d'une kitchenette et d'une terrasse. Accueil familial sympathique et table d'hôte *(18 €)* sur réserv.

Port-Louis

BUDGET MOYEN

Kaladja – B1 - *Pelletan-Plaisance (de Port-Louis, prenez la route de Beauport en dir. de la sucrerie, continuez jusqu'à la N 8, que vous traverserez (panneaux indicateurs) - ✆ 05 90 22 38 98 - www.kaladja.com - - 4 studios (2 pers.) :*

1

58 €/ nuit et 1 appart. (2 à 4 pers.) : 80 €/nuit (tarifs dégressifs à partir de la deuxième semaine) - ☕ 5 € - accès Wifi. Voilà une adresse extrêmement conviviale, nichée au cœur d'un agréable jardin fleuri. Si les studios ne sont pas très grands, chacun comporte une terrasse (dont deux côté piscine) et tout le monde peut se retrouver sous le carbet. Des soirées musicales « gwoka » sont régulièrement organisées par Marie-Claire, votre sympathique hôtesse. Possibilité de commander ses repas et de louer une voiture.

Petit-Canal

PREMIER PRIX

La Maison des Alizés – B2 - *Rte de la Plage-de-l'Anse-Maurice - ✆ 05 90 85 86 19 ou 06 59 53 32 08* (métropole) - ▤ - *3 studios et 1 appart. (2-4 pers.) 220 €/sem. pour 2 pers.* Situés non loin de la jolie plage d'Anse Maurice, ces gîtes chez l'habitant sont simples, fonctionnels et très bien tenus. Préférez les studios (45 m^2) à l'étage de la maison, car ils disposent d'une vaste terrasse ensoleillée. Accueil très sympathique. Possibilité de louer une voiture.

BUDGET MOYEN

Case à Canne – B2 - *R. Les Mangles Gelas - ✆ 05 90 22 96 15 ou 06 90 35 77 38 - www.case-a-canne.net -* ▤ - *1 ch. 65 €* ☕ *- 2 bung. (2 à 4 pers.) 68 €/nuit, 400 €/sem. pour 2 pers.-* ☕ *5 €.* Dans un environnement calme et fleuri, ces bungalows confortables et bien équipés disposent d'une kitchenette et d'une terrasse agréable. La chambre d'hôte bénéficie d'un accès direct à la piscine. Table d'hôte sur réserv. *(18 €).*

RESTAURATION

Le Moule

PREMIER PRIX

« Lolo » de Mme Kantaparredy – C2 - *Rte de Bellevue, à 1,5 km du Moule - ✆ 05 90 23 33 74 - tlj à midi, le soir sur réserv. - moins de 10 €.* Cette gentille dame indienne dresse quelques tables à midi pour vous servir la cuisine traditionnelle de son pays d'origine : colombo, beignets de lentilles au curry et poisson accompagné de fruits d'arbre à pain, d'ignames ou de bananes plantain.

Alaro Grill – C2 - *Bd Maritime - ✆ 05 90 24 03 96 - moins de 10 €.* « Même nos prix sont grillés » annonce ce snack installé sous un kiosque en pierre face à la mer. Grillades de viande ou de poisson accompagnées de généreuses portions de frites à déguster sur place ou à emporter.

BUDGET MOYEN

Chez Lucille, Le P'tit Jardin – C2 - *R. St-Jean-Prolongée (sur la gauche en dir. de Pointe-à-Pitre) - ✆ 05 90 23 51 63 - tlj sf dim. - 20/25 €.* Ce restaurant réputé possède une carte bien fournie et variée allant des spécialités créoles aux pizzas et aux gillades. Le dimanche, on déjeune généralement au son d'un orchestre. Plats à emporter.

Anse Maurice

BUDGET MOYEN

Chez Pinpin – B2 - *Plage de l'Anse-Maurice - ✆ 05 90 22 52 97 - tlj à midi - 15/20 €.* Une cuisine maison sans chichi, servie dans une vaste salle ouverte au vent. Les plats sont copieux et savoureux, mais le service peut être très long.

Anse-Bertrand

BUDGET MOYEN

La Case à Fernand – A1 - *7 r. Schœlcher (en bord de mer) - ✆ 05 90 22 24 29 - tlj à midi, vend. et sam. soirs et autres soirs sur réserv. - 16/20 €.* Dans une petite maison aux volets bleus dominant la mer, bon choix de salades composées et de plats délicieux et originaux : duo de filets de poisson frais poêlés à la crème de bois d'Inde, émincé de volaille au vieux rhum…

L'Anthonïs – A1 - *Place du Marché - ✆ 05 90 22 04 02 - midi et soir - 10/20 € - Salades et plats à partir de 10/12 €.* Une terrasse surplombant la mer et une cuisine antillaise de bon aloi, élaborée avec des produits frais.

Le Beauport – *À côté de la sucrerie de Beauport - ✆ 05 90 22 91 05 - tlj à midi sf lun. - menus à partir de 25 € ; en semaine, plat du jour à 15 €.* Le chef, Jocelyn Corvo, propose une cuisine créole gastronomique, à savourer dans un cadre raffiné pour clore la visite de la sucrerie. La carte change régulièrement.

UNE FOLIE

Le Château de Feuilles – B1 - *Juste avant Campêche (indications à partir de l'ancienne usine sucrière de la Mahaudière) - ✆ 05 90 22 30 30 - tlj sf lun. 11h30-16h - à partir de 40 €.* Voici un lieu particulièrement attrayant, perdu au milieu de nulle part. Dans une salle au décor élégant, donnant sur la piscine, vous dégustez l'une des cuisines les plus inventives et les plus raffinées de la Guadeloupe. Petit pâté chaud d'oursin, gigot de requin aux pâtes fraîches, choucroute de poisson à la papaye verte, crème brûlée maracudja… Prévoyez votre maillot de bain pour profiter de la piscine.

Port-Louis

PREMIER PRIX

La Corrida du Sud – A1 - *Port de pêche (à côté du club de plongée) - ✆ 05 90 22 92 33 - tlj à midi sf lun. - moins de 10 €.* Ce petit troquet sympathique, lieu de rendez-vous des pêcheurs, des plongeurs et des surfeurs, sert une cuisine simple.

BUDGET MOYEN

Le Poisson d'Or – A1 - *2 r. Achille-René-Boisneuf - ✆ 05 90 22 88 63 - tlj midi, le soir sur réserv. - 18/35 € - menu langouste à 35 €.* Une adresse sympathique, non loin de la plage, pour se régaler d'une bonne cuisine familiale.

ACHATS

Le Moule

Marché – *Place de l'Église - 5h30-13h.*

Marché aux puces – *Place de la Liberté. Les deuxième et quatrième dimanches du mois.*

Anse-Bertrand

Marché – *Bourg, lun.-sam. 8h-18h.*

Morne-à-l'Eau

Marché – *Route du Stade - 6h-12h.*

Petit-Canal

Marché – *Les Mangles - 8h-13h.*

EN SOIRÉE

Le Mandiana Shiva – *Face à la baie du Moule, N 5 - ✆ 05 90 23 53 59.* Ce bar-discothèque est réputé pour son ambiance endiablée et pour les groupes de zouk qui s'y produisent, surtout le w.-end. Bon restaurant indien sur place.

ACTIVITÉS

Plongée

La **barrière de corail du Grand Cul-de-Sac Marin**, entre Port-Louis et la pointe de la Vigie, rivalise avec la réserve Cousteau, en Basse-Terre, pour la richesse de ses fonds marins, à laquelle s'ajoute le charme mystérieux de la mangrove. Presque toutes les sorties se font au départ de Port-Louis. Les spots les plus proches sont accessibles en moins de 15mn aux plongeurs débutants et de niveau 1. Pour aller aux sites près de la pointe de la Vigie, le trajet est plus long et la houle souvent forte.

Entre Anse-Bertrand et Port-Louis, le spot des **Arches**, bien qu'exposé à la houle du nord, est accessible à tous les plongeurs. Ce site comporte deux arches – une à - 6 m et une autre, plus longue, à - 19 m – sous lesquelles on passe sans difficulté en contemplant des bancs de poissons hachettes, des mérous, des langoustes et quelques poissons anges. Le site de **l'Œil** est dans la même zone que le précédent. Accessible à tous les niveaux, il est réputé pour sa clarté. Entre - 6 et - 15 m, le relief y est très riche, avec des couloirs, des cirques et des arches, abondamment peuplés de pagres, grogneurs, mérous et langoustes.

À 5mn de Port-Louis, la **pointe d'Antigues** est le site idéal pour les débutants lorsque la houle du nord ne trouble pas les eaux. L'endroit ne recèle pas une faune très riche, mais vous aurez peut-être la chance d'apercevoir des dauphins au cours de votre transfert. L'exploration du **Tombant de la pointe d'Antigues**, un peu plus au sud que le spot précédent, convient aux débutants, à condition que les pluies n'aient pas obscurci les fonds. En descendant à - 10 m, vous apercevrez de nombreuses éponges dans le récif corallien et des raies qui reposent sur le sable.

Gwadive – *Port de pêche, Port-Louis - ✆ 05 90 22 86 47 ou 06 90 50 95 91 - comptez 38 € par plongée et 45 € pour un baptême.* Olivier Thomet vous accueille à 8h30 et à 13h30 pour vous conduire sur les meilleurs spots, en fonction de vos envies et de votre niveau.

Eden Plongée – *17 r. Achille-René-Boisneuf, Port-Louis - ✆ 05 90 22 87 27 - www.edenplongee.fr - comptez 40 € par plongée et 46 € pour un baptême.* Un club axé sur l'écologie et respectueux de l'environnement. Sorties tous les jours à 9h et 14h vers une quinzaine de sites.

Canoë-kayak

Molem-Gliss – *Plage de l'Autre Bord, Le Moule - ✆ 05 90 23 02 72 - www.kayak-gp.fr.* On peut s'initier au wave-ski ou au kayak de mer. Sont aussi organisées des excursions à à la découverte de la mangrove, du Grand Cul-de-Sac Marin et du littoral.

Découverte de la mangrove

Archipel - Aventure des îles – *Port de Vieux-Bourg - ✆ 06 90 60 36 30 - www.archipel-aventure.com - réserv. indispensable.*

Balade d'une journée avec un guide naturaliste (baignade, grillades et ti-punch sur la plage) ; *départ à 9h, retour vers 17h30. 65 €.* Une formule très originale pour découvrir la mangrove en pédalant sur le « VTT des mers », une sorte de superpédalo unique au monde, qui permet de se faufiler entre les racines de palétuviers tout en respectant l'environnement.

La Saintoise – *Port de Vieux-Bourg - ✆ 05 90 24 69 25 - http://monsite.wanadoo.fr/mangrove - réserv. conseillée.* Trois formules de découverte de la mangrove et de la barrière de corail à bord d'une *saintoise* d'une dizaine de places. Balade de 1h30 *(15 €)*, d'une demi-journée *(30 €)* ou d'une journée *(50 €)*.

Ti Evasion – *Port de Vieux-Bourg - ✆ 05 90 82 87 06 ou 06 90 84 33 84 - www.ti-evasion.com - comptez 35 € (départ à 9h et 14h, sur réserv.).* Balade en kayak *(3h)* à la découverte de la mangrove et des îlets pour observer oiseaux et crabes.

Surf

Cette partie de la Guadeloupe possède les meilleurs spots de surf et de planche à voile. Ils se situent principalement autour du Moule (divers championnats locaux et nationaux sont organisés sur le spot de Damencourt, réservé aux surfeurs confirmés), d'Anse-Bertrand (plage de la Chapelle) et de Port-Louis.

Arawak Surf Club – *Boisvin, Le Moule - ✆ 05 90 23 60 68 - www.arawak-surf.gp - comptez environ 48 € pour 1h30-2h.* Les moniteurs diplômés peuvent vous organiser sur réserv. des cours d'initiation ou de perfectionnement au surf. Location de matériel.

AGENDA

Morne-à-l'Eau

Journée des Acras – *Le 8 février.* Toutes sortes de festivités accompagnées, comme il se doit, de dégustations d'acras.

Fête du Crabe – *Fin mars ou début avril.* Le temps d'un week-end, dégustations de crabes, concours et animations musicales, mais aussi visite de la mangrove, lieu de reproduction des crabes.

1

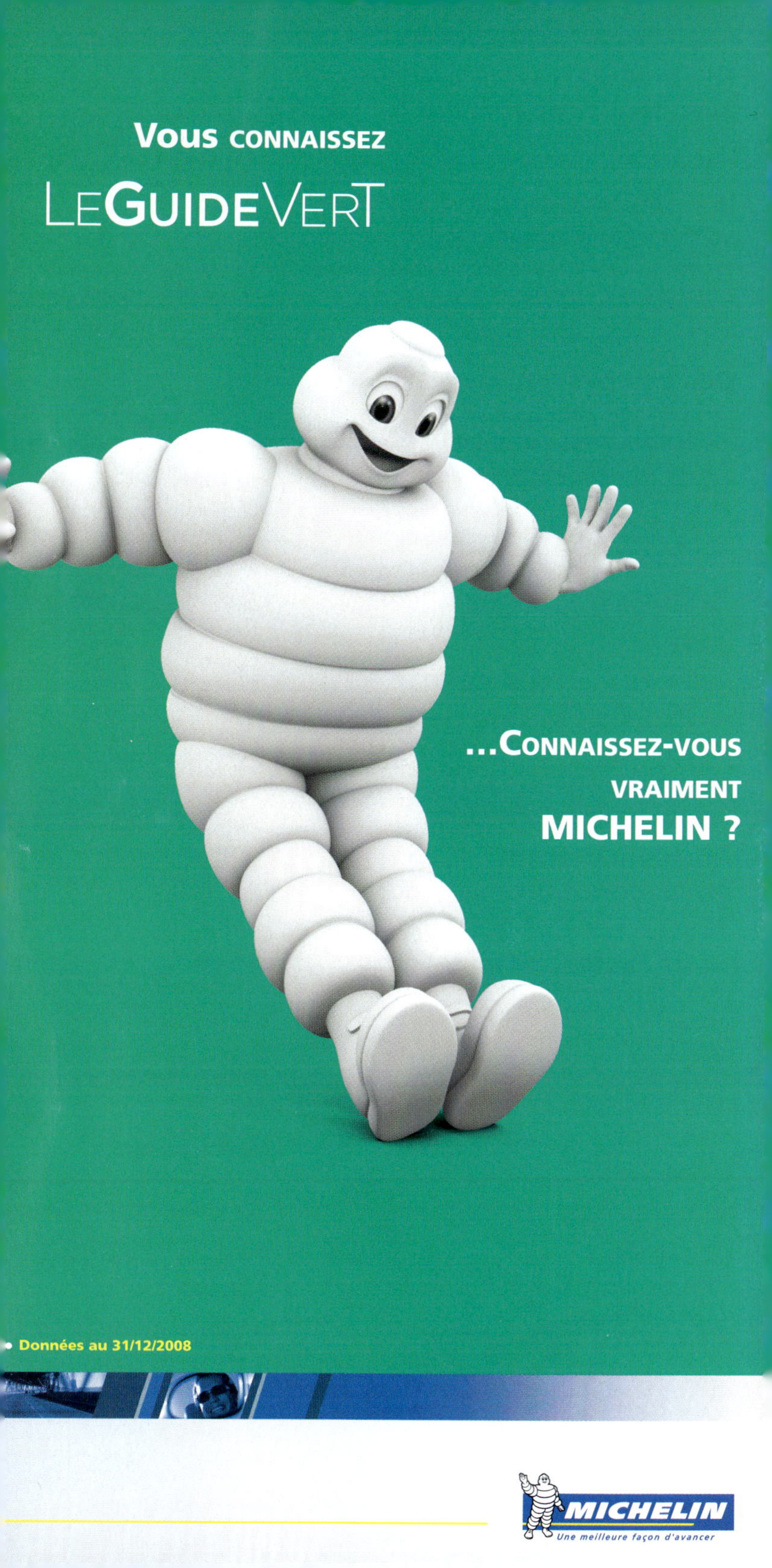
Vous connaissez
LeGuideVert
...Connaissez-vous
vraiment
MICHELIN ?
Données au 31/12/2008
MICHELIN
Une meilleure façon d'avancer

N°1 mondial des pneumatiques avec 16,3 % du marché

Une présence commerciale dans plus de 170 pays

Une implantation industrielle au cœur des marchés

72 sites industriels dans **19** pays ont produit en 2009 :

- **150** millions de pneus
- **10** millions de cartes et guides

Des équipes très internationales

Plus de **109 200** employés* de toutes cultures sur tous les continents dont **6 000** personnes employés dans les centres de R&D en Europe, aux États-Unis, en Asie.

*102 692 en équivalents temps plein

Le groupe Michelin en un coup d'œil

Michelin présent en compétition

À fin 2009

- **24h du Mans**
  12 années de victoires consécutives
- **Endurance 2009**
  - 6 victoires sur 6 épreuves en Le Mans Series
  - 12 victoires sur 12 épreuves en American Le Mans Series
- **Paris-Dakar**
  Depuis le début de l'épreuve, le groupe Michelin remporte toutes les catégories (auto, moto, camion)
- **Endurance moto**
  Champion du monde 2009
- **Trial**
  Tous les titres de champion du monde depuis 1981 (sauf 1992)

Michelin, implanté près de ses clients

72 sites de production dans 19 pays

- Algérie
- Allemagne
- Brésil
- Canada
- Chine
- Colombie
- Espagne
- Etats-Unis
- France
- Hongrie
- Italie
- Japon
- Mexique
- Pologne
- Roumanie
- Royaume-Uni
- Russie
- Serbie
- Thaïlande

Un centre de technologies réparti sur 3 continents

- Amérique du Nord
- Asie
- Europe

Production de caoutchouc naturel

- Brésil

Notre mission

Contribuer, de manière durable, au progrès de la mobilité des personnes et des biens en facilitant la liberté, la sécurité, l'efficacité et aussi le plaisir de se déplacer.

Michelin s'engage pour l'environnement

Michelin, 1er producteur mondial de pneus à basse résistance au roulement, contribue à la diminution de la consommation de carburant et des émissions de gaz par les véhicules.

Michelin développe, pour ses produits, les technologies les plus avancées afin de :

- diminuer la consommation de carburant, tout en améliorant les autres performances du pneumatique ;
- allonger la durée de vie pour réduire le nombre de pneus à traiter en fin de vie ;
- privilégier les matières premières à faible impact sur l'environnement.

Par ailleurs, à fin 2008, 99,5 % de la production de pneumatiques en tonnage est réalisé dans des usines certifiées ISO 14001*.
Michelin est engagé dans la mise en œuvre de filières de valorisation des pneus en fin de vie.

*certification environnementale

Tourisme camionnette

Poids lourd

Michelin
au service de la mobilité

Génie civil

Avion

Agricole

Deux roues

Distribution

Partenaire des constructeurs, à l'écoute des utilisateurs, présent en compétition et dans tous les circuits de distribution, Michelin ne cesse d'innover pour servir la mobilité d'aujourd'hui et inventer celle de demain.

Cartes et Guides

ViaMichelin

des services d'aide au voyage

Michelin Lifestyle

des accessoires pour vos déplacements

MICHELIN
joue l'équilibre des performances

- **Longévité des pneumatiques**
- **Économies de carburant**
- **Sécurité sur la route**

... les pneus MICHELIN vous offrent les meilleures performances, sans en sacrifier aucune.

Le pneu MICHELIN
un concentré de technologie

1 Bande de roulement
Une épaisse couche de gomme assure le contact avec le sol. Elle doit évacuer l'eau et durer très longtemps.

2 Armature de sommet
Cette double ou triple ceinture armée est à la fois souple verticalement et très rigide transversalement. Elle procure la puissance de guidage.

3 Flancs
Ils recouvrent et protègent la carcasse textile dont le rôle est de relier la bande de roulement du pneu à la jante.

4 Talons d'accrochage à la jante
Grâce aux tringles internes, ils serrent solidement le pneu à la jante pour les rendre solidaires.

5 Gomme intérieure d'étanchéité
Elle procure au pneu l'étanchéité qui maintient le gonflage à la bonne pression.

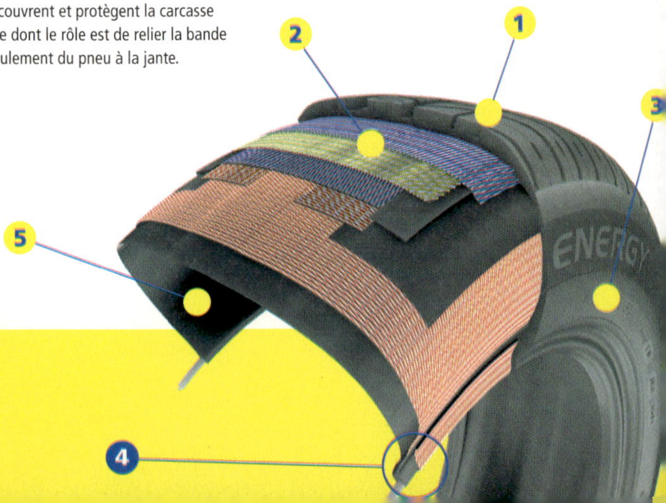

La Basse-Terre 2

Les chutes du Carbet.
Rosine Mazin / Photononstop

LA BASSE-TERRE

SE LOGER

- Acomat-Bellevue (Domaine)........2
- Angéliques (Gîtes)........4
- Aquarelle's Villas........6
- Arsenault (Bungalows)........8
- Au Grand Bleu (Gîtes)........10
- Bajapo........12
- Beaugendre........14
- Bellevue (Gîtes)........16
- Bois d'Inde (Gîtes du)........18
- Caféière Beauséjour........20
- Caraïb' Bay Hôtel........22
- Chutes du Carbet (Gîtes des)........24
- Coco & Zabrico........26
- Cocotiers (Les)........28
- Créolina (La)........30
- Dame Jeanne Cassée (La)........32
- Dampierre locations........34
- Gwo Caillou........38
- Habituée (Gîtes L')........40
- Îlot Fruits (L')........44
- Jardin de Malanga (Le)........48
- Jardin Tropical (Le)........50
- Kas' A Flo........54
- Kaz la Traversée........56
- Latentouasie (Habitation)........58
- Manguiers (Les)........60
- MaryJack Tropic........62
- Massieux (Habitation)........64
- M. Vilovar (Gîtes de)........66
- Nid Tropical........68
- Paradis Créole (Le)........70
- Petit Carbet (Domaine du)........72
- Piton (Bungalows)........76
- Rayon Vert (Le)........77
- Rêve et Alizé........78
- Rosy (Gîtes de)........80
- Séverin (Habitation)........82
- Sucrerie du Comté (La)........83
- Taïnos Village........84
- Tendacayou (Habitation)........86
- Tiki-Tan (Gîte)........88
- Ti-Paradis........90
- Ti Sucrier (Au)........92
- Vanibel (Gîtes)........96

LA BASSE-TERRE

L'est de la Basse-Terre

De Petit-Bourg à Capesterre-Belle-Eau

NOS ADRESSES PAGE 167

SE REPÉRER

Carte de microrégion BC2-3 *(p. 158-159)* - cartes IGN 4602 GT et 4605 GT. La N 1 suit la côte sur 40 km de Pointe-à-Pitre à Trois-Rivières et traverse Petit-Bourg, Goyave et Capesterre-Belle-Eau.

À NE PAS MANQUER

Les chutes du Carbet.

ORGANISER SON TEMPS

De nombreuses randonnées sont proposées dans les environs. Renseignez-vous toujours auparavant sur l'état des pistes et ne partez jamais dans le lit des rivières en cas de pluie ou lorsque les orages menacent, car les crues soudaines peuvent s'avérer meurtrières.

AVEC LES ENFANTS

Le domaine de Valombreuse et ses nombreuses attractions destinées aux enfants ; le Jardin d'Eau et son élevage de ouassous.

La côte au vent de la Basse-Terre, entre Pointe-à-Pitre et Trois-Rivières, n'est pas réputée pour ses plages, hormis celles de Goyave et de Ste-Marie. Elle constitue en revanche le point de départ de plusieurs randonnées comptant parmi les plus belles de Guadeloupe. Les chutes de la rivière Moreau et les célèbres chutes du Carbet offrent aux randonneurs un spectacle naturel fantastique en pleine forêt tropicale. Vous aurez peu d'occasions de contempler d'aussi près la nature guadeloupéenne en majesté. N'hésitez pas à prendre le temps de visiter cette région particulièrement attachante.

Se promener Carte de microrégion

PETIT-BOURG ET GOYAVE C2

Situées en bord de mer, à l'écart de la route principale, ces localités ne présentent pas un grand intérêt touristique. En 1916, Goyave a accueilli l'ancien président américain **Théodore Roosevelt** qui est allé jusqu'à Ste-Marie à bord du train des sucreries. Les deux communes s'étendent profondément à l'intérieur des terres, dans un écrin de beaux paysages de forêt propices à la balade. Côté mer, on peut profiter de la **plage de Viard**, au sud de Petit-Bourg, et de la plage de **Ste-Claire**, au sud de Goyave.

Domaine de Valombreuse B2

Cabout, sur la N 1, prenez la sortie Petit-Bourg et suivez le fléchage - ✆ 05 90 95 50 50 - www.valombreuse.com - 8h-18h, dernière admission à 17h - 11 € - plusieurs attractions payantes dans le parc.

Le parc floral du domaine présente de nombreuses espèces tropicales. Il mérite surtout une visite pour la promenade *(env. 1h)* qui mène, à travers

Les environs de Goyave.
Philippe Giraud / Comité du Tourisme des Îles de Guadeloupe (CTIG)

la forêt, à une cascade de 10 m de haut, où l'on peut se rafraîchir les pieds. Plusieurs attractions pour les enfants : grimpe dans les arbres, quad, trampoline... Vous pourrez acheter des **fleurs tropicales** et demander qu'elles soient emballées spécialement pour le transport aérien, mais aussi d es confitures, du rhum ou du café.

2

Distillerie Montebello C2

Quartier Carrère, elle est indiquée au rond-point sud de Petit-Bourg sur la N 1 - ✆ 05 90 95 41 65 - www.rhummontebello.com - visite entre fév. et juil. : lun.-vend. 7h-13h - boutique 7h-17h - entrée libre.

Plus au sud, il est possible de visiter les installations de la distillerie Montebello, l'une des principales marques de rhum agricole.

★ Jardin d'Eau C2

À Blonzac - fléché à partir de la N 1, entre Petit-Bourg et Goyave - ✆ 05 90 95 59 37/57 57 - merc.-dim. 9h-17h - 7 €.

Un site plein de charme et de poésie : l'alternance des bassins et des massifs luxuriants de **plantes tropicales** crée un univers envoûtant, véritable invite à la détente. Contemplez la « Roche qui pleure » avec son immense philodendron, allez à la rencontre de « **Manman d'lo** » (la sirène créole sera peut-être au rendez-vous), ou découvrez les différentes sortes d'**épices** dans le petit jardin qui leur est consacré. Il est également possible d'assister à la pêche aux ouassous dans leur bassin d'élevage *(jeu. 9h-11h30)*.

Bon à savoir – L'endroit est aménagé pour le pique-nique, mais vous pouvez profiter du petit restaurant ouvert seulement le dimanche midi *(plat du jour 15 €)*. La pépinière vend et conditionne pour le voyage des fleurs et des plantes tropicales.

Au sud du Jardin d'Eau, par la D 33, vous parvenez à l'Aquaferme de la Rose.

Aquaferme de la Rose C2

✆ 05 90 95 57 95 - lun. et jeu. 8h-12h - appelez pour réserver.

Alain Pradel y fait visiter son élevage de ouassous. Il vend sa production, ainsi que des langoustes gardées en vivier *(comptez autour de 25 € le kg)*. Des balades à cheval sont organisées si vous le souhaitez.

Le saut de la Lézarde B2

2 km. Comptez env. 1h30 AR.

Cette randonnée facile part de Vernou, à 9 km à l'ouest de Petit-Bourg par la D 1.

Conseil – Attention, ne vous aventurez pas sur cette trace par temps de pluie, car sa terre argileuse glisse particulièrement. Apportez votre maillot de bain.

Le sentier commence derrière un groupe de maisons abandonnées qu'il faut contourner. Traversez un jardin planté de bananiers et d'avocatiers, avant de descendre vers la rivière à travers une forêt dense. On atteint le saut par une pente abrupte. Il faut parfois prendre appui sur les rochers pour descendre jusqu'au pied de la chute. Celle-ci tombe d'une dizaine de mètres dans une piscine naturelle qui invite à la baignade. Une fois reposé, il ne reste plus qu'à remonter sur la trace.

Le sentier de la pointe à Bacchus B2

2 km. Comptez env. 2h.

Boucle facile. Sur la N 1, prenez la sortie Petit-Bourg. À la première intersection, tournez à gauche, poursuivez jusqu'au rond-point, puis prenez à gauche sur environ 800 m en direction du lycée polyvalent. Un panneau indique le parcours.

Cette petite balade dans un secteur aménagé par le Conservatoire du littoral permet de découvrir la **mangrove**. Après les barrières, prenez le sentier sur la droite et suivez le fléchage vert. Vous laissez quelques habitations derrière vous avant de pénétrer dans la mangrove. Vous entrez ensuite dans une zone de cultures vivrières, où des panneaux commentent le milieu naturel et les cultures. Vous profiterez d'une très belle vue sur Pointe-à-Pitre et le Petit Cul-de-Sac Marin. Un parcours de santé et ses quelques installations occupent une partie de l'itinéraire.

Les chutes de la rivière Moreau B2

7 km. Comptez 4h AR en partant tôt le matin. Pour randonneurs entraînés (niveau 3). De Goyave, prenez la N 1 en direction de Pointe-à-Pitre, puis la sortie Douville sur la gauche et faites environ 8 km sur une route forestière qui conduit à un parking.

Conseils – Emportez des provisions. Ce chemin est déconseillé par temps de pluie. À sept reprises, vous franchirez une rivière : prévoyez des vêtements de rechange pour le retour.

Cette randonnée donne l'occasion de découvrir deux des plus belles chutes d'eau de Guadeloupe. Le chemin traverse la forêt humide et dense, peuplée de châtaigniers – ou **acomat-boucan** – qui atteignent parfois jusqu'à 40 m de hauteur. De grosses lianes gorgées d'eau pourront vous désaltérer : il suffit de les essorer.

Après environ 2h de marche, vous parvenez à une bifurcation. Tournez à droite pour rejoindre la **chute de la ravine Mangle**, qui se déverse dans une vasque où vous pourrez vous baigner. L'autre trace conduit à la **chute de la ravine Racoon** ou **chute de la rivière Moreau**, à laquelle on accède après une montée assez pénible, mais facilitée par un câble installé par l'ONF. Vous vous retrouvez alors devant une chute impressionnante qui dévale la roche sur une centaine de mètres dans une végétation luxuriante. La nuit tombant vite et tôt, repartez avant 16h. Le retour vous semblera plus facile que l'aller.

CAPESTERRE-BELLE-EAU ET SES ENVIRONS C2-3

Le bourg C3

Cette ville tire son nom de la « capesterre » ou « cabesterre », terme désignant le versant des îles directement exposé aux alizés, que les marins venant d'Europe apercevaient en premier. Son surnom de « belle eau » lui vient des nombreuses rivières qui l'arrosent et la différencie de Capesterre-de-Marie-Galante. La culture de la canne à sucre a dominé la région à partir du 17e s., avant d'être tardivement remplacée par celle de la banane qui, à présent, est en crise. Au cœur de la cité, on s'intéressera à l'imposant **monument aux morts**, ainsi qu'au petit **marché** aux légumes et aux poissons qui anime chaque matin la halle de la rue Amédée-Fengarol. L'essentiel des curiosités du secteur se trouve à l'extérieur de la ville.

Sainte-Marie et ses environs C2

Au nord de Capesterre-Belle-Eau, à Ste-Marie, une petite route conduit à la **pointe du Carénage** prolongée par une sorte de ponton. De là, par temps clair, un beau point de vue se dégage sur la Grande-Terre jusqu'à la pointe des Châteaux.

Au village de Ste-Marie, en bordure de route, une colonne surmontée d'un **buste de Christophe Colomb** rappelle que le navigateur génois a débarqué ici en novembre 1493, au cours de son deuxième voyage aux Antilles.

La **plage de Roseau**, au sud de Ste-Marie, est la plus fréquentée des environs, surtout le week-end. L'accès en voiture y est parfois payant. Laissez donc votre auto plus haut.

Distillerie Longueteau C2-3

Rte de Bélair, embranchement sur la N 1 au nord de Capesterre - ✆ 05 90 86 79 03 - http://rhumlongueteau.fr - lun.-vend. 9h-17h30, sam. 9h-12h30 et dim. 9h-12h30 entre déc. et avr. - entrée libre.

C'est la dernière des nombreuses distilleries qui animaient jadis la région de Capesterre. Si vous avez la chance de tomber sur son propriétaire, François Longueteau, vous serez reçu chaleureusement et bénéficierez d'explications complètes sur le rhum et ses mystères. Dégustation sur place et vente à emporter.

Temple hindou de Changy C3

En bordure de la N 1 au nord de Capesterre - ne se visite pas.
La région a accueilli une importante communauté indienne au 19e s., comme en témoigne ce petit temple hindou. C'est le lieu de culte hindouiste le plus important de Guadeloupe. L'édifice blanchi à la chaux est orné des statues polychromes de la déesse à quatre bras Mariamman, au centre, et, sur les côtés, du dieu à tête d'éléphant Vinayagar, ainsi que de la déesse des arts Sarasvati.

Plantation Grand Café C2

Bélair, au bout de la rte, à gauche en venant de la distillerie - ✆ 05 90 86 33 06 - lun.-vend. 9h-16h - 6 € - visite guidée de 1h30 avec dégustation, départs à 10h15, 11h30, 12h30, 15h et 16h - 12 €.
Contrairement à ce que l'on pourrait imaginer, cette plantation n'est pas le royaume de l'arabica mais celui de la banane. Installé dans une remorque tirée par un tracteur, vous ferez le tour de la propriété pour tout apprendre sur la **banane** : son histoire, sa culture, ses différentes variétés (« banane-poteau », « banane rose », fehi banana originaire de Polynésie, musa balbisiana venue de Malaisie) et ses maladies. On découvre, entre autres, que la banane est un fruit extrêmement fragile. Non seulement il faut la traiter par des moyens aériens, mais les régimes sont protégés par d'inesthétiques sacs en plastique bleus pour les garantir des piqûres d'insectes. Après la visite, les commentaires se poursuivent dans l'habitation du 19e s. autour d'un jus de fruits ou d'un ti-punch… à la banane, bien sûr. Il est aussi possible de survoler la région en hélicoptère à bord de l'appareil qui sert à traiter les cultures. Renseignement sur place.
En quittant Capesterre-Belle-Eau par le sud, on emprunte l'**allée Dumanoir★**, une belle voie rectiligne bordée de plus de 400 palmiers royaux. Elle fut plantée au 19e s. par Pinel Dumanoir, écrivain antillais qui traduisit en français *La Case de l'oncle Tom*, de Harriet Beecher-Stowe. Malgré les cyclones, ces arbres ont toujours été replantés.

Les jardins de St-Éloi BC3

Sur la D 4, vers la 2e chute du Carbet, après le hameau de l'Habituée - ✆ 05 90 86 39 22 - www.jardins-st-eloi.com - tlj sf dim. 11h-16h.
Ces jardins peuvent se révéler intéressants pour votre dernier jour en Guadeloupe. Cet horticulteur renommé, possédant aussi une boutique à l'aéroport *(✆ 05 90 21 14 48)*, propose des bouquets de **fleurs tropicales** conditionnés pour le transport aérien. Il n'y a pas vraiment de visite de l'exploitation.

Jardin de Cantamerle, circuit des épices C3

Au hameau de l'Habituée, prenez à gauche et faites environ 1 km - ✆ 05 90 86 44 13 - http://cantamerle.canalblog.com - 9h30-17h - visite guidée 5 €.
Situé près d'une ancienne habitation, ce jardin est un charmant **conservatoire des plantes de la Guadeloupe**, auxquelles sont venues s'ajouter des espèces tropicales du monde entier. La visite guidée *(40 mn)* est très plaisante et instructive.

NÉES DU VOLCAN

Les chutes font partie de la rivière Carbet qui leur a donné leur nom. La rivière prend sa source au sommet de la Soufrière, dont le dôme de lave évolue au gré des éruptions. Des coulées récentes, 1 000 à 2 000 ans de lave dure, ont barré le cours du Carbet qui n'a pu encore se tailler un lit dans la roche, l'obligeant à sauter d'un palier à l'autre à trois reprises sur moins de 4 km.

Temple hindou de Changy.
Yves Talensac / Photononstop

★★ LES CHUTES DU CARBET B3

2

Conseil – Pour les randonnées, procurez-vous la carte IGN 4605 GT.
Bon à savoir – Il faut impérativement se renseigner auprès des offices du tourisme ou du parc national de Guadeloupe *(☎ 05 90 80 86 00 - www.guadeloupe-parcnational.com)* avant d'entreprendre une randonnée. L'état des traces est très variable.
Ces somptueuses chutes ont été décrites en 1493 par Christophe Colomb comme « une très grande source qui répandait l'eau de tous côtés de la montagne ». Leur beauté est restée intacte dans le prestigieux décor du massif forestier du versant sud-est de la Soufrière. Les trois chutes ne se laissent pas toutes découvrir avec la même facilité. La deuxième, la plus impressionnante, est en principe la plus accessible.

La 3e chute du Carbet B3

2 km. Comptez env. 2h. Pour randonneurs entraînés et équipés (niveau 2). En venant de Capesterre-Belle-Eau, tournez à gauche à la station-service Texaco en dir. de Routhiers (D 3). Arrivé à une chapelle, prenez à gauche et encore à droite en dir. de Petit Marquisat. Devant le restaurant, continuez tout droit par un mauvais chemin caillouteux. Garez-vous sur le parking qui se trouve juste au-dessus. Attention : à l'heure où nous publions ce guide, l'accès à la 3e chute est fermé jusqu'à nouvel ordre. Renseignez-vous auprès du parc national de Guadeloupe (voir plus haut).

Conseil – Le temps pouvant changer, prévoyez des vêtements pour la pluie et/ou de rechange à laisser dans votre voiture. Emportez environ 2 l d'eau par personne pour la randonnée.
Vous pénétrez dans la forêt par un chemin bien tracé, avant de traverser une petite ravine. Continuez tout droit sur la piste forestière sans emprunter un petit chemin qui descend sur la gauche vers la rivière. Traversez une seconde ravine. La piste, souvent boueuse, est bordée de mahoganys et de balisiers. La montée est ardue avant d'arriver à une patte-d'oie. Prenez à gauche vers une

LE MAHOGANY

L'un des plus beaux hôtes des forêts de Guadeloupe est le mahogany, ou acajou à grandes feuilles *(Swietenia macrophyla king)*. Importé d'Amérique centrale, il a été planté de manière intensive à partir de 1947. On le trouve dans le secteur de Marquisat, près de la 3e chute du Carbet. L'exploitation rationnelle de son **bois rouge** permet d'assurer une saine gestion de la forêt naturelle, en préservant les espèces indigènes plus rares.

ravine en contrebas, en suivant les repères bleus. Continuez par le sentier qui s'élève au-dessus de la ravine, dans lequel l'ONF a aménagé quelques marches. Toujours en recherchant les marques bleues sur les troncs. Attention, la pente devient glissante : accrochez-vous aux racines.

Tournez nettement à gauche à un petit carrefour et poursuivez la descente. Prenez le sentier à gauche au croisement suivant, puis la première à droite, en vous laissant guider par le chant de l'eau. Le sentier descend de façon abrupte, puis remonte légèrement sur la droite. On aperçoit la cascade à travers les arbres.

Arrivé à un gros châtaignier, empruntez la trace escarpée qui mène au pied de la **cascade**. C'est la partie la plus délicate du parcours. Prudence, donc.

On atteint enfin la **3e chute**, haute de 20 m, qui tombe en grand fracas dans un magnifique bassin circulaire. N'hésitez pas à vous baigner en prenant garde de ne pas vous approcher de la cascade : elle impressionne par son volume, le plus élevé de Guadeloupe.

Pour le retour, vous suivrez le même itinéraire dans un premier temps, mais, en haut du sentier, continuez tout droit au lieu de tourner à droite. Longez la rivière pour rejoindre la trace menant à la **2e puis à la 1re chute**. Une pancarte indique le **chemin de Petit Marquisat** sur la droite pour gagner le parking en 30mn environ.

Le tour du Grand Étang B3

1,5 km. Comptez env. 1h30.

Bon à savoir – Cette promenade peut se prolonger en une demi-journée par celle de la 2e chute du Carbet. Circuit pédestre facile.

De St-Sauveur, prenez la route des chutes du Carbet *(D 3)*, roulez environ 5 km et garez-vous sur le parking, à gauche. Une route cimentée descend jusqu'à l'étang. Des panneaux informent sur la faune, la flore et… la bilharziose, une maladie parasitaire qui se contracte dans les eaux stagnantes des tropiques. Pas de baignade, donc. De toute façon, les rives boueuses sont dissuasives.

Vous pouvez faire le tour de l'étang par la droite ou la gauche, en suivant le balisage rouge et blanc. L'endroit procure une sensation de paix par l'abondance de la végétation aquatique, des bambous et des palétuviers jaunes qui bordent l'étang. Mais celui-ci est peuplé de sangsues et de tilapias, poissons herbivores qui y ont été introduits. Avec un peu de chance, vous pourrez apercevoir un des crabes ciriques qui peuplent la vase du rivage. Les kios, sortes de petits hérons, et les poules d'eau sont également assez fréquents.

★★ La 2e chute du Carbet B3

2 km. Comptez env. 1h AR. Balade facile.

Quittez Capesterre-Belle-Eau par la N 1, prenez à droite la D 4 au hameau de St-Sauveur et parcourez environ 7 km jusqu'au parking où a été aménagée une aire de pique-nique. La baignade est strictement interdite. Attention : à l'heure où nous publions ce guide, l'accès à la 2e chute est fermé jusqu'à nouvel ordre. Renseignez-vous auprès du parc national de Guadeloupe *(voir p. 165)*.

Empruntez le chemin pavé de grosses pierres noires qui descend en lacet vers la rivière. Continuez tout droit pour atteindre son lit. Vous pourrez avancer jusqu'à la passerelle suspendue, à 50 m de cette chute spectaculaire qui tombe à pic de **110 m de haut** dans une vasque bouillonnante. Sur la gauche, une cascade plus petite déverse ses eaux dans une baignoire naturelle.

★ La 1re chute du Carbet B3

12 km. Comptez env. 4h30 AR.

Attention : à l'heure où nous publions ce guide, l'accès à la 1re chute est fermé jusqu'à nouvel ordre. Renseignez-vous auprès du parc national de Guadeloupe (voir p. 165).

Bon à savoir – Dans la foulée de la 2e chute, cette randonnée destinée aux bons marcheurs *(niveau 4)* permet d'atteindre la plus vertigineuse des cascades : elle tombe en deux sauts de **125 m de haut**.

Depuis la passerelle suspendue de la 2e chute, prenez le chemin qui part sur la gauche. Après la montée, vous parvenez à un carrefour. Tournez à gauche pour emprunter le sentier qui grimpe dans la forêt. Parcourez environ 1 km, puis descendez dans la **ravine Longueteau**, que vous traversez. Attention, par temps de pluie, mieux vaut s'abstenir : la rivière est rapidement en crue. Vous arrivez ensuite à un carrefour. Continuez tout droit en direction de la rivière Carbet, dont vous remontez le cours pour rejoindre le pied de la chute. Comptez 1h45 pour le retour vers le parking, par le même chemin.

NOS ADRESSES À L'EST DE LA BASSE-TERRE

Voir la carte de microrégion.

TRANSPORTS

En voiture

La N 1 dessert les villes de la côte au vent. Elle est reliée, au nord de Petit-Bourg, à la D 23 (la route de la Traversée) et à la D 1 (qui rejoint la D 23 par Hauteurs Lézarde).

Au sud de Capesterre-Belle-Eau, la D 3 et la D 4 s'enfoncent dans les terres à partir de la N 1 vers les chutes du Carbet. Toutes ces départementales desservent des hameaux avec des hébergements cités dans ce guide.

En bus

Passage régulier de bus au bord de la N 1. Il suffit de faire signe.

HÉBERGEMENT

Bon à savoir – Situés à seulement 30mn de l'aéroport de Pointe-à-Pitre, les hébergements du nord de ce secteur sont une bonne solution pour votre première nuit sur l'île.

Petit-Bourg

PREMIER PRIX

Gîtes Bellevue – C2 - *18 allée des Bougainvilliers (dans le village, au-dessus du stade, suivez le fléchage) - 05 90 95 25 09 ou 06 90 58 08 03 - www.bellevue-gites.com - - 3 bung. (2-6 pers.) 254/320 € pour 2 pers. (location uniquement à la semaine) - accès Wifi.* Sur les hauteurs de Petit-Bourg, dans un jardin protégé de la route par une haie de bougainvilliers, ces charmants bungalows avec terrasse ont vue sur la mer.

BUDGET MOYEN

Gîtes de M. Vilovar, Résidence Bougainvillée – B2 - *Fougère, par la D 23 ou la D 1 (il est préférable de téléphoner pour vous faire expliquer le chemin) - 05 90 94 38 41 - www.residence-bougainvillee.*

com - *2 gîtes (2-6 pers.) 381 €/sem. pour 2 pers.* Au cœur d'un très beau jardin tropical, dans une zone résidentielle, cette grande villa créole comprend un gîte à l'étage et un second, plus grand, au rdc. L'ensemble, confortable et spacieux, peut être loué à plusieurs.

POUR SE FAIRE PLAISIR

Gîtes Angéliques – C2 - *Montebello (à 2 km de la distillerie, de l'autre côté de la N 1) - 05 90 95 64 05 ou 06 90 74 45 89 - www.gites-angeliques.com - - 2 bung. : 90 €/nuit, 360 €/sem. pour 2 pers. (location de 3 nuits au minimum).* Agréables bungalows de plain-pied, avec petite terrasse, dans un jardin tropical clos. Très coquet et bien équipé.

Capesterre-Belle-Eau et environs

PREMIER PRIX

Gîtes l'Habituée – C3 - *Chez M. et Mme Volpi, hameau de l'Habituée - 05 90 98 68 95 ou 06 90 31 24 00 - http://gitesdelhabitue.free.fr - - 2 bung. (2-6 pers.) 45 €/nuit, 290 €/sem. pour 2 pers. - petit déj. inclus le premier matin.* Nichés dans un agréable parc tropical de 3 000 m², ces bungalows en bois indépendants disposent de tout le confort souhaité. L'accueil est charmant.

Gîte des chutes du Carbet – C3 - *Chez Mme Neuilly, hameau de l'Habituée (sur la N 1, au sud de Capesterre-Belle-Eau, prenez au niveau de St-Sauveur la D 4 vers la 2e chute du Carbet) - 05 90 86 46 55 - - 3 appart. et 1 bung. 46 €/nuit avec ventilation ou 50 € avec climatisation pour 2 pers.* Bungalow de plain-pied et appartements aménagés dans un bâtiment en dur, entourés d'un joli jardin fleuri. L'ensemble est très bien tenu.

BUDGET MOYEN

La Dame Jeanne Cassée – C2 - *Ste-Marie, entre Goyave et Capesterre-Belle-Eau (après le bourg, sur la N 1 vers Capesterre, prenez à droite au 1er carrefour et faites env. 2,5 km jusqu'à une maison blanche, sur la gauche au sommet de la colline) - 05 90 86 45 24 - www.gite-vasseaux.com - - 3 bung. (2-6 pers.) 55 €/nuit, 350 €/sem. pour 2 pers.* Pratique mais sans charme, dans un lotissement, sur une hauteur au milieu des bananiers. De spacieux bungalows en dur, confortablement équipés, proposés par un planteur de bananes. Visite possible de l'exploitation.

POUR SE FAIRE PLAISIR

Habitation Latentouasie – C2 - *R. de la Distillerie (en face de la distillerie Longueteau) - 05 90 86 41 26 - http://perso.wanadoo.fr/latentouasie - - 4 bung. (2-4 pers.) 85 €/nuit, 75 € à partir de 5 nuits pour 2 pers.* Les bungalows en bois, de part et d'autre de la maison du propriétaire, ont un faux air de chalets suisses et, de fait, l'état impeccable des lieux a quelque chose d'helvétique. Chambre avec grand lit, salon avec lit gigogne, terrasse donnant sur le jardin et cuisine bien équipée. Tout est étudié pour votre confort. Le propriétaire, aux petits soins avec ses hôtes, propose des balades en bateau dans le Grand Cul-de-Sac Marin *(60 € la journée)*, ainsi que des plats à emporter *(8 €)*. Table d'hôte *(14 €)*.

RESTAURATION

Petit-Bourg

BUDGET MOYEN

Le Créoliles – B2 - *Chemin de Tabanon (en haut de la rte de*

Versailles, sur la première partie de la rte de la Traversée) - ✆ 05 90 32 04 99 - www.lecreoliles.fr - tlj du matin au soir - à partir de 10 €. Dans un décor rustique, des chaises et des tables en bois vernis vous attendent pour déguster de bons ouassous d'élevage et des grillades. Vous pouvez aussi vous régaler de grandes pizzas *(à partir de 10 €)* et de grosses salades *(à partir de 10 €)*. La propriétaire propose aussi des bungalows à louer *(61 €/nuit)*.

Goyave

BUDGET MOYEN

Chez Mamie – C2 - *Plage de Ste-Claire - ✆ 05 90 25 38 24 - tlj sf lun.* Petit restaurant de plage réputé pour sa cuisine simple et savoureuse, sur fond musical le dimanche midi (concerts improvisés).

Sainte-Marie

BUDGET MOYEN

Les Vagues d'Argent – C2 - *Plage de Roseau - ✆ 05 90 86 94 25 - tlj à midi, fermé le lun.- plusieurs menus à partir de 20 €.* Bien placé à l'entrée de la plage, avec sa terrasse donnant sur les flots, ce restaurant sert de bons plats créoles et du poisson pêché du jour.

Capesterre-Belle-Eau et ses environs

BUDGET MOYEN

Le Rivage – C3 - *Plage de Salée, Bananier (sur la N 1 entre Capesterre-Belle-Eau et Trois-Rivières) - ✆ 05 90 86 02 40 - tlj à midi, sur réserv. le soir - plusieurs menus à partir de 18 €.* Une grande paillotte au bord d'une plage de sable noir. Au menu : cuisine créole traditionnelle et poissons grillés.

POUR SE FAIRE PLAISIR

Le Souvenir – B3 - *À gauche après le hameau de l'Habituée, sur la D 4 menant à la 3e chute du Carbet - ✆ 06 90 64 60 29 - 12h-21h - 25/30 € - réserv. conseillée.* Belge d'origine, le cuisinier privilégie les produits fermiers dont la viande de bœuf locale. Il propose aussi de la langouste et du poisson. Tout est frais, bien présenté et le service impeccable.

ACHATS

Petit-Bourg

Marché – *Le Pont-de-11h - 7h-13h.*

Capesterre-Belle-Eau

Marché – *Près du commissariat de police - lun.-sam. 6h-13h.*

ACTIVITÉS

Musique

Pass'le mic – *Au niveau de Goyave sur la N 1, prenez la rte de Bois-Sec, bifurquez à droite au 1er embranchement et faites environ 2,5 km sur un chemin défoncé - ✆ 05 90 95 98 50 - concerts le dim. de 11h à 21h.* Le nom du lieu signifie « Passe le micro », histoire de dire que la parole et surtout la musique doivent circuler. Dans ce coin du bout du monde, c'est la fête tous les dimanches, avec des **concerts en plein air** où s'expriment toutes les musiques des Caraïbes : jazz, gwo-ka, reggae, blues, etc. Pour 8 à 20 €, vous dégustez un repas végétarien ou à base de poisson.

AGENDA

Capesterre-Belle-Eau

Grap à Congo – *Le 1er novembre.* Fête nocturne introduite par les esclaves, avec danses et chants rituels.

Le sud de la Basse-Terre

De Trois-Rivières à Vieux-Fort

NOS ADRESSES PAGE 173

S'INFORMER

Office du tourisme de Trois-Rivières – *R. Gerville-Réache, Le Bourg - ✆ 05 90 92 77 01 - www.troisrivieres971.net - lun., mar., jeu., vend. 7h15-16h45, merc. 7h15-12h15, 14h30-17h15, sam. 8h15-12h15.*

SE REPÉRER

Carte de microrégion B3 *(p. 158-159)* - carte IGN 4605 GT. En venant du nord, il faut quitter la N 1 pour rejoindre Trois-Rivières et suivre la route côtière (D 6) jusqu'à Vieux-Fort.

À NE PAS MANQUER

Le parc archéologique des Roches gravées.

ORGANISER SON TEMPS

Si vous comptez passer une journée aux Saintes, partez de Trois-Rivières plutôt que de la Grande-Terre, car la traversée est plus courte et nettement moins agitée.

Le sud de la Basse-Terre est une région paisible qui ne manque pas de charme. Les pluies abondantes abreuvent la haute silhouette des monts Caraïbes et dévalent vers de petites vallées verdoyantes propices aux cultures tropicales, notamment celle de la banane, encore omniprésente. En bord de mer, la côte découpée abrite des anses tranquilles et des plages où il fait bon s'attarder. Cette région fut l'un des berceaux de la culture amérindienne en Guadeloupe, comme l'attestent les nombreux pétroglyphes retrouvés près de Trois-Rivières.

Se promener Carte de microrégion

TROIS-RIVIÈRES B3

Un sol fertile abondamment arrosé et une situation géographique bien protégée ont fait de cette région l'**un des centres de la civilisation précolombienne** aux Antilles, comme en témoignent de nombreuses roches gravées. En 1640, la ville fut peuplée par une poignée de colons qui se lancèrent dans la culture du tabac et du coton, avant de s'orienter vers celle de la canne à sucre. La banane, aujourd'hui principale richesse agricole, n'est arrivée que dans les années 1940. La commune fut le théâtre de la première révolte d'esclaves, menée par **Jean-le-Blanc** en 1656. C'est aujourd'hui un bourg commerçant animé qui compte 8 884 habitants. Les sites touristiques se trouvent *extra-muros*.

★ Le parc archéologique des Roches gravées B3

Sur la route qui descend vers l'embarcadère pour Les Saintes - ✆ 05 90 92 91 88 - 8h-30-17h - uniquement sur visite guidée 9h, 10h, 11h, 14h, 15h et 16h - entrée libre.

Les Saintes vues de Trois-Rivières.
MPFD M. Pineau

Classé monument historique depuis 1974, le parc rassemble plusieurs centaines de **pétroglyphes** retrouvés dans les environs de Trois-Rivières. Vraisemblablement réalisés vers le 4e s. de notre ère, ces dessins d'apparence naïve gravés dans la roche sont attribués aux **Arawaks**. Les archéologues les ont classés en six catégories (« personnages », « animaux », « figures superposées », « figures aux yeux entourés », « figures simples », etc.), sans que l'on sache précisément à quels mythes et légendes ils se rattachent. Les noms qui leur ont été donnés, comme « Le cacique », « Le figuier » ou « Les capitaines », n'ont rien de scientifique. De même, les panneaux qui évoquent le massacre des Arawaks par les Caraïbes reflètent une vision historique aujourd'hui remise en cause. Le parcours se déroule dans un cadre verdoyant où poussent des « figuiers maudits » dont les racines emprisonnent les roches volcaniques, formant un étrange mariage entre univers minéral et végétal dans un impressionnant chaos rocheux.

2

La Maison de la banane B3

La Regrettée (près de la N 1 au nord de Trois-Rivières) - ✆ 05 90 92 70 75 - www.maisondelabanane.com - lun.-sam. 9h30-17h - 8 € - poss. de table d'hôte sur réserv. : env. 23 €, visite comprise.

Installé dans une ancienne maison de planteur, ce petit musée, où vous serez aimablement accueilli, vous permet de tout apprendre sur la banane, son histoire, ses utilisations et son économie, mais aussi sur la vie des planteurs d'autrefois. À côté, les régimes de la plantation voisine sont acheminés sur une chaîne de conditionnement par une petite ligne de « téléphérique » de 3,5 km. Une balade fait découvrir les différentes variétés de bananes, ainsi qu'un jardin de plantes aromatiques et médicinales. La visite se termine par une dégustation-vente de produits à base de banane.

Le sentier de la Grande-Pointe B3

2,5 km. Randonnée destinée aux bons marcheurs (niveau 2). Comptez env. 3h. L'itinéraire conduit de l'anse Grande-Ravine à l'anse Duquerry. Le parcours se poursuit jusqu'au parc des Roches gravées. De Trois-Rivières, rejoignez la N 1, prenez la direction de Pointe-à-Pitre sur env. 3,5 km, puis tournez à droite sur la petite rte de la Grande Pointe et garez votre voiture au bout de la rte.

Bon à savoir – Prévoyez un pique-nique et un véhicule pour vous attendre à l'arrivée. Attention, la traversée de la rivière Coulisse est dangereuse par forte pluie et la voie, non entretenue, peut présenter des passages difficiles.

Le sentier descend en forte pente jusqu'à l'**anse de Grande-Ravine**, à l'aspect peu avenant. Longez la grève parmi les raisiniers et les poiriers-pays pour atteindre la Grande Pointe, dominée par une ancienne batterie de canons du 18e s. La végétation se fait plus dense jusqu'au **moulin de la Coulisse**, noyé dans les racines d'un figuier maudit. C'est le seul moulin à vent de la Basse-Terre. L'itinéraire conduit ensuite à une source au niveau de l'anse des Galets. Revenez sur vos pas jusqu'à un gros rocher qui comporte un important pétroglyphe baptisé « Le sorcier et sa femme ». Selon certains, la scène représente un accouchement dans l'eau. Poursuivez jusqu'à la rivière Coulisse. Traversez-la pour grimper jusqu'à la route que l'on emprunte sur la gauche, avant de redescendre vers le parking de l'**anse Duquerry** où une aire de pique-nique est aménagée. Vous pouvez vous arrêter là ou poursuivre pendant encore 1h un sentier facile jusqu'au **parc archéologique des Roches gravées** *(voir p. 170)*.

Sur la route de Vieux-Fort, la **plage de Grande-Anse** est une vaste étendue de sable noir partiellement aménagée. Pour la baignade, la plus grande prudence s'impose en raison des rouleaux et des courants.

VIEUX-FORT B3

Le village le plus méridional de la Guadeloupe était occupé par de paisibles cultivateurs amérindiens qui furent exterminés par le gouverneur **De l'Olive** et les premiers colons français en 1636. Ces derniers ont construit un fort qui a donné son nom à la localité.

On peut voir quelques restes du **fort l'Olive**, encore munis de canons rouillés du 19e s. Une des salles accueille le **centre de Broderie** *(✆ 05 90 92 04 14 - 9h-18h - entrée libre, don conseillé)*, où une vingtaine de brodeuses de la commune exposent leur travail. Il s'agit exclusivement de broderies à jours, exécutées à l'aiguille en travaillant directement les fils d'un tissu en lin. La confection d'une nappe nécessite au moins trois mois de travail à temps plein. Le prix assez élevé de cet ouvrage exceptionnel se justifie pleinement.

Une petite route descend jusqu'au **phare** élevé en 1955 sur un éperon rocheux, limite entre le canal des Saintes et la mer des Caraïbes. Très belle **vue★** sur les Saintes, la Dominique et, par temps clair, sur la Martinique.

De Champfleury à Vieux-Fort B3

10 km. Comptez env. 4h.

Bon à savoir – Randonnée difficile, pour bons marcheurs *(niveau 4)* dans les Monts Caraïbes. La trace n'est pas entretenue, mais vous ne vous perdrez pas. En revanche, l'avancée est rendue pénible par la densité de la végétation.

À la sortie est de Gourbeyre, au carrefour Dos-d'Âne, prenez à droite vers Dolé, puis de nouveau à droite à la première rte vers Champfleury. Garez-vous avant le Centre d'aide par le travail.

Engagez-vous sur le chemin cimenté qui franchit la **ravine Coco** et qui grimpe fortement. Suivez bien la signalisation. Derrière vous se dresse la Soufrière. Le sentier devient herbeux et se faufile dans une végétation dense. Vous parvenez en 40mn au **col Gros Acajou** (520 m), où se divise la trace. Par la droite, vous rejoignez le **Vent Soufflé**, point culminant des monts Caraïbes

(687 m). Un vaste panorama s'ouvre sur les Saintes, au sud, et sur la Soufrière, au nord. Retournez au carrefour et descendez à droite vers Vieux-Fort. La forêt offre en divers endroits une vue sur les Saintes. Prudence : la descente est abrupte. Après la **ravine Déjeuner**, cacaoyers, arbres à pain et bananiers témoignent d'une ancienne occupation humaine. Laissez le sentier en direction de Beauséjour sur la gauche et poursuivez à travers la forêt sèche, où s'épanouissent poiriers-pays, gommiers rouges et acacias. La randonnée s'achève au niveau de la route de Fond Ravine. Vieux-Fort se trouve à gauche.

NOS ADRESSES AU SUD DE LA BASSE-TERRE

Voir la carte de microrégion.

INFORMATIONS UTILES

Trois-Rivières

Internet – *Cyber-base - bibliothèque de Trois-Rivières - théâtre de verdure, le bourg - ✆ 05 90 92 35 60 - mar.-vend. 10h-12h, 14h-17h, sam. 10h-13h, 15h-17h.*

TRANSPORTS

En bus – Pas ou peu de bus entre Trois-Rivières et Vieux-Fort.

VISITE

Excursions en bateau

On embarque pour **Les Saintes** au port de Trois-Rivières *(15-20mn de traversée)*. Certains bateaux font d'abord escale à Terre-de-Bas avant d'atteindre Terre-de-Haut.

Bon à savoir – Les horaires varient selon les saisons, et même selon les mois. Renseignez-vous toujours avant de partir. Les bateaux sont rarement en retard, ils auraient même tendance à partir légèrement en avance. Les horaires suivants sont donnés à titre purement indicatif.

Brudey Frères – *Bord de mer, Trois-Rivières - ✆ 05 90 90 04 48 ou 05 90 92 69 74 - www.brudey-freres.fr - départ pour les Saintes tlj à 9h et 16h30; retour de Terre-de-Haut tlj à 5h45 et 16h - 16 € aller, 22 € AR.*

CTM Deher – *Bord de mer, Trois-Rivières - ✆ 05 90 92 06 39 ou 05 90 99 50 68 - www.ctmdeher.com - départ pour les Saintes tlj à 9h et 16h30; retour de Terre-de-Haut tlj à 6h45 et 16h - 14 € aller, 21 € AR.*

Sté Maritime des îles du Sud – *Bord de mer, Trois-Rivières - ✆ 05 90 98 30 08 ou 06 90 67 48 44 - départ pour les Saintes tlj à 8h; retour de Terre-de-Haut tlj à 17h et les merc., vend. et sam. à 15h30 - 12 € aller, 20 € AR.*

HÉBERGEMENT

Trois-Rivières

PREMIER PRIX

Gîtes de Rosy – B3 - *Chemin de Roussel (prenez la dir. du bord de mer par la D 6 et tournez à droite) - ✆ 05 90 92 90 59 - www.lesgitesderosy.com - - 6 bung. (2-5 pers.) 50 €/nuit, 300 €/sem. pour 2 pers.* Les bungalows s'étagent à flanc de colline, offrant une belle vue sur les Saintes et l'île de la Dominique. L'ensemble, bien équipé, présente un bon rapport qualité-prix, même s'il manque d'intimité.

BUDGET MOYEN

Kas'A Flo – B3 - *21 lot. Tolbiac 1, chemin de la Regrettée (en face de la gendarmerie) - ✆ 05 90 94 31 75 - www.kasaflo.fr, giteskasaflo971@orange.fr - - 2 studios (3 pers.) : 65 €/nuit, 350 €/sem. pour 2 pers., 2 appart. (4-6 pers.) : 135 €/*

nuit, 470/semaine pour 4 pers. - 6 € - poss. de commander des plats, env. 10 €/pers. Ces studios confortables, aménagés dans une maison, ont été rénovés. Du balcon, la vue est superbe. Certaines salles de bains sont un peu étroites.

Domaine du Petit Carbet – B3 - *Chemin Grand Maison, Le Petit-Carbet - 05 90 92 70 12 - www.domainepetitcarbet.com - - 6 gîtes-villas (2-6 pers.) 350 à 550 €/sem. en fonction de la grandeur de l'hébergement.* Les magnifiques villas sont situées dans un parc de 2 ha à la végétation luxuriante, dans lequel passe la rivière du Petit Carbet, où il fait bon se baigner. Bien équipées et pourvues de galeries, chaque maison dispose d'un jardin et d'un parking privés.

POUR SE FAIRE PLAISIR

Coco & Zabrico – B3 - *Habitation Duquerry, rte de Gaigneron (du centre de Trois-Rivières, prenez la D 6 vers Pointe-à-Pitre, puis la 1re rte à droite et suivez le fléchage) - 05 90 92 83 50 - http://cocoetzabrico.monsite.wanadoo.fr - CC - accès Wifi payant - 3 bung. et 2 appart. (2-6 pers.) : 120/140 € (location à partir de 2 nuits) ; 400-450 €/sem. pour 2 pers.* À 5mn de Trois-Rivières, vous avez le choix entre des bungalows de plain-pied avec terrasse ou de beaux appartements dans des maisons construites en dur. L'ensemble, réparti dans un grand jardin avec une aire de jeux pour les enfants, est très bien tenu, élégant et confortable.

L'îlot Fruits – B3 - *Rte de la Regrettée (au nord de Trois-Rivières, sur la N 1 vers Gourbeyre, sortez par la D 8, faites 500 m après le pont et tournez à gauche) - 05 90 92 79 70 ou 06 90 54 93 00 - www.ilot-fruits.com - CC - 4 bung. (2-4 pers.) 560 €/sem. pour 2 pers.* La famille Mazingand s'est spécialisée dans la culture de fruits tropicaux qu'elle aura plaisir à vous faire goûter, ce qui ajoute au charme de ce très bel endroit. Les bungalows, de construction traditionnelle et très confortables, sont alimentés à l'énergie solaire.

UNE FOLIE

Le Jardin de Malanga – B3 - *L'Hermitage (quittez la N 1 au carrefour Schœlcher et suivez le fléchage sur la D 5) - 05 90 92 67 57, réserv. depuis la métropole 01 42 56 46 98 - www.jardinmalanga.com - CC - 3 cottages et 4 ch. : 233/324 € pour 2 pers.* Cet hôtel est un véritable paradis qui allie le charme d'une vieille demeure au meilleur confort, avec notamment une vaste piscine à débordement et un superbe mobilier en acajou. Les deux chambres à l'étage du bâtiment principal *(259-324 €)* sont idéales pour une famille. Les cottages en duplex *(233 €)*, situés à flanc de colline, se prolongent par un deck ouvert sur la mer et les Saintes. Très bon restaurant La Panga, sur réserv. pour dîner.

RESTAURATION

Gourbeyre

BUDGET MOYEN

Chez Denis – B3 - *Rte de Gourbeyre (sur la gauche en venant de Trois-Rivières) - 05 90 92 14 43 - tlj à midi et mar.-sam. le soir - menus à partir de 13 €, 30 € pour la langouste.* Ce petit restaurant de bord de route, situé à côté du bain de Capès, est l'une des meilleures adresses des alentours. Prévenant, le sympathique patron connaît tout sur la région. On sert aussi de délicieuses glaces maison et un café issu de la récolte du jardin du patron.

Trois-Rivières

PREMIER PRIX

Bon à savoir – Plusieurs snacks et pâtisserie à Trois-Rivières où l'on peut se restaurer pour moins de 10 €. Le bourg compte aussi de nombreuses superettes pour faire des emplettes. Près de l'embarcadère, vous trouverez plusieurs cafés et des snacks pour acheter des sandwichs.

Total Végétal – B3 - *R. Général-Delacroix - ✆ 05 90 92 05 81 - tlj du matin au soir sf dim. - à partir de 8 €.* Il ne faut pas être pressé pour passer commande, mais on vous confectionnera ici de délicieuses pizzas sur mesure et de bons sandwichs avec des ingrédients bio. Bons pains et viennoiseries. Quelques tables sur place.

BUDGET MOYEN

La Paillote du pêcheur – B3 - *Pointe des Galets, entre Trois-Rivières et Grande-Anse - ✆ 05 90 92 94 98 - tlj sf dim. et lun. soir - menus à 15 et 35 € (langouste).* Il vous faudra patienter, mais, au bout du compte, vos papilles seront satisfaites : poisson frais pêché du jour par le patron et préparé à votre convenance.

Le Fétou Kréyol – B3 - *Embarcadère - ✆ 05 90 98 93 35 - dim.-vend. midi - 20/30 €.* Une agréable terrasse donne sur l'embarcadère, un accueil et un service tout en douceur. Dans l'assiette, de savoureuses recettes locales.

ACHATS

Gourbeyre

Marché – *Face à la mairie - lun.-sam. 7h-12h30.*

Trois-Rivières

Marché – *Sam. 6h-12h30.*

Miel – *La Case à miel - Sapotille (sur la D6, à l'est du bourg) - ✆ 05 90 92 99 64 - 9h-17h.* Un apiculteur vend ses produits et fait visiter ses installations.

AGENDA

Trois-Rivières

Week-end de la fleur tropicale – Fin avril, le temps d'un week-end, producteurs et amateurs de fleurs se retrouvent dans la ville.

Basse-Terre

12 451 habitants - Basse-Terre, préfecture de région et du département de la Guadeloupe

NOS ADRESSES PAGE 181

S'INFORMER
Office du tourisme intercommunal du Sud Basse-Terre – *46 r. Baudot - 05 90 86 05 81 - lun.-vend. 9h-12h30, 14h30-17h30, sam. 9h-12h30.* L'organisme regroupe les communes de Basse-Terre, Baillif, Gourbeyre et St-Claude.

SE REPÉRER
Carte de microrégion B3 *(p. 158-159)* - plan de la ville p. 177. La ville marque le départ de la N 2, desservant la côte ouest.

À NE PAS MANQUER
Une visite guidée de la vieille ville.

ORGANISER SON TEMPS
Logez à St-Claude. Il faut consacrer une matinée à la découverte de Basse-Terre qui, à l'instar de Pointe-à-Pitre, « ferme boutique » vers 14h30 jusqu'au lendemain matin.

Si Pointe-à-Pitre est la capitale économique de la Guadeloupe, Basse-Terre en est la capitale historique et, pourrait-on dire, sentimentale. Il se dégage en effet de cette cité historique un charme tranquille, une nostalgie très prenante qu'expriment les pierres de ses vieilles maisons alanguies dans la moiteur tropicale. Basse-Terre, capitale administrative de l'île, s'efforce de regarder vers l'avenir, mais tout la ramène vers son passé, marqué par l'union des mondes amérindien, africain et européen.

Se promener Plan de la ville p. 177

Comptez une demi-journée.

LE CENTRE-VILLE AB1

Le **marché couvert** (A1), ou grand marché, est à présent un élégant bâtiment moderne, situé boulevard du Général-de-Gaulle. Il a remplacé le bâtiment en béton construit par Ali Tur dans les années 1930. Moins pittoresque que l'ancien, mais plus fonctionnel, il accueille chaque matin à partir de 6h *(sf le dimanche)* des marchands de légumes, d'épices et de punchs. Le samedi matin reste le jour le plus animé. L'ambiance est plus décontractée mais moins colorée qu'à Pointe-à-Pitre.
Sur l'arrière du marché, la rue de la République, que prolonge le **cours Nolivos** (A1), est la principale artère commerçante de la ville, bordée de bazars, commerces de vêtements et autres magasins d'électroménager.
En retrait du cours Nolivos, la place St-François s'ouvre sur la **cathédrale Notre-Dame-de-la-Guadeloupe** (A1). L'origine de cet édifice, remanié au 19e s., remonte au 17e s. Le clocher, en pierre et en bois, jouxte l'église pour

SE LOGER

Colibri (Gîte Le) 1
Domaine de Castel 5

SE RESTAURER

Drouant (Le) 2
Lewoz 3
Phœnix (Le) 4
Sens (Le) 6

éviter tout incident en cas de séisme. La façade, en pierre de lave noire, est de style néoclassique. À l'intérieur, observez la voûte en bois et l'autel en pierre, l'élément le plus ancien de l'ensemble, daté de 1672.

Le cours Nolivos conduit à l'**hôtel de ville** (A1), construit en 1889. Son péristyle et ses balcons à colonnades traduisent la volonté du maire en place de doter la ville d'une administration représentative, malgré les difficultés économiques de l'époque.

L'hôtel de ville fait face au **quartier St-François** (A1), au plan en damier. Les rues Baudot, Schœlcher, Dumanoir et du Docteur-Cabre possèdent de belles maisons anciennes témoignant de la prospérité des marchands de Basse-Terre au 18e s. et au début du 19e s. Pour en savoir plus sur le passé de la ville, rendez-vous à la maison du Patrimoine.

★ La maison du Patrimoine A1

24 r. Baudot - ✆ 05 90 80 88 70 - lun., mar. et jeu. 9h-12h, 13h30-16h, merc. et vend. 9h-12h30 - visites guidées sur rendez-vous à partir de 5 pers. - 5 €.

Depuis 1995, Basse-Terre est classée Ville d'art et d'histoire. Installée dans une superbe demeure bourgeoise du début du 19e s., la maison du Patrimoine propose diverses animations culturelles telles que des conférences ou des **expositions temporaires** (sur l'architecture, l'art, l'histoire…) gratuites et ouvertes à tous. Elle organise également plusieurs **visites-découvertes** intéressantes des quartiers de Basse-Terre, conduites par deux guides-conférencières passionnées et passionnantes.

Basse-Terre : capitale historique

Les nombreuses roches gravées de la région attestent la présence précoce des populations amérindiennes. La situation privilégiée de cette côte sous le vent, entre mer et montagne, au climat chaud et sec tempéré par les alizés et la fraîcheur des rivières a aussi séduit les premiers colons européens qui s'y installèrent.

L'IMPORTANCE DES RIVIÈRES

Bien avant l'arrivée des Français, les navires espagnols mouillaient dans les alentours pour faire le plein d'eau potable : par son nom, la rivière **Galion** évoque toujours cette époque. Une autre, la rivière des Pères, rappelle la présence de Dominicains fondateurs de la ville, établie entre ces cours d'eau. En son cœur coule la **rivière aux Herbes** qui délimite les principaux quartiers : le Carmel, au sud, et St-François, au nord.

LES FORTIFICATIONS

L'installation des premiers colons au 17e s. vit l'édification de fortifications destinées à contrer les Anglais comme les autochtones. C'est protégé par le donjon construit vers 1650 sur la falaise du Galion par le gouverneur **Charles Houël** que se développa le bourg de Basse-Terre. Différentes fortifications vinrent compléter par la suite ce dispositif de défense. La tour du père Labat à **Baillif**, l'arsenal, les casernes et l'hôpital militaire, construits le plus souvent sur l'emplacement d'anciennes concessions religieuses, confortèrent Basse-Terre dans son rôle de capitale administrative.

LE RÔLE DES ORDRES RELIGIEUX

Dès la création de Basse-Terre, les ordres religieux jouèrent un rôle prépondérant dans son développement et marquèrent profondément sa configuration. Vers 1682, on comptait quatre congrégations : les carmes géraient la paroisse, les jésuites, ou « curés des Noirs », établissaient une église et un couvent, les frères de la Charité régissaient l'hôpital érigé sur l'emplacement actuel du palais de justice, et les franciscains créèrent le quartier St-François.

L'ÉCONOMIE DU SUCRE

Dès la fin du 17e s., Basse-Terre connut une intense activité commerciale, grâce à l'industrie du sucre et aux dépens de son abominable corollaire : l'esclavage. Le **commerce du sucre** enrichit considérablement la ville tout au long du 18e s. De riches marchands, attirés par cette prospérité, firent construire de belles demeures en pierre volcanique. Elles sont nombreuses à subsister. Le magasin ou l'entrepôt occupait le rez-de-chaussée, tandis que se dressait sur deux ou trois étages l'habitation proprement dite. La ville s'étendit et se modernisa. Les rues furent dallées et les eaux de ruissellement canalisées. Des places, des promenades, des aqueducs, des ponts et des fontaines donnèrent à Basse-Terre des allures de petite capitale.

CAPITALE ADMINISTRATIVE

La fin du 18e s. marqua le déclin économique de Basse-Terre au profit de Pointe-à-Pitre. Mais, le pouvoir qu'elle perdit sur le plan économique, la ville le conserva et le renforça sur le plan administratif et politique. Durant l'occupation anglaise, de 1810 à 1814, Basse-Terre se dota d'un « gouvernement » et d'un palais de justice. Plus tard, les militaires transformèrent les anciens couvents en hôpital et en casernes. L'hôtel de ville fut édifié à la fin du 19e s. Après l'abolition de l'esclavage en 1848, de nombreux affranchis quittèrent les campagnes pour venir s'installer à la périphérie de la ville. Ils y reconstituèrent de petits villages de cases en bois entourées de jardins ; cela formera au fil du temps les quartiers de Petite-Guinée ou de Bas-du-Bourg.

TRIBUTAIRE DES CATASTROPHES

Comme celle de Pointe-à-Pitre, l'histoire de Basse-Terre est largement marquée par les catastrophes. Les durs combats de la Révolution française (1794-1802), les séismes de 1797 et 1798, le raz-de-marée et l'éruption de la Soufrière en 1818, les cyclones de 1816 et 1821, et l'épidémie de choléra de 1865-1866 qui tua un sixième de la population affaiblirent considérablement la cité. Le terrible cyclone de 1928 eut paradoxalement des répercussions bénéfiques pour la ville. Soucieuse de manifester l'importance de son rôle, la France confia la reconstruction de la cité à l'architecte **Ali Tur** qui édifia d'imposants symboles du pouvoir colonial, comme le palais du gouverneur, le palais de justice et le beffroi du marché.

La départementalisation de 1946 et le développement du commerce de la banane relancèrent l'activité économique. Mais le réveil de **la Soufrière** en 1976 et l'évacuation forcée de la population pour plusieurs mois *(voir p. 62)* fragilisèrent à nouveau le chef-lieu de la Guadeloupe. Bien que siège de la préfecture, du conseil général et du conseil régional, Basse-Terre somnole. Si son côté nonchalant et nostalgique peut sembler charmant, la ville survit essentiellement grâce aux emplois liés à la fonction publique.

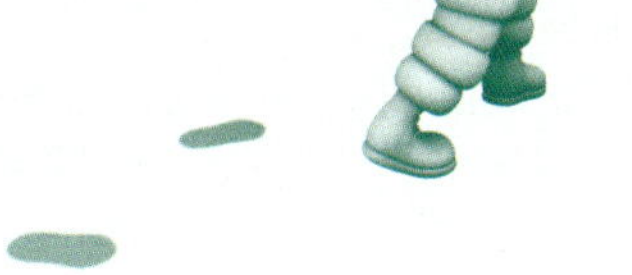

LE QUARTIER DU CARMEL B1

Situé au sud de la rivière aux Herbes, ce quartier est le plus ancien de Basse-Terre. Fondé au 17e s. par des carmes et profondément réaménagé, il conserve, dans sa partie méridionale, quelques beaux vestiges de maisons anciennes.
Tournez le dos au **cours Nolivos** et poursuivez dans la rue de la République pour rejoindre le **conseil général**. L'imposant bâtiment blanc, précédé de deux volées de marches, fut conçu par **Ali Tur** en 1930. À l'est de l'édifice, la vaste **place du Champ-d'Arbaud** (B1) a été aménagée à la fin du 19e s. pour faire manœuvrer les troupes. En son centre, entouré de palmiers, le monument aux morts rappelle les symboles de la République. Mais, ici comme ailleurs en Guadeloupe, le « Poilu » est représenté avec des traits européens. Au sud de la place, le **palais de justice**, qui assure une symétrie avec le bâtiment du conseil général, est également l'œuvre d'Ali Tur.
En poursuivant dans la rue Amédée-Fengarol, la **maison Matis**, dont l'origine remonterait au 17e s., se dresse à l'angle de la rue Bossant. C'est, semble-t-il, le plus ancien bâtiment de Basse-Terre. Un peu plus loin dans la même rue, le lycée Gerville-Réache se dresse sur l'emplacement de l'ancien hôpital militaire. Son portail monumental en pierre, que ferme une grille, est un vestige du couvent des carmes.
Empruntez la rue Ignace pour rejoindre l'**église Notre-Dame-du-Mont-Carmel** (B1). De l'édifice construit à la fin du 17e s. par les jésuites, seul subsiste le portail en pierre de taille. L'intérieur comporte quelques inscriptions anciennes. Sur le côté gauche de l'église, un jardin renferme une **copie de la grotte de Lourdes**, surajoutée à une source locale réputée miraculeuse, longtemps objet d'un pèlerinage.

LE FORT LOUIS-DELGRÈS B1

Suivez la signalisation « Fort St-Charles » - ✆ 05 90 81 37 48 - 9h-16h30 - entrée libre.
La maison forte construite par le **gouverneur Houël** vers 1650 fut plusieurs fois remaniée avant de devenir le **fort St-Charles**, au début du 18e s. Celui-ci a été rebaptisé en hommage à Louis Delgrès, héros de la lutte contre le rétablissement de l'esclavage *(voir « Histoire », p. 96)*.
Le fort n'a pratiquement jamais rempli sa mission défensive, Delgrès lui-même, qui s'y était retranché, dut l'évacuer le 21 mai 1802 avant de se suicider au Matouba *(voir « St-Claude », p. 186)*.
La partie la plus ancienne (17e s.), située au sommet de la falaise dominant le Galion, comprend le bastion plat et celui dit du Galion. Le bastion de la Basse-Terre, dont les casemates accueillent des expositions temporaires, date de 1720.
Enfin, le bastion du génie, l'entrée et les ruines de la grande caserne et des cuisines remontent à la fin du 18e s. Par beau temps, on a une superbe vue sur les Saintes.

Étal de fruits au marché de Basse-Terre.
Itzak Newmann/Iconotec/Photononstop

NOS ADRESSES À BASSE-TERRE

Voir le plan de la ville p. 177.

INFORMATIONS UTILES

Internet – *Cyber-base - 16 bd du Gouverneur-Général-Félix-Éboué, Champ d'Arbaud - ✆ 05 90 41 35 58 - lun. 14h-18h, mar. 13h-19h, merc. et vend. 9h30-14h, 15h-18h, jeu. 15h-18h, sam. 9h-12h.*

Capitainerie – *Marina de Rivière-Sens - ✆ 05 90 86 05 81.*

TRANSPORTS

En bus

Gare routière – A1 - *Près du marché, bd du Général-de-Gaulle.*

En bateau

Il existe des liaisons avec **les Saintes**, mais, attention, les horaires peuvent changer. Trajet env. 30mn.

Brudey Frères – A1 - *Gare maritime - ✆ 05 90 90 04 48 - www.brudey-freres.fr - départ lun., merc. et vend. à 12h30, retour de Terre-de-Haut lun., merc. et vend. à 5h45 et parfois 9h30 - 17 € aller, 24 € AR.*

CTM Deher – A1 - *Gare maritime - ✆ 05 90 99 50 68 ou 05 90 92 06 39 - www.ctmdeher.com - départ tlj sf jeu. à 12h15, retour de Terre-de-Haut tlj sf jeu. à 5h45 - 18 € aller, 25 € AR.*

HÉBERGEMENT

PREMIER PRIX

Gîtes Le Colibri – A1 en direction - *886 av. Paul-Lacavé, Petit-Paris (près de la préfecture) - ✆ 05 90 81 89 70 - ⊭ - 1 appartement, 2 studios (2-8 pers.) 45/65 €/nuit, 270/385 €/sem. pour 2 pers. - poss. de table d'hôte pour 20 €.* Dans un quartier résidentiel, sans doute l'hébergement le plus pratique et le plus agréable de Basse-Terre. Fred Blanchette propose deux studios bien équipés, quoiqu'un peu exigus, entourés d'un jardin.

Si vous êtes nombreux, un grand appartement à l'étage de la maison du propriétaire, peut accueillir jusqu'à 8 personnes.

BUDGET MOYEN

Domaine de Castel – B1 - *Gérard Sinitambirivoutin, chemin Circonvallation - ✆ 05 90 81 14 67 - 2 studios (2-4 pers.) 450 € pour 2 pers. (location uniquement à la semaine).* Dans un beau parc tropical au cœur d'un quartier résidentiel, vous logez dans un pavillon indépendant ou dans un studio un peu plus petit, mitoyen à la maison du propriétaire. Ensemble très confortable.

RESTAURATION

PREMIER PRIX

Lewoz – A1 - *17 r. Schœlcher - ✆ 05 90 99 71 40 - tlj le midi sf dim. - 7/10 €.* Cuisine traditionnelle, à consommer sur place ou à emporter.

Le Drouant – A1 - *26 r. du Docteur-Cabre - ✆ 05 90 81 28 90 - le midi, tlj sf dim. - plats créoles à 10 € (7 € à emporter).* Une bonne petite table fréquentée à midi par les employés du quartier.

BUDGET MOYEN

Le Phœnix – A1 - *3 r. Schœlcher, ✆ 05 90 81 50 56 ou 06 90 55 44 91 - tlj sf dim. soir - 15/20 €.* Cuisines métropolitaine et créole des plus honnêtes, servies dans une petite salle climatisée au cœur de la vieille ville. Pour un déjeuner léger, vous pouvez opter pour la salade-repas. Service traiteur.

Le Sens – B1 en direction - *Marina Rivière-Sens - ✆ 05 90 32 44 18 - tlj sf dim. et lun. et sam. midi - 20/30 €.* Installé au bord de la marina, cet agréable restaurant lounge-bar au cadre design propose une cuisine française créolisée. Plateaux de fruits de mer les merc. et jeu. soirs. Fait aussi café-glacier dès 10h30.

FAIRE UNE PAUSE

Mille et Une glaces – *17 r. Schœlcher - ✆ 05 90 81 41 80 - lun.-vend. 11h-19h, sam. 11h-13h, 16h30, 19h, dim. 11h30-13h.* Dans une salle moderne et fraîche, tous les parfums imaginables pour de délicieux sorbets et glaces maison.

ACHATS

Rhum

Distillerie Bologne – *Rivière des Pères, à la sortie de Basse-Terre sur la droite, en dir. de Baillif - ✆ 05 90 81 12 07 - www.rhumbologne.fr - lun.-vend. 8h-13h, également le sam. durant la récolte, de fin fév. à fin juil.* Vente de rhum et visite des installations qui produisent le rhum le plus populaire de Guadeloupe.

Épices et punchs

Marcellia tient boutique au marché couvert *(lun.-sam. jusqu'à 14h)* (A1) et propose un choix impressionnant de punchs, ainsi que des épices traditionnelles. Particulièrement accueillante, elle vous confiera avec plaisir le secret de ses recettes.

Madras

Faloge An Nou – A1 - *À l'angle du cours Nolivos et du pont - ✆ 05 90 81 12 39 - lun.-vend. 8h30-12h30, 14h30-17h30, sam. 8h30-12h30.* Bon choix de tissus de qualité à des prix raisonnables.

ACTIVITÉS

Art et Culture

L'Artchipel – B1 - *Bd du Gouverneur-Général-Félix-Éboué (près de la pl. du Champ-d'Arbaud) - ✆ 05 90 99 29 13 - www.lartchipel.com - billetterie mar.-vend. 14h-18h (20h30 les soirs de spectacle), sam.*

de spectacle 10h-13h, 16h-20h30. L'Artchipel, scène nationale de la Guadeloupe, programme des expositions, des ateliers et des spectacles de qualité (danse, musique, théâtre, cinéma), témoins de la vitalité de la culture en Guadeloupe.

Plongée

Les environs de Basse-Terre sont moins prisés que d'autres sites en Guadeloupe pour la plongée, et c'est dommage. Ils recèlent des spots très intéressants, avec des épaves accessibles aux plongeurs de niveau 1. Des clubs de plongée très expérimentés proposent un excellent encadrement.

Le **Tombant du fort**, accessible aux plongeurs de niveau 1, est situé en contrebas du fort Louis-Delgrès (B1). On peut y accéder depuis la plage. La plongée évolue entre - 14 et - 36 m dans un milieu essentiellement minéral et corallien : nombreux spécimens de coraux, madrépores, éponges, gorgones et anémones. La faune colorée est celle familière des bancs de coraux. Avec un peu de chance, vous croiserez des tortues.

Il est nécessaire d'avoir un niveau 1 confirmé pour accéder aux **épaves de Rivière-Sens**, immergées entre - 25 et - 45 m. Le point de départ de la plongée se trouve au sud de la marina de Rivière-Sens, en allant vers Vieux-Fort. Longtemps en travaux, cette route reliant Basse-Terre à Vieux-Fort par la côte est de nouveau carrossable. Ce spot comprend neuf épaves. Il s'agit de chalands et de leurs remorqueurs qui faisaient la navette entre la côte et le large afin d'y décharger les cargos bananiers. Impossible de visiter toutes les épaves en une seule plongée. Faites confiance à votre moniteur pour cibler les plus étonnantes.

Au sud de la ville, le site des **Trois Pointes** est accessible par la D 6 menant à Vieux-Fort. Cette plongée convient à tous les niveaux, débutants compris, sauf lorsque le courant vient du large. Il faut aussi trouver le bon endroit pour se mettre à l'eau, car de gros rochers encombrent le rivage. Une fois ces écueils passés, vous arrivez sur l'un des sites les plus agréables de la zone, avec une bonne visibilité en général. Vous pourrez ainsi admirer un jardin corallien et un foisonnement multicolore de poissons tropicaux de toutes sortes, sans avoir à palmer très loin de la plage.

Club Nautique de Basse Terre – *Capitainerie, marina de Rivière-Sens - ✆ 05 90 81 39 96 - http://cnbt.free.fr - tlj sf merc. et sam. 9h-12h, 14h-17h.* L'unique club nautique de Basse-Terre loue planches à voile *(16 €/3h)* et canoës-kayaks *(13 €/3h)*. Il propose aussi des cours particuliers, ainsi que des baptêmes *(30 €)* et des sorties de plongées *(18 €)*.

2

La Soufrière

★★★

NOS ADRESSES PAGE 189

S'INFORMER

Mairie de St-Claude – *05 90 80 00 16 - lun., mar. et jeu. 7h30-12h, 14h-17h30, merc. et vend. 7h30-12h.* Quelques informations relatives au tourisme vert sur le site de la municipalité *www.ville-saintclaude.fr.*

Parc national de la Guadeloupe – *Habitation Beausoleil, Montéran (sur la N 3, à droite en arrivant à St-Claude) - 05 90 80 86 00 - www.guadeloupe-parcnational.com.* Le siège du Parc national renseigne sur les randonnées et l'état des traces.

SE REPÉRER

Carte de microrégion B3 *(p. 158-159)* - plan p. 185 - carte IGN 4605 GT. Le massif de la Soufrière culmine à 1 467 m.

À NE PAS MANQUER

Les splendides paysages de montagne avec vue sur la mer, autour du Matouba.

ORGANISER SON TEMPS

Avant toute randonnée en montagne, consultez la météo et le Parc national de la Guadeloupe.

AVEC LES ENFANTS

Ils aimeront, sans aucun doute, découvrir les secrets de la fabrication du chocolat à la chocolaterie Karucao et tutoyer la cîme des arbres au parc Mangofil.

La Soufrière est le cœur brûlant de la Guadeloupe. La « vieille dame » tire son nom des fumerolles sulfureuses qui s'en échappent, rappelant à chaque instant qu'il s'agit d'un volcan en réelle activité, entouré de ses petites sœurs tout aussi turbulentes : l'Échelle, la Citerne, Carmichaël, etc. La Soufrière est aussi un immense réservoir d'eau, dont les pentes reçoivent de 10 à 14 m de précipitations par an, soit près de 15 fois la quantité de pluie ou de neige tombant chaque année sur Paris. Si elle inspire la crainte, la montagne fascine aussi par la majesté de sa silhouette et par la beauté de ses paysages. Mais le voyageur, toujours tenté d'aller admirer de près la puissance de ce phénomène, doit rester humble et, surtout, prudent.

Se promener Plan p. 185

SAINT-CLAUDE Plan p. 185

Située au sud-ouest de la Soufrière, St-Claude est une localité tout en pente qui possède l'un des meilleurs climats de la Guadeloupe. Les premiers colons ne se sont pas trompés en s'y installant dès 1650. Un siècle plus tard, des Allemands et des Alsaciens apprécieront eux aussi la fraîcheur du lieu. Au 19e s., la localité devient la résidence des militaires et des hauts fonctionnaires. Ils y font bâtir de belles demeures et St-Claude prend les allures d'une coquette station climatique, malgré le danger d'un réveil brutal de la Soufrière.

En 1976, la ville fut plongée dans un nuage de cendres qui suscita un début de panique. Une bonne partie des habitants fut évacuée. Certains ne sont jamais revenus. Depuis les années 1980, St-Claude a misé sur le tourisme. La Soufrière attire en effet des dizaines de milliers de visiteurs chaque année.

Il n'y a pas grand-chose à voir ou à faire dans ce bourg de 10 548 habitants, néanmoins il est agréable de s'y promener. Remarquez la petite **église St-Augustin**, dont la façade rappelle les édifices religieux sud-américains, et faites un tour au petit marché tout proche.

La Bonifierie - Chocolaterie Karucao

Comptez de 30mn à 3h.

Morin, rte de Choisy (de St-Claude, prenez la D 9 sur env. 4 km) - 05 90 80 06 05 - mar.-dim. 10h-16h - visites guidées (45mn) à 11h30 et 14h30 (bonifierie + chocolaterie) - entrée libre, 10 € avec visite guidée, 23 € formule visite et repas. Possibilité de profiter du parc Mangofil.

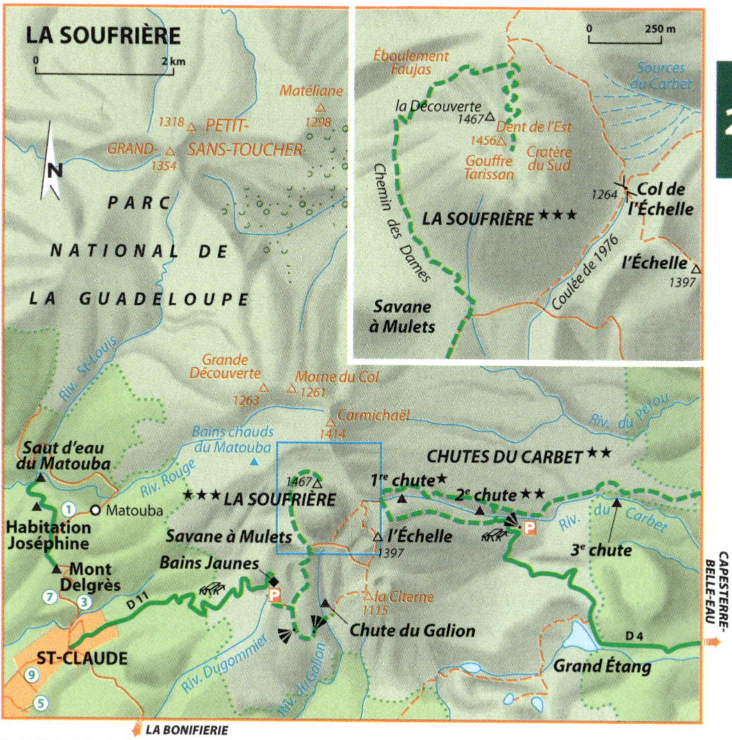

SE LOGER
Colibris (Les) 1
Cycas (Les) 3
Karambol (Gîtes) 5
Matouba (Habitation) 7
Saint-Georges (Hôtel) 9

UNE NAISSANCE RÉCENTE

La **Soufrière**, qui culmine à 1 467 m, est le plus haut sommet des Petites Antilles. C'est un volcan actif de type « péléen », c'est-à-dire de la même famille que la montagne Pelée à la Martinique. C'est aussi un volcan très jeune, qui ne dépasse pas 4 000 ans. Son dôme de lave s'est formé entre le 14e et le 16e s., lors de la dernière éruption magmatique.

Depuis, la Soufrière n'a connu que des éruptions phréatiques, provoquées en quelque sorte par un phénomène de bouilloire, la nappe d'eau superficielle étant chauffée par le magma et les gaz brûlants. De juillet 1976 à mars 1977, la Soufrière a connu une violente phase d'activité entraînant des secousses telluriques, des fissurations, ainsi que la projection de 1 million de m^3 de poussière et de 10 millions de tonnes de vapeur d'eau, le tout accompagné d'avalanches de boue et de projections de rochers.

Dans le jargon des planteurs de café, une **bonifierie** est un lieu où l'on sépare les grains de café de leur pulpe avant de les faire sécher. L'**habitation Espérance** est installée sur la terre d'une ancienne plantation du 18e s. Un moulin reconstitué avec son énorme roue à eau actionne la « déceriseuse », machine destinée à séparer les baies de café de leur pulpe (cerise) à l'aide d'une râpe fixée sur un tambour ; c'est aujourd'hui le plus grand de Guadeloupe. Au cours de la visite, vous verrez fonctionner cette étonnante machine et, à la fin, vous saurez tout sur le processus d'élaboration du café ou du chocolat, avant d'en déguster une tasse. De quoi faire le plein d'énergie pour tenter l'aventure sur le parcours **Mangofil**. Ce parc, ouvert aux petits comme aux grands, permet notamment, après une petite initiation, de jouer à Tarzan sur un câble tendu entre les arbres *(voir p. 191)*.

Sur la route de Matouba Plan p. 185

4 km au nord de St-Claude par la N 3.

La **stèle Louis-Delgrès**, en bordure de route *(à env. 2,5 km de St-Claude)*, commémore la fin tragique du commandant Louis Delgrès et de ses compagnons le 28 mai 1802 *(voir « Histoire », p. 96)*.

En poursuivant sur environ 1,5 km, la route fait un coude vers la gauche au niveau de la **rivière Rouge**. Stationnez votre véhicule et prenez le chemin à droite qui mène à d'agréables carbets et tables de pique-nique. En contrebas, une petite cascade et des piscines naturelles vous attendent dans la rivière pour une baignade rafraîchissante.

LA MULÂTRESSE SOLITUDE

Ce nom est le titre d'un beau roman d'**André Schwarz-Bart** (prix Goncourt 1959 pour *Le Dernier des Justes*), publié en 1972. L'héroïne, dont l'existence tient plus de la légende que de l'histoire, aurait lutté en 1802 aux côtés de Louis Delgrès et de ses compagnons contre le rétablissement de l'esclavage imposé par Napoléon. Pourchassés par le général Richepance, les rebelles finiront par se suicider au Matouba. Mais une belle mulâtresse survit. On l'appelle alors Solitude. Quand les Français la font prisonnière, elle est enceinte, aussi attendent-ils qu'elle accouche pour la fusiller, le 29 novembre 1802.

Dôme de la Soufrière.
Philippe Giraud / Comité du Tourisme des Îles de Guadeloupe (CTIG)

Randonnées Plan p. 185

2

Attention – Respectez scrupuleusement les interdictions d'accès, car les risques d'éboulement et d'émissions de gaz sont réels.

AUTOUR DE LA SOUFRIÈRE Plan p. 185

Depuis le séisme de 2005, les accès au pied du volcan et les traces qui mènent à son sommet ont été modifiés. La route de la Soufrière s'arrête dorénavant au parking des Bains-Jaunes, d'où le sentier du Pas-du-Roy mène en 25-30mn à l'ancien parking de la Savane-à-Mulets.

Conseil – Avant votre départ, renseignez-vous auprès du **Parc national de la Guadeloupe** à St-Claude. Par ailleurs, il est impératif de respecter les indications et les interdictions signalées sur les parcours. Pour les longues randonnées, l'idéal est de partir avec un guide *(voir « Activités », p. 191)*.

La Savane à Mulets Plan p. 185

12 km. Balade facile d'env. 2h30 AR.

Le chemin, partiellement pavé ou aménagé de marches en rondins, est parfois glissant. De St-Claude, empruntez la D 11 sur 5 km et montez jusqu'au parking des Bains-Jaunes.

Conseil – Arrivez très tôt le matin pour trouver une place sur le parking.

Le bassin de pierre appelé **Bains Jaunes**, situé juste à côté de l'ancienne Maison du volcan, date de 1818. À cette époque, on découvrait les vertus thérapeutiques des eaux sulfureuses du volcan, indiquées pour les affections de la peau et des voies respiratoires. Depuis 1976, les canalisations sont obstruées. Des éboulements menacent la route : optez plutôt pour la **trace du Pas du Roy**, longtemps seul moyen d'accès à la Soufrière. Elle pénètre dans la moiteur de la forêt tropicale. À la bifurcation avec la **trace de l'Armistice**, prenez à gauche en direction de la Savane à Mulets. Vous quittez la forêt pour monter

SOUS SURVEILLANCE CONSTANTE

Depuis mars 1977, l'activité du volcan était réduite. Sa reprise en 2005, avec notamment en fin d'année diverses explosions accompagnées de séismes volcano-tectoniques d'intensité modérée et de coulées pyroclastiques, a entraîné des avalanches et une fragilité de la roche en bien des endroits. L'émission de gaz toxiques ou d'un panache de vapeur et de fumerolles est fréquente.

Le danger potentiel d'une nuée ardente ou de l'effondrement d'un des flancs du volcan est effectif. C'est pourquoi la Soufrière fait l'objet d'une surveillance soutenue par l'**Observatoire volcanologique et sismique de Guadeloupe** (OVSG). Une cinquantaine de stations d'observation automatiques, installées sur le pourtour du volcan, transmettent en continu des données sur la sismicité, les déformations, les fumerolles, la composition chimique des sources, le magnétisme et tous les facteurs susceptibles d'annoncer une éruption. En outre, la préfecture de région tient prêt un plan d'évacuation.

jusqu'au pied du dôme, limite actuelle de cette ascension en découvrant la savane d'altitude : formation végétale basse où dominent mangles-montagne et ananas-montagne. Vous rejoignez la route au parking à 1 142 m d'altitude, profitant d'un très beau point de vue sur les monts Caraïbes, Basse-Terre et, par temps dégagé, sur les Saintes.

★★★ L'ascension de la Soufrière Plan p. 185

12 km env. Randonnée réservée aux bons marcheurs, comptez env. 3h AR.

Bon à savoir – Renseignez-vous auprès du Parc national de la Guadeloupe des possibilités d'excursion. L'activité du volcan incite à redoubler de prudence. Ne dépassez pas la Savane à Mulets lorsque les émanations de soufre sont importantes.

Départ du parking des Bains-Jaunes.

La voie la plus empruntée et la mieux balisée est le **Chemin des Dames** qui part de l'ancien parking de la Savane-à-Mulets. Ce sentier caillouteux monte en 35mn jusqu'à l'**éboulement Faujas**, une fissure apparue en 1798, puis à la **Grande faille**, un passage qui grimpe, sur votre droite, jusqu'au cratère de la Soufrière. Suivez le balisage et prenez garde aux **émanations acides** qui peuvent irriter les voies respiratoires. Le retour se fait par le même chemin.

Il existe un autre itinéraire. Du parking, empruntez à droite la petite route bétonnée fléchée en direction du **col de l'Échelle**. Après environ 15mn de marche, prenez à gauche la trace du col de l'Échelle qui contourne le cône du volcan par l'est. Poursuivez jusqu'à **la Roche fendue**, passez le col de l'Échelle et gardez toujours le flanc du volcan à votre gauche. Après 30 à 40mn de marche, vous rejoignez le petit passage qui grimpe, sur votre gauche, jusqu'au cratère de la Soufrière.

La chute du Galion Plan p. 185

8 km. Balade pour bons marcheurs (niveau 2), comptez 2h30-3h AR. Attention : une partie de la descente se fait en rappel.

Même départ et même trajet que la randonnée précédente jusqu'à la bifurcation de la trace de l'Armistice, où vous prendrez à droite.

Le parcours offre de très belles vues sur la ville de Basse-Terre et sur les monts Caraïbes, puis sur les **massifs de la Citerne**, **de l'Échelle** et de la Soufrière.

Le sentier décrit quelques lacets avant d'atteindre la **rivière du Galion**, qui serpente au fond d'une gorge. Pour parvenir à la chute, on peut continuer sur le sentier qui conduit à un promontoire la dominant, ou marcher le long du lit jusqu'au pied de la cascade. L'itinéraire est plus difficile, mais, à l'arrivée, vous pourrez vous baigner dans une vasque au pied de la chute d'une quarantaine de mètres, dans un décor inoubliable. Ne vous aventurez pas plus loin : la trace de l'Armistice est à présent très dangereuse.

Le saut d'Eau du Matouba Plan p. 185

2 km env. Balade facile d'1h AR.

Au niveau de la stèle Louis-Delgrès, prenez à gauche la rte du Morne-Savon qui mène à l'habitation Joséphine, empruntez ensuite le 2e chemin sur la gauche, garez-vous au niveau du carbet et suivez le fléchage.

Le sentier de montagne part de l'**habitation Joséphine**, propriété privée entourée d'une bananeraie où le poète **Saint-John Perse** passait ses vacances. Prenez à droite après le hangar et poursuivez sous les bananiers. Dans un virage à angle droit vers la gauche, descendez à droite vers la rivière St-Louis par une pente assez raide. En remontant la rivière par la droite, vous atteignez la cascade où la baignade est interdite en raison des bouillonnements

NOS ADRESSES AUTOUR DE LA SOUFRIÈRE

2

Voir la carte de microrégion.

INFORMATIONS UTILES

Banques – Distributeur automatique à la poste de St-Claude.

ARRIVER / PARTIR

En bus

Départ de Basse-Terre pour St-Claude devant le palais de justice. Depuis le tremblement de terre de 2005, l'accès au pied du volcan est interdit à tous les bus de tourisme.

En voiture

De St-Claude, empruntez la D 11 et arrêtez-vous au parking des Bains Jaunes *(à env. 4 km)*. Ne marchez pas sur la route menant au parking de la Savane à Mulets, en raison des risques d'éboulement *(voir p. 187)*.

HÉBERGEMENT

Saint-Claude

BUDGET MOYEN

Gîtes Karambol – B3 - *49 r. des Laelias, résidence Gabriel-Belfond (du centre de St-Claude, prenez la rte de Basse-Terre sur env. 1,5 km, puis suivez le fléchage sur la gauche) - ✆ 05 90 80 33 71 - www.hebernet.net/karambol - 1 ch. (2 pers.) et 3 studios (2-4 pers.) 60 €/nuit ou 320 €/sem. pour 2 pers. - 5 €.* Trois studios de plain-pied sont aménagés au rez-de-chaussée de la maison des propriétaires, dans un quartier résidentiel assez calme. Du joli jardin fleuri, on bénéficie d'une belle vue. L'ensemble est correct, quoiqu'un peu exigu.

POUR SE FAIRE PLAISIR

Hôtel Saint-Georges – B3 - *R. Gratien-Parize - ✆ 05 90 80*

10 10 - www.hotelstgeorges.com - - 40 ch. - 10 €. Cet hôtel moderne aux chambres confortables mais standard reçoit surtout une clientèle d'affaires. Toutes bénéficient d'un balcon donnant sur la piscine. *Voir plus loin Le Lamazure dans « Restauration ».*

Matouba

BUDGET MOYEN

Les Colibris – B3 - *Rte de Matouba (à 1,5 km de St-Claude, sur la gauche) - 05 90 80 03 10 ou 06 90 58 27 40 - www.hebernet.net/colibris - - 3 bung. (2-6 pers.) 65 €/nuit ou 381 €/sem. pour 2 pers. (tarifs dégressifs selon la durée du séjour).* Des bungalows impeccables et bien équipés, dotés d'une terrasse et répartis dans un grand jardin fleuri, de part et d'autre d'une allée bordée de fougères arborescentes et de palmiers. Réservez par téléphone, car la propriétaire ne vit pas sur place.

Habitation Matouba – B3 - *Rte de Matouba (à 600 m de St-Claude, prenez à gauche après le pont sur la rivière Noire) - 05 90 80 09 28 - http://pagesperso-orange.fr/habitation.matouba/indexhabitation.htm - - 1 gîte, 2 appart., 1 studio (2-3 pers.) 65/90 € selon le logement.* À l'abri de la luxuriante végétation d'une ancienne bananeraie transformée en parc floral, le charmant pavillon d'hôte jouxte la maison coloniale où sont installés les appartements. Les habitations sont bien équipées. Particulièrement accueillante, la propriétaire s'empressera de vous initier à la flore locale.

POUR SE FAIRE PLAISIR

Les Cycas – B3 - *Rte de Matouba (à 400 m de St-Claude, sur la droite après le pont sur la rivière Noire) - 05 90 32 56 26 ou 06 90 35 57 96 - http://domainedeletang.free.fr - - 4 studios : 95 € et 4 appart. (2-4 pers.) : 140 € pour 2 pers.* Les magnifiques cycas, palmiers originaires d'Asie, disposés autour d'un bassin agrémenté d'un jet d'eau, ont donné son nom à l'endroit. L'ensemble comprend d'élégants studios et des appartements en duplex, aménagés dans des bâtiments récents au cœur d'un très beau parc tropical.

RESTAURATION

Saint-Claude

BUDGET MOYEN

L'Oiseau du Paradis – B3 - *Morne Hoël, rte de la Soufrière - 05 90 99 59 88 - tlj à midi, sur réserv. les vend. et sam. soirs - 15/20 €.* Cuisines française, créole, indienne et quelques intéressantes spécialités comme le chutney de mangue-veau-ouassou ou le navarin de lambi.

POUR SE FAIRE PLAISIR

Le Ti Café – B3 - *Restaurant de la Bonifierie (voir p. 185) - 05 90 80 06 05 - tlj sf lun., le midi uniquement - 20/30 €.* Aménagé dans une ancienne maison du 19e s., le meilleur restaurant de cette partie de la Guadeloupe propose une cuisine raffinée à base de produits locaux, interprétant librement les classiques de la cuisine créole : goujonnettes de marlin aux dés de chatrou, bœuf de Guadeloupe, excellents desserts au chocolat. Il est vivement conseillé de réserver.

Le Lamazure – B3 - *Voir plus haut « Hébergement » - 30/40 €.* Le restaurant de l'hôtel Saint-Georges tenu par les élèves de l'école hôtelière vous propose de déguster des spécialités régulièrement renouvelées.

À Matouba

BUDGET MOYEN

Chez Paul – B3 - *À 3 km de St-Claude, en bord de rte au niveau de la rivière Rouge - ✆ 05 90 80 01 77 - tlj à midi - menus à 16 et 18 €.* À l'étage d'un bâtiment des années 1960, Paul vous attend avec le sourire, son béret basque vissé sur la tête. Il ne propose que des valeurs sûres : lapin marengo, coquille de poisson, poulet accompagné de pommes de terre. Cuvée du patron et nappes en toile cirée à carreaux complètent ce tableau.

ACHATS

Saint-Claude

Marché – *Bourg - 8h-14h.*

ACTIVITÉS

Randonnées

Voir « S'informer », p. 184.

Club des montagnards – *St-Claude - ✆ 05 90 94 29 11 - www.clubdesmontagnards.com.* Ce dynamique club de randonneurs s'adresse surtout aux résidents guadeloupéens, mais pourra aussi vous informer sur l'état des traces dans le massif de la Soufrière et le reste de la Guadeloupe. Il peut même encadrer des groupes touristiques qui en font la demande.

Activités de pleine nature

Vert Intense – *Rte de la Soufrière (600 m env. après la Poste) - ✆ 05 90 99 34 73 ou 06 90 55 40 47 - www.vert-intense.com - lun.-vend. 8h30-13h, 14h-16h30.* La dynamique équipe de Vert Intense propose des activités sportives orientées « nature et découverte » de l'écosystème de la Guadeloupe. Les randonnées, avec un guide spécialiste de l'histoire du volcanisme, vous amènent aux abords de la Soufrière *(30 €)*. La formule Rand'eau permet de découvrir l'environnement de la 3e chute du Carbet. Pour les amateurs de sensations fortes, une sortie canyoning vous entraîne dans la végétation tropicale en suivant le cours bouillonnant d'une rivière *(de 40 à 100 €)*. Enfin, les amateurs de secousses peuvent parcourir un itinéraire « à tout casser » sur un VTT *(50 €)*.

Zion Trek – *Morne Houël, rte de la Soufrière - ✆ 05 90 92 71 48 ou 06 90 55 06 38 - www.ziontrek-guadeloupe.fr.* L'équipe de Zion Trek encadre différentes randonnées pédestres dans le Parc national de la Guadeloupe, notamment à la Soufrière et à Matouba, avec pour objectif de sensibiliser au respect de l'environnement. Il propose également des sorties en saintoise et en canoë-kayak à la découverte du Grand Cul-de-Sac Marin.

Mangofil – *La Bonifierie (voir p. 185-186) - ✆ 05 90 81 10 43 - mar.-dim. 9h-15h30 (dernier départ).* Un circuit composé de 60 ateliers *(comptez 2h ; parcours enf. de 30mn)* a été aménagé jusqu'à 15 m de hauteur pour vous permettre d'évoluer d'arbre en arbre à l'aide de câbles, d'échelles et de passerelles en corde *(20 €, enf. 15 €)*. Un mur d'escalade de 10 m de haut, un chemin d'orientation, un labyrinthe et des randonnées en quad *(40 €/h, 75 €/2h)* sont aussi proposés.

L'ouest de la Basse-Terre

De Vieux-Habitants à Malendure

NOS ADRESSES PAGES 195 ET 197

S'INFORMER

Office de tourisme de Malendure – *Plage de Malendure - 05 90 98 86 87 - tlj sf merc., sam. et dim. 10h-17h.*

Office de tourisme de Bouillante – *Face à la mairie - 05 90 98 73 48 - lun. 14h-16h30, mar.-jeu. 9h-12h30, 14h-16h30, vend. 9h-12h30.*

SE REPÉRER

Carte de microrégion *(p. 158-159)* - carte IGN 4605 GT. La N 2 suit le contour de la côte sous le vent depuis Basse-Terre. Plusieurs départementales s'y raccordant desservent les terres.

À NE PAS MANQUER

Une plongée de surface ou une balade en bateau à fond de verre près des îlets Pigeon ; la visite de l'Habitation la Grivelière, considérée comme la plus belle de Guadeloupe.

ORGANISER SON TEMPS

Plutôt que de prendre la route côtière entre Basse-Terre et Baillif, faites le détour par la N 3 vers St-Claude et Matouba, puis redescendez par la D 30 à travers les champs de bananiers.

AVEC LES ENFANTS

Kayak, canyoning, bateau à fond de verre et observation des cétacés séduisent immanquablement les enfants, et cette partie de l'île se prête particulièrement bien à toutes ces activités.

La côte ouest de la Basse-Terre est le paradis des amoureux de la mer. Sur une vingtaine de kilomètres, la côte sous le vent n'est qu'une succession de criques et de plages faciles d'accès d'où vous pourrez, en quelques coups de palmes, aller admirer les fonds marins tropicaux. C'est dans le nord de cette zone, près de la réserve Cousteau, que les fonds sont les mieux préservés. La région offre aussi de très beaux paysages à l'intérieur des terres. Les crêtes des ravines qui entourent Vieux-Habitants dégagent de très belles perspectives sur une végétation luxuriante où la vanille et le café redonnent à la Guadeloupe ses parfums d'antan.

Se promener Carte de microrégion

VIEUX-HABITANTS A3

Cette localité fut, dès 1637, l'une des premières habitées par des colons européens, d'où son nom. Le site a longtemps été un important centre de civilisation amérindienne, comme en témoignent les roches gravées de la **rivière Duplessis**. La vocation agricole de Vieux-Habitants débuta avec la culture du tabac, du coton et de l'indigo, avant l'introduction du café en 1720. Le roucou *(voir encadré p. 246)*, dont les graines rouges servent de colorant, fut également abondamment exploité. Le village et sa plage sont charmants, de

Ilets Pigeon, réserve Cousteau.
Philippe Giraud / Comité du Tourisme des Îles de Guadeloupe (CTIG)

même que l'arrière-pays où de petites routes de crête au-dessus des ravines offrent de splendides paysages.

2

Le bourg et ses plages A3

Le bourg de Vieux-Habitants (7 684 âmes) mérite une visite pour ses vieilles maisons créoles et l'**église St-Joseph★** en pierre volcanique. Construit en 1639, c'est le plus ancien édifice religieux de Guadeloupe. Il a été presque totalement reconstruit en 1720 après un incendie. On remarque surtout le porche, réalisé par des tailleurs de pierre venus du Limousin, au sommet duquel un blason évoque l'ordre des Capucins, responsables de la paroisse. À l'intérieur, une chapelle est dédiée aux **pères Breton et du Tertre**, deux prêtres dominicains du 17e s. Le premier, auteur d'un dictionnaire caraïbe, a très tôt dénoncé l'extermination des Amérindiens par le gouverneur Charles Houël.
Couverte de gros sable gris, la **plage de Simaho**, qui longe la partie ouest du boulevard périphérique, est agréable. Située à 2 km au nord du bourg, la **plage de l'Étang** n'est pas très propre. La petite **plage de Rocroy**, à 2 km au sud de Vieux-Habitants, est bordée de galets. Avec ses carbets et ses sanitaires, c'est la mieux aménagée du secteur, mais elle est très fréquentée le week-end. Prévoyez des chaussures en plastique pour la baignade.
À environ 6 km au nord de Vieux-Habitants, à la limite de la commune de Bouillante, le site de l'**anse à la Barque** est l'un des plus pittoresques de la côte sous le vent, mais on ne s'y baigne pas. Cette échancrure bordée de cocotiers, profonde de 400 m, est propice au mouillage des barques de pêche et des bateaux de plaisance. Plusieurs épaves ont été localisées dans les parages et font l'objet d'une exploration archéologique par les élèves du lycée de Petit-Bourg.

Musée du Café A3

▶ *Comptez 30mn de visite.*
Le Bouchu (à la sortie nord de Vieux-Habitants, sur la rive gauche de la Grande Rivière) - ✆ 05 90 98 54 96 - www.cafechaulet.com - 9h-17h - 6 €.

Le **café Chaulet**, principale marque de café de Guadeloupe, est à l'initiative de ce musée où l'on peut suivre, grâce à des panneaux explicatifs, l'histoire du café depuis son introduction dans l'île en 1720. Le processus de sélection des graines, ainsi que les différentes étapes de leur traitement – de la récolte à la torréfaction – est très bien illustré. Dégustation en fin de parcours et belle boutique (cafés, épices, chocolat, confitures, etc.).

★★ Le domaine de l'Habitation la Grivelière - Maison du café B3

Comptez 1h de visite, sans la promenade.

Un peu après le musée du Café et juste avant la Grande-Rivière, prenez à droite la D 27 sur environ 8 km - ✆ 05 90 98 63 06 - www.vertevallee-guadeloupe.com - 10h-17h - visite guidée toutes les heures de 10h à 16h ; visite suppl. à 16h30 de déc. à avr. et en juil.-août ; fermé en sept. et la 1re sem. d'oct. - 7,50 € avec dégustation de jus de fruits ou de café ; 24 € avec la formule table d'hôte - visite libre 5,80 €.

Cette ancienne habitation caféière, classée monument historique, est la propriété de la région Guadeloupe. Sa gestion a été confiée à l'association Vallée Verte, qui développe diverses activités autour du tourisme, notamment une table d'hôte. L'endroit mérite une visite d'abord pour le site, splendide et reculé au fond d'une vallée.

L'habitation et ses communs constituent l'ensemble du 18e s. le mieux restauré de l'île. La visite donne à comprendre le fonctionnement en autarcie d'une habitation caféière, avec sa maison de maître, ses cases destinées aux esclaves (on en comptait une quarantaine à la grande époque) et les différentes installations de traitement du café. On y cultive encore le café, la banane, le cacao et la vanille qui servent à confectionner punchs et confiseries, en vente à la boutique. Très bien faite, la visite guidée d'1h permet aussi de découvrir, au fil de sentiers aménagés, différentes espèces végétales et leur utilisation en médecine traditonnelle. Vous pourrez déjeuner à la table d'hôte *(13/24 €)*.

Domaine de Vanibel A3

Comptez 1h de visite.

À 6 km de Vieux-Habitants par la D 13 (suivez le fléchage) - ✆ 05 90 98 40 79 ou 06 90 50 63 39 - www.vanibel.com - tlj sf dim. et j. fériés, ainsi qu'en sept.-oct. - visites guidées lun.-sam. à 14h30 et 15h30 ; une seule visite à 15h de mai à déc - 6 € (enf. 4 €), dégustation incluse.

Victor Nelson, le propriétaire du domaine, est à l'origine du renouveau du café dans la région. Il cultive également la vanille, le cacao et la banane. La visite est consacrée à la découverte de l'exploitation sur laquelle de confortables gîtes ont été aménagés (*voir « Hébergement », p. 196*).

Chaque cerise de caféier renferme deux grains de café.
AGE / Photononstop

La boucle des Deux Rivières AB2

4 km. Randonnée d'env. 2h30 pour marcheurs bien entraînés (niveau 3). Prévoyez une voiture pour vous attendre au bout de la D 27. Carte IGN 4605 GT. De Vieux-Habitants, prenez la N 2 en direction de Bouillante et, juste avant Marigot, prenez à droite jusqu'au hameau de Beaugendre, que vous traversez avant une série de quatre croisements en patte-d'oie. Prenez à droite aux deux 1ers, à gauche au 3e et à droite au 4e. Poursuivez jusqu'au petit parking au-dessus du départ de la trace balisée par l'ONF.

Bon à savoir – Ce chemin est déconseillé en cas de fortes pluies.

Le chemin vers la crête Corossol, au milieu des cocotiers et des cultures maraîchères, est assez escarpé. Profitez-en pour souffler et pour admirer les très belles vues sur la côte. Poursuivez jusqu'au col de la **crête Corossol**, à 605 m. Arrivé sur la crête, vous descendez l'autre versant du **morne Aulard**, par une pente raide parfois glissante. On aperçoit en contrebas des cultures maraîchères et quelques cases. Après une série de montées et de descentes, vous arrivez à la Grande Rivière de Vieux-Habitants. Suivez la rive droite, pendant environ 1 km, dans un très bel environnement de gorges propice à la baignade. Vous parviendrez ensuite au départ de la D 27, où une voiture peut vous attendre avant de rejoindre la Grivelière.

NOS ADRESSES À VIEUX-HABITANTS

Voir la carte de microrégion.

INFORMATIONS UTILES

Banques – Distributeur automatique à la poste de Baillif et Vieux-Habitants.

TRANSPORTS

En bus – Des bus circulent le long de la N 2. Il suffit de leur faire signe.

HÉBERGEMENT

PETIT BUDGET

Dampierre locations – A3 - *Plage-de-l'étang (à 2 km au nord de Vieux-Habitants, prenez à gauche la rte de la Plage-de-l'étang, d'où il faut emprunter un chemin caillouteux) - ✆ 05 90 98 53 91 ou 06 90 57 68 00 - www.dampierre-locations.com - ▭ - 4 studios (2-4 pers.) 40 €/nuit et 240 €/sem. pour 2 pers. - ☕ 5 €.* Situés à flanc de colline, les studios et les bungalows, pourvus d'une terrasse et d'une kitchenette, ont vue sur la mer et la cocoteraie en contrebas. Les chambres sont simples, confortables et bien équipées. La propriétaire peut également vous concocter des plats créoles *(entre 8 et 12 € pour 2 pers.)*.

Gîtes Vanibel – A3 - *Hameau de Cousinière (à mi-chemin entre Vieux-Habitants et Baillif, quittez la N 2 au niveau de Val-de-l'Orge et suivez le fléchage) - 05 90 98 40 79 ou 06 90 50 63 39 - www.vanibel.com - - 3 studios et 1 pavillon (2-4 pers.) à partir de 300 €/sem. pour 2 pers.* Trois studios avec balcon, aménagés dans une grande maison blanche, et un pavillon indépendant avec terrasse, implantés dans un environnement frais et verdoyant sur le site d'une plantation de café et de vanille (*voir p. 194*). Belle piscine. Une visite guidée du domaine vous est proposée lors de votre séjour.

Les Cocotiers – A3 - *Plage de l'Étang, à côté de Dampierre locations - 05 90 98 33 18 ou 06 90 61 72 37 - www.bungalows-cocotiers-guadeloupe.com - - 4 studios (2-4 pers.) 45 €/nuit et 280 €/sem. pour 2 pers. - accès Wifi.* Des petits studios mitoyens, tout confort, alimentés par l'énergie solaire. De la terrasse, on a une belle vue sur la cocoteraie. Le panier petit déjeuner vous est offert dès la première nuit et, si vous restez une semaine, le repas du premier soir est également compris, avec, en prime, un baptême de plongée, une randonnée accompagnée ou un parcours aventure dans les arbres. Un très bon rapport qualité-prix. Pensez à réserver à l'avance en haute saison.

RESTAURATION

PREMIER PRIX

Au coin du stade – A3 - *29 bd des Habissois-Souverains (près de l'église), Vieux-Habitants - 05 90 98 18 46 - tlj sf dim. - 8/10 €.* Un endroit pittoresque où l'on sert une cuisine créole classique et bon marché.

BUDGET MOYEN

An ba rezen – A3 - *Plage de Simaho, 05 90 92 16 88 - tlj à midi sf dim. - 12/15 €.* Installé sous un pied de vigne (d'où son nom), ce restaurant situé sur la plage propose un choix de plats classiques (colombos, poulet boucané, poissons grillés, etc.) servis dans un cadre agréable, face à la mer.

La Grillade – A2 - *Marigot (à mi-distance entre Vieux-Habitants et Bouillante), 05 90 98 49 32 - tlj sf dim. et lun. soirs -plusieurs menus à partir de 13 €,15/20 € à la carte.* Comme son nom l'indique, le meilleur restaurant du secteur propose des grillades de viande et de poisson, ainsi que des plats créoles servis en bord de plage.

ACTIVITÉS

Plongée

Bon à savoir – Cette partie du littoral recèle de nombreux spots et clubs de plongée.

Objectif Plongée – *Anse à la Barque (à 6 km au nord de Vieux-Habitants) - 05 90 98 63 96 ou 06 90 06 94 77 - www.objectif-plongee.net.* Ce petit club dynamique propose des initiations à la plongée de surface et l'exploration des spots du secteur sud de Bouillante. Baptême *(30mn : 40 €)*, exploration *(50mn : 35 €)* et différentes formules à la journée *(repas inclus)*. Sorties limitées à 6 pers.

BOUILLANTE ET MALENDURE A2

La commune de Bouillante s'étend le long de la côte, entre l'anse à la Barque, au sud, et la rivière Colas, au nord. Le bourg commerçant fut fondé dans la première moitié du 17e s., mais n'a conservé aucune trace de son passé. La présence de sources d'eau chaude est à l'origine de son nom. Ces sources alimentent une **centrale géothermique** qui fournit la région en électricité. Vous ne pouvez pas la manquer : ses émanations sulfurées n'échapperont pas à vos narines. Le tourisme reste la principale activité du secteur. La **réserve Cousteau★★**, qui n'a de réserve que le nom, possède néanmoins de très beaux fonds marins autour des îlets Pigeon, sanctuaires de la plongée en Guadeloupe *(voir p. 200)*.

Les plages des environs A2

Assez sale et envahie par les touristes, les commerces et les bateaux de plongeurs, la **plage de Malendure** n'est pas la plus agréable. Pour plus de tranquillité, vous pouvez toujours vous rendre au hameau de Mahaut au nord de Bouillante et descendre à pied à l'**anse Colas**, mais le sable y est quasi inexistant et les rochers nombreux.

Plus près de Pigeon, l'**anse à Sable** est également parsemée de galets et l'eau y est rarement claire. La petite **anse Duchet**, bien abritée, à environ 4 km au sud de Bouillante, n'est pas déplaisante, mais la plage manque de sable.

Découverte des fonds marins aux abords des îlets Pigeon A2

Les superbes fonds marins aux abords des deux **îlets Pigeon** sont accessibles avec un minimum de matériel : palmes, masque et tuba. Si vous êtes en famille, que vous craignez l'eau ou que vous rechignez à l'effort, vous pouvez les découvrir à bord des bateaux à fond de verre dont la spécialité est la découverte de ce site naturel *(voir « Activités »)*. Il est très fréquenté, mais, heureusement, la côte n'est pas bétonnée, ce qui en fait une bonne étape de séjour, compte tenu de ses nombreuses possibilités d'hébergements.

Cette partie du littoral possède de nombreux spots et la plus grande concentration de clubs de plongée de la Guadeloupe... ce qui n'est pas forcément un atout en termes d'environnement. Essayez de privilégier ceux qui organisent des sorties en petit nombre et qui ont adhéré à la charte d'écotourisme. *(voir « Activités », p. 200)*.

NOS ADRESSES À BOUILLANTE ET MALENDURE

HÉBERGEMENT

Voir la carte de microrégion.

Bouillante

POUR SE FAIRE PLAISIR

Habitation Massieux – A2 - *À env. 2 km au sud de Bouillante, au niveau de la rivière Marquis (suivez le fléchage à partir de la N 2) - ✆ 05 90 98 89 80 - www.habitation-massieux.com - 3 ch. (2 pers.) 84 € et 1 écolodge (2-6 pers.) à partir de 100 € selon le nombre d'occupants*. Membre de l'association guadeloupéenne d'écotourisme. Cette ancienne habitation sucrière du 17e s. a été réaménagée avec beaucoup d'esprit et de goût par un couple d'aristos bohèmes tombés amoureux du lieu. Lits à baldaquin, poutres apparentes, vaste terrasse enfouie dans la végétation et petits déjeuners délicats vous donneront envie de prolonger votre séjour, d'autant que la table d'hôte *(26 € sans les boissons en soirée)* avec nappe empesée, verres en cristal et éclairage intime est délicieusement raffinée.

Pigeon

Les adresses suivantes sont situées au lieu-dit Poirier, sur la N 2, au niveau de l'anse Pigeon.

PREMIER PRIX

Gîtes du Bois d'Inde – A2 - *Poirier - 05 90 98 94 96 - www.gitesduboisdinde.com - 2 bung. (2-5 pers.) 250 €/sem. pour 2 pers., et 2 ch.* Deux beaux perroquets vous souhaitent la bienvenue. Dans un jardin tropical sur une éminence, les bungalows en bois sont bien équipés et les chambres avec salle d'eau dans un bâtiment en dur.

BUDGET MOYEN

Rêve et Alizé – A2 - *Rte de la Glacière - 05 90 98 94 54 - www.reveetalize.com - 4 bung. et 1 villa (2 à 6 pers.) 70 €/nuit, 490 €/sem. pour 2 pers. - accès Wifi.* Dans le foisonnement d'un très beau parc tropical, vous profitez du confort et du charme de bungalows en bois avec terrasse donnant sur la verdure. Belle piscine et agréable rivière en contrebas pour se baigner. Le premier petit déjeuner est offert à partir de 5 nuits.

Le Jardin Tropical – A2 - *Poirier - 05 90 98 77 23 - www.atout-guadeloupe.com/jardintropical - CC - 10 bung. (2-4 pers.) et 2 villas (6 et 10 pers.) - 6,50 € - accès Wifi.* Ces bungalows bleu et blanc impeccables, avec kitchenette et terrasse, s'inscrivent dans un superbe cadre, à flanc de colline, avec vue sur la mer turquoise. Ils possèdent une chambre avec un grand lit ou des lits jumeaux, et une autre avec des lits superposés. Deux autres bungalows sont également très bien situés sur la plage de Malendure *(80 €/nuit, 420 €/sem. pour 2 pers.).* Possibilité de demi-pension *(37 €)* au restaurant le Rocher de Malendure (voir « *Restauration* »).

POUR SE FAIRE PLAISIR

Le Paradis Créole – A2 - *Poirier - 05 90 98 71 62 - www.guadeloupe-hotel.net - CC - 6 ch. : 80 € pour 2 personnes, 8 studios et 2 bung. (2-4 pers.) - 8 € - dîner (29 €) - accès Wifi.* Ce petit hôtel de charme très bien tenu propose différentes formules d'hébergement, de la chambre pour 2 pers. au bungalow familial *(avec 2 ch.)*, tous avec terrasse ou balcon. Superbe situation, sur les hauteurs, d'où la vue sur la mer et sur les îlets Pigeon est magnifique. *Voir le restaurant de l'hôtel p. 199.*

Gwo Caillou – A2 - *Rte de la Glacière - 05 90 98 99 97 - www.gwocaillou.com - 4 bung. (2-6 pers.) 100 €/nuit, 640 €/sem. pour 2 pers. - accès Wifi.* Membre de l'association écotouristique Guadeloupe Autrement. Ces quatre vastes bungalows (58 et 105 m^2) de très bon standing, agencés et meublés avec beaucoup de goût, sont enfouis dans une végétation luxuriante. Les propriétaires louent également une superbe villa (2-8 pers.) entièrement équipée avec piscine privée, nichée au cœur d'un jardin de 1 800 m^2.

Morne Tarare

Bon à savoir – Les adresses suivantes sont situées au lieu-dit Morne Tarare, au-dessus de la plage de Malendure. De la plage, prenez la direction de Bouillante et, 1 km plus loin, montez à gauche après la station-service.

BUDGET MOYEN

Nid tropical – A2 - *Morne Tarare - 05 90 98 72 05 ou 06 90 40 63 48 - www.nidtropical.com - - 10 bung. (2-4 pers.) et 1 appart. (6 pers.) - plusieurs catégories d'hébergement, dans des bungalows en bois ventilés (53 €/nuit, 322 €/sem. pour 2 pers.) ou des bungalows en dur climatisés (60 €/nuit, 371 €/sem. pour 2 pers.) - accès Wifi.* Cet ensemble de bungalows s'étageant à flanc de colline bénéficie d'une très belle vue sur les îlets Pigeon. Tous sont bien équipés et disposent d'une terrasse avec vue sur la mer. Les propriétaires possèdent un catamaran et organisent des promenades. Ils peuvent aussi vous initier gratuitement à la plongée dans la piscine.

Bajapo – A2 - *Morne Tarare - 05 90 98 72 76 - - 2 studios (2-4 pers.) à partir 65 €/nuit, 360 €/sem. pour 2 pers.* Deux studios dans une maison à flanc de colline. Préférez celui situé à l'étage, car il bénéficie d'une vue plus dégagée. Le 1er petit déjeuner est offert si vous réservez au moins 5 nuits.

MaryJack Tropic – A2 - *Morne Tarare - 05 90 98 25 46 - www.maryjacktropic.com - - 4 appart. (2-6 pers.) 420 €/sem. pour 2 pers., on vous louera éventuellement un logement 75 €/nuit, en cas de vacance entre deux locations - accès Wifi.* Les appartements, vastes, impeccables et bien équipés, sont aménagés sur deux niveaux dans un petit bâtiment d'un étage. Ils bénéficient tous d'une belle vue sur la mer. Si vous n'avez pas envie de cuisiner, demandez à Mary de vous préparer des plats à emporter.

RESTAURATION

Bouillante

BUDGET MOYEN

Les Tortues – A2 - *Plage de l'Anse-Duchet (environ 4 km au sud de Bouillante) - 05 90 98 82 83 - tlj sf dim., lun. et mar. soirs - 15/25 €.* On a l'impression d'avoir atteint le bout du monde sur cette terrasse panoramique qui donne sur une petite crique ! Bonnes spécialités créoles (chiquetaille de morue, salade de langouste, burgots sur commande) et grillades.

Pigeon

POUR SE FAIRE PLAISIR

Le Paradis Créole – A2 - *Voir « Hébergement » p. 198 - dim. midi et tous les soirs, sf lun. - plat du jour à 14 €, menus à 20 et 27 €.* Réputé comme l'une des meilleurs tables des environs, le restaurant de l'hôtel du même nom sert une cuisine inventive bien maîtrisée, mettant à l'honneur les produits de la mer et du terroir.

Plage de Malendure

PREMIER PRIX

À midi, vous trouverez plusieurs snacks et restaurants. **Chez Sylvie** (A2) propose une cuisine plus recherchée.

POUR SE FAIRE PLAISIR

La Touna – A2 - *Légèrement au sud de la plage de Malendure - 05 90 98 70 10 - tlj sf dim. soir et lun. - 25/30 €.* Tout le monde recommande ce restaurant à la fois simple et raffiné, où l'on sert surtout du poisson (très bon espadon). Le cadre est particulièrement agréable.

Le Rocher de Malendure – A2 - *Plage de Malendure - 05 90 98 70 84 - www.rocher-de-malendure.gp - tlj sf merc. - 20/40 € - réserv. conseillée.* Ce restaurant de bonne

2

réputation est aménagé sur le rocher et offre une superbe vue panoramique depuis ses petits carbets étagés sur plusieurs niveaux. À la carte, large choix de spécialités créoles et métropolitaine.

ACHATS

Bon à savoir – Vous trouverez plusieurs supermachés et superettes entre Bouillante et Malendure.

Pigeon

Marché – *Lun.-sam. 8h-13h, 16h-18h.*

ACTIVITÉS

Plongée

Bon à savoir – Le littoral comprend à cet endroit de nombreux spots et la plus grande concentration de clubs de plongée de la Guadeloupe. Les sites sont, pour la plupart, accessibles en bateau et répartis entre Vieux-Habitants et Malendure.

L'extrémité est des **petit et gros îlets Pigeon** est particulièrement conseillée aux plongeurs débutants et aussi pour les baptêmes. Le spot mérite bien son nom : le **Jardin de corail**. Inutile de descendre dans les abysses pour apprécier le fabuleux spectacle. Entre - 2 et - 10 m, vous assistez au ballet multicolore des poissons-perroquets, des pagres et autres balistes. Ils évoluent entre les gorgones et les gros oursins derrière lesquels se cachent de petits grogneurs à la livrée rayée de rouge, qui vous observent de leurs gros yeux noirs.

La pointe Carangue, accessible aux plongeurs de niveau 1, s'explore au sud du petit îlet. Tenez compte d'un courant sud-nord. La visibilité est généralement excellente jusqu'à - 20 m, mais vous n'avez pas besoin de descendre si profondément pour admirer la foule dense des carangues, des pagres et de tous les habitués des récifs. L'endroit recèle aussi de belles éponges.

Tout près de là, entre les gros et les petits îlets, la **Piscine**, dont le toponyme est explicite, est mieux abritée que le spot précédent. Idéal pour les débutants. Selon votre niveau, vous descendrez jusqu'à - 25 m dans un environnement de coraux et de bancs de sable foisonnant d'une faune récifale. Il y a de fortes chances pour que vous rencontriez des tortues carettes.

Autre secteur bien adapté aux plongeurs débutants : l'**Aquarium**, à l'intérieur d'une petite anse, sur la face orientale du gros îlet. L'endroit, dont le fond tapissé d'éboulis est habité par quelques crabes et langoustes, est le point de départ du spot de **la pointe Barracuda,** pour plongeurs confirmés de niveau 1 et 2, à la pointe nord-ouest du gros îlet. Le site est constitué de plusieurs tombants rocheux. La pointe Barracuda proprement dite est une langue formée par une coulée de lave presque entièrement recouverte de coraux par - 15 à - 26 m. Vous avez de bonnes chances d'apercevoir des tortues carettes.

Au nord-est du gros îlet, le coin des **sources d'eau chaude** est réservé aux plongeurs confirmés. Entre - 19 et - 40 m, des sources d'eau chaude jaillissent à une température de 40 à 80 °C, le long d'un tombant. Gare aux volutes brûlantes. Sous l'effet de la chaleur, on remarque les formations coralliennes avec

gorgones et cerveaux de Neptune très denses.
Le secteur au nord des îlets, face à la pointe de Malendure, n'est pas moins attrayant. Le **Jardin japonais**, accessible à tous les niveaux, est un excellent spot pour se familiariser avec les dénivelés, les arches, les ponts et les failles. Entre - 2 et - 20 m, vous pourrez observer différentes sortes de coraux, autour desquelles papillonne une abondante faune.
Enfin, si vous êtes attiré par le mystère des épaves et que vous avez au moins le niveau 1 confirmé, il est possible d'aller tourner autour du **Franjack**, une ancienne barge sablière coulée en 1996 par - 22 m, près de l'îlet Pigeon. En quelques années, l'épave s'est ornée de concrétions diverses qu'habitent de nombreuses murènes. Le **Gustavia**, un autre bateau coulé par - 30 m au large de Malendure, est plus impressionnant encore. La plongée est réservée aux personnes possédant le niveau 2. Plusieurs centres de plongées opèrent à partir de la plage de Malendure, parmi lesquelles : l'**Augustin-Fresnel 2**, coulé en 2003 entre - 15 et - 30 m , dans le secteur de l'anse à la Barque afin de désengorger le secteur des îlets Pigeon vraiment très fréquenté, constitue également un sortie assez facile.
Les Heures Saines – *Rocher de Malendure (à côté du restaurant) - ✆ 05 90 98 86 63 - www.heures-saines.gp - Comptez 50 € la plongée et 58 € le baptême.* Généralement plusieurs sorties par jour (consultez le planning établi chaque semaine). Ce centre de plongée bien établi accueille tous les niveaux et fait passer les brevets. Très bien équipé, il possède ses propres embarcations et peut organiser des plongées de nuit, ainsi que des sorties aux Saintes. Le club propose également des demi-journées d'**aqua-randonnées** et de **randonnées en forêt** *(45 €)*, des journées de **canyoning** *(75 €)*, ainsi que des sorties d'**observation des cétacés** *(53 €)*.

Bateau à fond de verre

Le Nautilus – *Plage de Malendure - ✆ 05 90 98 89 08 - www.lesnautilus.com - 6 sorties par jour en haute saison, 4 en basse saison - Durée 1h15 avec baignade et boissons - 20 €.* Ce bateau, unique en son genre à la Guadeloupe, permet d'observer la vie sous-marine, grâce à une galerie panoramique transparente aménagée dans la coque sous 1,50 m de fond. Matériel de plongée de surface fourni pour la baignade, toboggan pour rejoindre les poissons dans l'eau et ti-punch pour l'ambiance.

Observation des cétacés

Évasion tropicale – *R. des Palétuviers (à 50 m du rocher de Malendure) - ✆ 05 90 92 74 24 ou 06 90 57 19 44 - www.evasiontropicale.org - 8h30-18h.* Spécialisée dans l'étude, le recensement et la protection des tortues marines et des cétacés en zone Caraïbe, cette association propose une petite exposition sur l'univers des cétacés. Elle organise aussi des sorties d'observation de baleines à bosse, cachalots et dauphins qui s'aventurent au large des côtes de la Guadeloupe.

Randonnées / Canyoning

Canopée – *Plage de Malendure - ✆ 05 90 26 95 59 - www.canopeeguadeloupe.com - à partir de 35 € la demi-journée pour la randonnée et 40 € pour le canyoning.* Membre de l'Association guadeloupéenne

2

d'écotourisme. Ce club propose de partir à la découverte de la forêt tropicale et de ses rivières avec des moniteurs qui connaissent bien la botanique. Les sorties sont adaptées au niveau de chacun : parcours familial en demi-journée, parcours pour initiés à la journée, descentes en rappel, et même des séjours « immersion en forêt ». Toutes les sorties se font sur réserv., 24h ou 48h à l'avance. L'équipement (casque, combinaison néoprène, harnais) est fourni, sauf les chaussures.

Croisières à la journée et locations de bateaux

Yacht Evasion Caraïbes – *15 rue Soleil-Couchant, Bouillante - ✆ 05 90 98 34 27 - www.yacht-evasion-caraibes.com.* Sorties à la journée *(100 €)* ou voyages de 2 à 4 jours vers Les Saintes, Marie-Galante, La Dominique, Antigua, avec différentes options à bord d'un catamaran.

Pêche au gros

Amaury Carlier Fishing – *Centre de pêche sportive du Rocher-de-Malendure, Bouillante - ✆ 06 90 30 80 75 - comptez 150 €/pers. sur une base de 4 pers.* Sorties au départ de Bouillante sur les sites de la côte sous le vent.

Michel Pêche au Gros – Bouillante - *✆ 05 90 55 21 35 ou 06 90 99 19 18 - www.michelpecheaugros.com - comptez 130 €/pers.* Se déplace avec son bateau en différents points de Guadeloupe.

La route de la Traversée

★

NOS ADRESSES PAGE 205

S'INFORMER
Maison de la forêt – *Site de Bras-David (à env. 12 km de Mahaut, sur la côte ouest) - tlj sf mar. 9h-13h15, 14h-16h30.* Informations sur le Parc national de la Guadeloupe et sur les randonnées alentour.

SE REPÉRER
Carte de microrégion B2 *(p. 158-159)* - cartes IGN 4602 GT, 4605 GT. La route de la Traversée (D 23) relie les côtes est et ouest de la Basse-Terre - Itinéraire de 24 km - C'est le plus court chemin entre la côte ouest (Mahaut) et Pointe-à-Pitre.

À NE PAS MANQUER
Une balade en forêt.

ORGANISER SON TEMPS
Évitez d'emprunter cette route la nuit. Vous vous priveriez des charmes de la forêt, et la circulation peut être difficile, surtout lorsqu'il pleut, dans les nombreux virages de la partie occidentale du trajet. Promenez-vous le matin en forêt et visitez le parc des Mamelles l'après-midi.

AVEC LES ENFANTS
Le parc des Mamelles et ses différents parcours didactiques ou de grimpe dans les arbres ; le parc de loisirs Le Tapeur qui propose aussi un parcours dans les arbres.

C'est souvent en empruntant cette route au nom magique que le voyageur découvre la majesté de la forêt tropicale. Le dépaysement s'intensifie, le soir venu, lorsque les grenouilles siffleuses entonnent leur strident concert. Partie intégrante du Parc national de la Guadeloupe, la route de la Traversée, conçue comme le moyen le plus rapide pour relier la côte ouest à Pointe-à-Pitre, est devenue au fil des ans une attraction en soi, jalonnée d'aires de pique-nique, d'itinéraires de randonnée et de parcs écotouristiques. Rançon de ce succès : le week-end, la circulation automobile y est dense. Aussi faut-il s'enfoncer dans la forêt pour échapper au bruit des moteurs et profiter vraiment de son charme.

Se promener Carte de microrégion

LA TRAVERSÉE B2

Visite d'une demi-journée avec une petite randonnée.
Bon à savoir – La partie la plus agréable du trajet est comprise entre le carrefour de Mahaut, au sud de Pointe-Noire, et le carrefour de Tabanon, à l'est. Au-delà, l'urbanisme envahit de plus en plus la forêt.

De Mahaut, la route grimpe en ligne à peu près droite sur environ 3 km, avant une série impressionnante de virages en épingle. À la sortie de ces virages, sur la gauche, un chemin conduit au parking du parc des Mamelles.

★★ Le parc des Mamelles A2

1h30-2h de visite.

Rte de la Traversée - ✆ 05 90 98 83 52 - www.parcdesmamelles.com - 9h-18h (dernière admission 17h) - 13,50 €, audioguide 3 €, billet combiné avec l'aquarium de Guadeloupe (voir page 115) 21 €.

Principale attraction touristique de la route de la Traversée, ce parc zoologique et botanique donne une première impression de la forêt grâce aux explications très bien faites qui jalonnent le parcours. Il a été repris en 1998 par Franck et Angélique Chaulet, deux passionnés de nature qui œuvrent avec un souci de préservation et d'éducation sans cesse renouvelé. Si l'accent est évidemment mis sur la faune et la flore locales, on découvre aussi des animaux recueillis par le parc, qui possèdent tous une histoire particulière, comme Mana, la loutre, et Victorine, le jaguar, venus de Guyane, ou encore les singes verts d'Afrique. Eux passeront leur vie en captivité, car l'île ne constitue pas leur milieu naturel, mais d'autres animaux seront soignés puis relâchés. Une **grotte aux chauves-souris**, un enclos à **papillons** et un **insectarium** complètent cette visite aussi instructive qu'intéressante. Si vous n'êtes pas sujet au vertige, n'hésitez pas à faire le parcours qui vous entraînera vers la cîme des abres (**canopée**), accroché à un filin relié à un câble par un harnais, à 20 m de hauteur. L'expérience est passionnante !

Pour une expérience plus complète de ce genre de sport, rendez-vous au **Tapeur**, de l'autre côté de la route en sortant du parc *(voir « Activités », p. 205).*

Après avoir quitté le parc de loisirs, une petite route sur la gauche conduit au **morne Louis**, promontoire couronné d'un émetteur téléphonique. Malgré la végétation qui limite un peu l'horizon, la vue sur Pointe-à-Pitre, le Petit et le Grand Cul-de-Sac Marin est impressionnante.

Le col des Mamelles passé, poursuivez votre route sur quelques kilomètres pour atteindre la **maison de la Forêt★** (B2) à votre droite *(voir p. 203).*

Se balader dans la forêt B2

Plusieurs itinéraires de randonnée partent de la maison de la Forêt. Le plus facile est le **sentier d'interprétation** qui débute au parking. Il faut environ 30mn pour le parcourir après avoir emprunté une passerelle suspendue.

La **trace de Bras David** part du même endroit, mais il faudra prendre à gauche à la 2e bifurcation, puis à droite au carrefour suivant pour s'enfoncer plus profondément dans la forêt et revenir au sentier d'interprétation, après environ 40mn de marche.

Le départ de la **trace des Ruisseaux** *(env. 3 km)* est situé à quelques dizaines de mètres sur la droite, avant la maison de la Forêt en venant de l'ouest. Vous y trouverez une agréable aire de pique-nique. Cet itinéraire facile *(environ 1h30)* est une boucle qui suit tout d'abord le cours de la **rivière David**, avant de revenir par un chemin parallèle à la D 23. Quelques passages boueux vous attendent.

Vous trouverez le départ de la **trace de la rivière Quiock** *(4 km)* de l'autre côté de la route, face à la maison de la Forêt. Ce circuit (niveau 3) est à exclure en cas de pluie et fortement déconseillé aux enfants. Prévoyez un véhicule pour le retour. Il vous faudra environ 3h pour couvrir cet itinéraire qui pénètre profondément dans la forêt en suivant le cours de la rivière et vous oblige à la traverser pas moins de 18 fois. Le chemin, correctement

Ratons laveurs dans le parc des Mamelles.
Philippe Giraud / Comité du Tourisme des Îles de Guadeloupe (CTIG)

balisé, vous conduit à une impressionnante voûte arborée sous laquelle vous pourrez nager.
Les amateurs de baignade apprécieront la **cascade aux Écrevisses**, à laquelle on accède en 5mn par un petit chemin, à environ 2 km de la maison de la Forêt en poursuivant vers l'est *(accessible aux personnes à mobilité réduite).*,

2

NOS ADRESSES SUR LA ROUTE DE LA TRAVERSÉE

INFORMATIONS UTILES

Banque – Pas de distributeur automatique entre Petit-Bourg et Bouillante ou Pointe-Noire.
Poste / Téléphone – Ni poste ni cabines téléphoniques et les mobiles passent très mal.

ARRIVER / PARTIR

Peu de bus. Privilégiez votre voiture de location pour vous rendre sur cette route.

RESTAURATION

Le pique-nique est la meilleure solution, car vous trouverez plusieurs aires aménagées en forêt, non loin de la route. Face au parc des Mamelles *(voir p. 204)*, le **café Amarylis** propose des sandwichs et quelques plats.

ACTIVITÉS

Parc de loisirs - Le Tapeur – *Rte de la Traversée, en face du parc des Mamelles (voir p. 204) - ✆ 06 90 44 17 51 - 10h-17h en haute saison - tlj sf lun. et mar. hors saison.* Ce parc tout public propose différents parcours dans les arbres utilisant tyroliennes, ponts de singe, passerelles et autres lianes à plus de 15 m de haut. Une courte initiation permet de tester votre aptitude, avant de vous lancer sous la surveillance de moniteurs. Il existe un parcours spécialement conçu pour les plus jeunes.

Le nord de la Basse-Terre

★

De Pointe-Noire à Sainte-Rose

NOS ADRESSES PAGES 210, 214 ET 219

S'INFORMER

Syndicat d'initiative de Pointe-Noire – *Rte des Plaines (D 17) (à l'entrée sud du bourg, face à la Maison du bois) - ✆ 05 90 99 92 43 - www.pointe-noire.org - lun., mar. et jeu. 8h-12h, 14h-16h, vend. 8h-12h.*

Office du tourisme de Deshaies – *R. de la la Liberté (derrière la mairie) - ✆ 05 90 68 01 48 - www.deshaies-tourisme.com - lun., merc. et jeu. 8h-12h30, vend.-sam. 8h-12h.*

SE REPÉRER

Carte de microrégion AB1 *(p. 158-159)* - carte IGN 4602 GT. Les communes de Pointe-Noire, Deshaies et Ste-Rose sont reliées par la N 2, qui épouse le contour du nord de la Basse-Terre.

À NE PAS MANQUER

Une balade dans le Grand Cul-de-Sac Marin ; les plages de Grande-Anse et de la Perle considérées comme parmi les plus belles de Guadeloupe.

ORGANISER SON TEMPS

Les différents musées et habitations sont souvent fermés le lundi. Vérifiez les horaires d'ouverture avant d'établir votre programme de visite.

AVEC LES ENFANTS

Outre les nombreuses activités de découverte maritime dont l'exploration de la mangrove en kayak, le parc aquacole, avec son écloserie et ses bassins de pêche à Pointe-Noire, séduira les petits curieux qui aiment jouer de la canne à pêche ou qui s'intéressent aux poissons ; la maison du Cacao à Pointe-Noire enthousiasmera les plus gourmands.

Ce vaste territoire, au nord de la route de la Traversée, est l'un des plus attachants de la Guadeloupe. Cette région dispose en effet de tous les attraits qui font le charme de la grande île : plages de rêve, plongée, randonnée, balades en mer et monuments historiques. Sa position stratégique, au carrefour de la Basse-Terre et de la Grande-Terre, l'absence de côtes bétonnées et le grand nombre d'hébergements sont autant d'arguments qui plaident en faveur du choix de cette région comme lieu de séjour en Guadeloupe.

Se promener Carte de microrégion

POINTE-NOIRE ET SES ENVIRONS A1

Cette commune côtière de 7 115 habitants tire son nom des roches basaltiques noires des environs. Elle est restée isolée jusqu'à la construction de la route de Deshaies en 1957. Ses traditions agricoles et forestières sont encore très vivantes, comme l'atteste la **Maison du bois**. Vous aurez plaisir à vous promener le matin dans le bourg animé, mais la belle campagne et les plages environnantes font l'essentiel de son charme.

Le bourg A1

Avec sa **mairie** des années 1930 construite par **Ali Tur** *(voir encadré p. 87)*, son monument aux morts en ciment polychrome représentant un poilu tout ce qu'il y a de plus « métro » et son **église** à la façade néoclassique, le centre de Pointe-Noire concentre tous les symboles du colonialisme français du début du 20e s. Devant la mairie, la colonne commémorative du centenaire de la Révolution française marque la victoire de la République dans une commune qui resta longtemps fidèle à l'Ancien Régime. Fait rarissime en Guadeloupe, le **cimetière** est situé en centre-ville, derrière l'église.

Maison du Bois A1

Rte des Plaines (D 17), à 1 km au sud de Pointe-Noire - ✆ 05 90 98 16 90 - mar.-dim. 9h30-17h - 9 €, billet combiné avec le musée du Coquillage 11 € - restaurant sur place.

Ce musée propose plusieurs parcours interactifs et des ateliers, aidant à comprendre non seulement l'importance de l'exploitation forestière dans la région, mais aussi toute la culture qui en découle. L'intérieur d'une case créole traditionnelle, un atelier d'artisan et un ensemble d'objets originaux (outils, meubles, etc.) présentent les différentes utilisations du bois. Un espace est dédié au développement durable et à ses enjeux. La visite s'achève dans le parc, planté des principales essences de l'île.

Musée du Coquillage A1

Rte des Plaines (D 17), à côté de la maison du Bois - ✆ 05 90 98 69 37 - mar.-dim. 9h30-18h, fermé en sept. - 5 €, billet combiné avec la maison du bois 11 €.

Cette magnifique collection de 4000 coquillages récoltés dans les mers du monde entier est mise en lumière par les commentaires d'un guide passionné, étayés de nombreuses anecdotes surprenantes sur la vie des mollusques.

★ Parc aquacole A1

Rte des Plaines (D 17), à 800 m de la Maison du bois - ✆ 05 90 98 11 83 - tlj sf lun. 9h-17h - entrée : 2 €, visite commentée : mar.-sam. à 11h et 15h, dim. à 15h en haute saison, vend. à 11h en basse saison : 6 €, pêche uniquement 2 € (matériel fourni). Possibilité de repartir avec sa prise, le poisson étant vendu au poids selon le tarif en vigueur. Possibilité de déjeuner à la table d'hôtes deux fois par sem. (voir « Restauration » p. 211).

Les **ouassous**, ces grosses crevettes d'eau douce fétiches de la Guadeloupe, ont pratiquement disparu des rivières. Quelques aquaculteurs en font l'élevage dans des bassins alimentés par de l'eau vive. C'est ici le seul endroit où vous trouverez une écloserie. Les larves sont vendues aux professionnels. Cette production reste toutefois insuffisante pour satisfaire la demande. La Guadeloupe produit 20 tonnes de ouassous et en importe 250 tonnes à l'état congelé, principalement de Thaïlande. Si vous voulez goûter des ouassous frais, infiniment meilleurs que ceux congelés, il faut en acheter dans un élevage et les cuisiner vous-même ou venir les déguster sur place *(voir « Restauration »)*. La visite commentée de l'écloserie avec un biologiste est particulièrement intéressante. Vous aurez aussi l'occasion d'observer des oiseaux comme l'aigrette neigeuse ou le balbuzard dans leur milieu naturel.

Casa Vanille A2

Au niveau de la plage Caraïbe, au sud de Pointe-Noire, prenez la D 16 en dir. du saut d'Acomat et, au-delà d'Acomat, suivez le fléchage - ✆ 05 90 98 22 77 - visites guidées les vend., sam. et dim. à 9h, 11h et 15h - 5 €.

2

Cette visite passionnante vous fera découvrir les mystères de la **vanille**, plante de la famille des orchidées dont la gousse ne peut pas être produite sans l'intervention de l'homme qui pollinise chaque fleur. Poursuivez votre balade vers le saut d'Acomat (*voir ci-dessous*).

Caféière Beauséjour A2

Chemin de Thomy, Acomat (par la D 16, au sud de Pointe-Noire, face à la plage Caraïbe, suivez le fléchage sur environ 2,5 km) - ✆ 05 90 98 10 09 - www.cafeiere beausejour.com - tlj sf lun. 10h-17h, fermé du 1er sept. au 15 oct - 6 €.

Au 18e s., Pointe-Noire fut un important centre de production de café, une tradition maintenue dans cette vieille demeure du 18e s. Ses propriétaires ont su la faire revivre en rassemblant des souvenirs évoquant la vie d'une habitation caféière. Une table et des chambres d'hôte de qualité complètent l'ensemble *(voir « Hébergement », p. 210)* où se déroulent régulièrement des manifestations musicales de qualité *(programmes sur le site Internet)*.

En empruntant un sentier, vous découvrirez la petite **plantation de caféiers** sous un couvert de « pois doux » qui leur apportent l'azote nécessaire. La récolte des « cerises » a lieu de novembre à janvier, et la production, environ 500 kg par an, est entièrement consommée et vendue sur place. Vous pouvez, bien sûr, déguster ce délicieux arabica en fin de parcours et trouver des friandises et des produits artisanaux à la boutique.

Maison du Cacao A1

Grande Plaine (à 3 km au sud de Pointe-Noire sur la N 2) - ✆ 05 90 98 25 23 - lun.-sam. 9h30-17h, dim. 9h30-13h en saison et pendant les vac. scol - 5 €.

En plus du café, de la vanille et des épices, Pointe-Noire produit aussi du cacao. Ce petit musée vous fera découvrir les différentes espèces de cacaoyers – trinitario, criolo, forestero – et vous expliquera les subtilités de la fabrication du chocolat, du fruit (cabosse) à la pâte. Vous apprendrez ainsi que les fèves de cacao doivent fermenter avant torréfaction et broyage. On peut aussi faire une boisson fermentée avec leur jus, qu'il est parfois possible de déguster en fin de visite, de même qu'un bon chocolat chaud, épais et crémeux. Excellents produits à la boutique : bâtons de pâte de cacao brut, plaques de chocolat et pralines, confitures de fèves de cacao, éclats de fèves au miel, etc.

Le saut d'Acomat A2

1 km. Balade facile d'env. 1h AR. Danger en cas de fortes pluies.

Au sud de Pointe-Noire en venant du bourg, prenez la D 16 sur la gauche et poursuivez sur env. 3 km en suivant le fléchage. Garez-vous et prenez le chemin en contrebas.

Vous descendez en pleine forêt par un chemin très raide (les racines vous éviteront de glisser), avant d'arriver – en 10mn – au lit de la rivière, qu'il vous

LA VANILLE

La vanille est originaire du Mexique. Les Aztèques l'employaient pour parfumer leur chocolat. Mais, comme le Mexique est le seul endroit où l'on trouve un oiseau-mouche et une abeille susceptibles de la polliniser, sa culture fut longtemps impossible ailleurs. En 1841, Edmond Altius, jeune esclave réunionnais, découvrit la pollinisation manuelle : les gousses vertes brunissent au terme d'un processus de séchage qui aboutit à la formation de cristaux donnant sa saveur à la vanille.

Caféière Beauséjour.
Sébastien Boisse / Photononstop

faut franchir. Vous pouvez sauter de pierre en pierre ou marcher pieds nus dans l'eau. Remontez la rivière sur quelques dizaines de mètres pour parvenir à la cascade qui se déverse dans une belle vasque naturelle formant une piscine aux eaux émeraude. Ne plongez pas : des rochers affleurent. Descendez doucement dans l'eau fraîche et laissez-vous porter par le courant tournant créé par la cascade.

Le parc aux Orchidées A1

Au lieu-dit Trou Caverne (faire env. 4 km sur la N 2 en dir. de Deshaies) - ✆ 05 90 38 56 77 - www.parcauxorchidees.com. Deux formules de visites en haute saison : visite commentée (1h) jeu. et sam. à 10h et 14h (9 €) ; visite commentée et dégustation (2h30) vend. à 10h, sur RV (16 €). Mieux vaut téléphoner avant de vous y rendre pour savoir si la visite a bien lieu. Fermé de mi-juin à mi-juil. et en sept.

Ce lieu splendide est le fruit de 30 années de travail durant lesquelles un collectionneur passionné a rassemblé 2 000 variétés d'**orchidées**. Depuis 2004, un couple de repreneurs poursuit l'œuvre entreprise. Vous ne verrez pas seulement des orchidées : palmiers royaux, fougères arborescentes, lianes et arbres fruitiers jalonnent le parcours qui s'achève par une dégustation de jus de fruits. Un peu cher tout de même, d'autant que la floraison des orchidées est très inégalement répartie sur l'année. De beaux bungalows sont à louer sur le domaine.

Les plages des environs A1-2

La **plage Caraïbe**, au sud de Pointe-Noire, n'est pas la plus agréable, en raison de la proximité des habitations. Au nord de Pointe-Noire, la **plage de Petite Anse** est plus attirante, et donc plus fréquentée, surtout le week-end *(on y trouve un grill ouv. midi et soir et une marchande de glaces à l'ancienne)*.

NOS ADRESSES À POINTE-NOIRE

Voir la carte de microrégion.

INFORMATIONS UTILES

Internet – *Cyber-base, place de la Mairie - ✆ 05 90 38 57 11 - lun. 10h-13h, 14h30-16h30, mar. et jeu. 9h-13h, merc. et vend. 9h-13h, 14h30-16h30, sam. 8h-12h.*

ARRIVER / PARTIR

En bus – Nombreuses liaisons le long de la route côtière entre Pointe-Noire, Deshaies, Ste-Rose et Pointe-à-Pitre. Il suffit d'attendre et de faire signe.

HÉBERGEMENT

PREMIER PRIX

Kaz la Traversée – A2 - *À côté de la maison du Cacao, attention : aucune indication, il faut s'engager dans la petite allée (à 3 km au sud de Pointe-Noire sur la N 2) - ✆ 05 90 98 21 23 - www.kazlatraversee.com - 13 bung. 36 €/nuit, 216 €/sem.* Ce sympathique ensemble de « kaz » en bois sur pilotis (15 m²), noyés dans la végétation, propose un confort volontairement sommaire dans le but de préserver le cadre naturel. Chacune dispose d'une petite terrasse couverte. Sanitaires et espace cuisine communs. Location de kit cuisine *(1,50 €/j).* Un bungalow plus spacieux avec sanitaires privatifs (44 m²) peut accueillir de 4 à 5 pers. *(55 €/nuit, 330 €/sem.).* Accès direct à une plage déserte, et pour cause : elle est couverte de gros galets. Très attentif aux problèmes d'environnement, Erwan, le propriétaire, est d'excellent conseil sur les activités de la région.

BUDGET MOYEN

Gîte Tiki-Tan – A2 - *Plage Caraïbe (à 3 km au sud de Pointe-Noire) - ✆ 05 90 98 24 37 - CC - 2 studios et 2 appart. (2-4 pers.) 275-300 €/sem. pour 2 pers.* Tout près de la plage, les studios sont indépendants et les appartements sont aménagés dans une maison entourée de verdure. Ils sont bien équipés et confortables. Très bon accueil.

Beaugendre – A1 - *Chez Annette et Adrien, chemin de Morphy (par la D 22 au nord de Pointe-Noire) - ✆ 05 90 98 29 41 - 3 ch. (2-3 pers.) 63 €.* Trois belles chambres d'hôte sont aménagées dans une bâtisse en bois au cœur d'un écrin de verdure. Vous pouvez aussi profiter de la terrasse des propriétaires pour le petit-déjeuner. Possibilité de commander vos repas pour le soir. Si l'ensemble a beaucoup de charme, il manque un peu d'intimité… ou facilite le contact.

POUR SE FAIRE PLAISIR

Caféière Beauséjour – A2 - *Chemin de Thomy, Acomat (par la D 16, au sud de Pointe-Noire, face à la plage Caraïbe, suivez le fléchage sur environ 2,5 km) - ✆ 05 90 98 10 09 - www.cafeierebeausejour.com - CC - 1 bung. (2-4 pers.) et 1 ch. (2-4 pers.) 120 €/nuit (2 nuits au minimum) et 560 €/sem. pour 4 pers.* Adresse de charme au cœur d'une superbe plantation *(voir p. 208).* Le vaste bungalow en bois situé sur une hauteur est un endroit magique où les amoureux de nature, de calme et de fraîcheur auront plaisir à admirer un splendide paysage. Très bon confort avec cuisine tout équipée et lave-linge. La chambre se trouve dans la maison. *Voir p. 211 pour le restaurant de l'hôtel.*

Domaine Acomat-Bellevue – B2 - *Chemin de Thomy, Acomat (par la D 16, au sud de Pointe-*

Noire, face à la plage Caraïbe, suivez le fléchage de la Caféière Beauséjour) - ✆ 05 90 99 90 63 - www.acomat-bellevue.com - 3 bung. (2-4 pers.) 799 €/sem. pour 2 pers. Nichés en pleine nature, à flanc de montagne, ces superbes bungalows en bois du Brésil, prolongés par une vaste terrasse couverte, sont agencés avec goût. Chacun possède une chambre avec un lit double et une autre avec 2 lits. Possibilité de commander des repas.

RESTAURATION

PREMIER PRIX

A ka Tolé – A1 - *R. Maxime-Jean, sur le port - ✆ 05 90 98 19 52 - tlj - 7 €.* Une petite terrasse accueillante pour déjeuner d'un copieux plat du jour. L'attente peut parfois être longue.

BUDGET MOYEN

Sur la plage Caraïbe, plusieurs restaurants, ouverts le midi, proposent poisson et plats créoles. **Le Reflet** (A1) est particulièrement agréable.

Les Gommiers – A1 - *R. Baudot, dans le bourg (près du lycée) - ✆ 05 90 98 01 79 - tlj à midi, vend.-sam. soirs - plusieurs menus à partir de 15 €, plats à emporter.* Bon petit restaurant familial proposant les classiques créoles. Service rapide et attentionné.

Le Ressac – A1 - *Baillargent (à 2 km au nord de Pointe-Noire par la D 22) - ✆ 05 90 99 92 77 - tlj à midi, fermé le soir - 15/20 €.* Terrasse en bord de mer. Poissons grillés et spécialité d'espadon.

Le Mambo – A1 - *Mahault (à 3 km au sud de Pointe-Noire) - ✆ 05 90 98 04 90 - tlj à midi - menu à 16 €, plats à partir de 12 €.* Une agréable terrasse qui surplombe la mer et une très bonne cuisine traditionnelle présentant un excellent rapport qualité-prix.

Parc aquacole – A1 - *Voir p. 207 - vend. et dim. midi uniquement, fermé de mi-sept. à mi-déc. - menus à 16 et 20 € - réserv. conseillée.* Le propriétaire du parc aquacole de Pointe-Noire élève des ouassous et du loup caraïbe, servis à la table d'hôte 2h après avoir été pêchés. Fameux dombré ouassous, à commander à l'avance.

UNE FOLIE

Caféière Beauséjour – A1 - *Voir « Hébergement », p. 210 - mar.-dim. midi, soir sur réserv., fermé sam. soir - 18/48 €.* Le restaurant de l'hôtel est installé sur une élégante terrasse. Vous avez le choix entre plusieurs plats *(18/28 €)* ou 2 menus à 40 € et 48 €. La délicieuse cuisine maison est préparée par un jeune chef talentueux qui n'utilise que des produits locaux frais, accommodés aux épices de l'île.

ACHATS

Bon à savoir – À Pointe-Noire, des artistes composent de jolis tableaux avec du sable de différentes couleurs collecté exclusivement sur les plages et dans les rivières de la région.

Rêve de sable – *Rte des Plaines (à 1,2 km de la Maison du bois) - ✆ 05 90 98 61 74 - exposition-vente 9h-18h.*

Art des îles – *1 chemin de la Plage-Caraïbe (à 3 km au sud de Pointe-Noire) - ✆ 05 90 98 07 45 - lun.-vend. 9h-12h30, 14h30-18h.*

EN SOIRÉE

Le Ouassou d'Or – *Pointe-Noire, sur la rte de Malendure - ✆ 05 90 98 01 71 - tous les soirs à partir de 22h30.* Zouk, biguine… jusqu'au bout de la nuit.

2

ACTIVITÉS

Plongée

Entre Pointe-Noire et Ste-Rose, la côte et sa barrière de corail possèdent un très grand nombre de spots de plongée aussi beaux que ceux de Malendure, tout en étant un peu moins fréquentés. Au nord de Pointe-Noire, entre Grande-Anse et la pointe Morphy, le **Sec aux Pagres** renferme un beau jardin corallien accessible à tous les niveaux. Entre - 5 et - 27 m, la faune est riche, avec notamment de nombreuses tortues. Le site **Paul-Thomas**, entre Deshaies et Pointe-Noire, est également accessible à tous les niveaux. Très calme, il offre le spectacle habituel des récifs coralliens sans descendre au-dessous de 10 m. Même configuration pour la **pointe aux Fous**, au sud de Deshaies, où les récifs abritant des tortues alternent avec des fonds sableux sur lesquels on distingue des raies pastenagues. Tout près de là, le **Sec aux Fous** nécessite au moins le niveau 1, car il faut descendre à - 23 m pour rencontrer pagres, thazars et autres barracudas qui peuplent ce gros récif. La même expérience est nécessaire pour plonger au spot de **la Marche**, le long d'un tombant qui dégringole dans un paysage de coraux, de gorgones et d'éponges, comme pour le **Sec de Kahouane**, près de l'îlet du même nom, au nord de Deshaies. Le fond y est constitué d'une myriade de rochers coralliens où évoluent des raies-léopards, des carangues et des brochets de mer. Enfin, les débutants peuvent plonger près de la **Tête à l'Anglais**, un gros rocher émergeant de la mer entre Ste-Rose et Deshaies, sur lequel la Marine nationale tirait jadis au canon, détachant ainsi des blocs de rochers, que l'on retrouve entre - 10 et - 12 m. Des bancs de petits poissons scintillants y attirent les dauphins. Vous aurez peut-être la chance d'en apercevoir durant votre transfert.

Anse Caraïbe Plongée – *Plage Caraïbe (à 3 km au sud de Pointe-Noire) - ✆ 05 90 99 90 95 ou 06 90 64 04 34 - www.anse-caraibe-plongee-guadeloupe.org* - plongée 40 €, baptême 45 €. Un club avec de véritables préoccupations environnementales pour plonger « sans perturber les poissons », ce qui n'est pas toujours le credo des autres... Fort de plus de 15 ans d'expérience, Jazz connaît les moindres recoins de la côte. Sorties avec max. 8 pers. Plongées de nuit.

★ DESHAIES ET SES ENVIRONS A1

Avec ses maisons créoles alignées de part et d'autre de ses deux rues principales, Deshaies est l'un des plus charmants villages de Guadeloupe. La localité, entièrement détruite par les Anglais en 1804, conserve comme témoin du passé, sur une hauteur au sud du village, les vestiges de la batterie d'artillerie censée la protéger. Après avoir longtemps végété, Deshaies (4 322 hab.) s'est peu à peu développé, notamment grâce au tourisme. La proximité de la magnifique **plage de Grande-Anse**★ et les paysages verdoyants de la **vallée de la Ziotte** attirent un nombre grandissant de visiteurs, dans le respect de la beauté du site.

★★ Jardin botanique A1

1,5 km au sud de Deshaies - ✆ 05 90 28 43 02 - www.jardin-botanique.com - 9h-17h30 (dernière entrée à 16h30) - 13,50 € - ✕.

Plage aux environs de Deshaies.
Giovanni Simeone / Sime / Photononstop

Ce très beau parc botanique et animalier a été aménagé en 2001 sur l'ancienne propriété de l'humoriste **Coluche**. Un de ses amis pépiniériste l'a rachetée à la mort de l'artiste. Il a créé un univers à la fois luxuriant et paisible où poussent, sur 5 ha, plus de 1 000 variétés de plantes tropicales. Vous pourrez entrer dans les volières, bien entretenues, au milieu des différents oiseaux : aras, loriquets, flamants roses. Un snack et un restaurant plus gastronomique permettent de se sustenter. L'agencement de la luxueuse villa a été complètement revu pour accueillir jusqu'à 10 pers. Elle peut se louer entre 2 700 et 3 400 € la semaine *(voir « Iles-resa.com », p. 9)*.

Le littoral autour de Deshaies A1

Le littoral, qui s'étend de la **pointe Ferry**, au sud, à la **pointe de Bas-du-Vent**, au nord de Deshaies, offre une enfilade d'échancrures sablonneuses nichées entre les mornes. Leurs hauteurs verdoyantes contrastent avec le turquoise de la mer des Caraïbes.

En venant du sud, la toute petite **plage de Leroux**, après la pointe Ferry, est un bon spot de plongée de surface. Au nord de Deshaies, la **plage de Grande-Anse★** est sans doute la plus belle de la Guadeloupe : une vraie carte postale, avec sable blanc et cocotiers. Attention cependant aux rouleaux et à la pente à quelques mètres du rivage. Surveillance constante des enfants.

En poursuivant vers le nord, une petite déviation sur la gauche vous permet de vous arrêter au point de vue du **morne Gadet** embrassant une large partie de la côte. Des aires de pique-nique ombragées sont prévues pour le déjeuner. Une piste cimentée descend jusqu'à une petite plage.

En continuant vers Ste-Rose, vous trouverez des plages paisibles, de part et d'autre de la **pointe Rifflet**. La **plage de la Perle**, au nord, est la plus agréable. Si elle rappelle celle de Grande-Anse, la mer y est un peu moins agitée. Aménagements avec carbets et sanitaires (aléatoires), ainsi que quelques restaurants et snacks.

NOS ADRESSES À DESHAIES

HÉBERGEMENT

Voir la carte de microrégion.

Bon à savoir – C'est aux environs de Grande-Anse (à 2 km du bourg) que vous trouverez le plus grand choix d'hébergements.

Grande-Anse

PREMIER PRIX

Les Manguiers – A1 - *Chez Brigitte et Gilbert, allée du Cœur, Ziotte (à 200 m de la plage de Grande-Anse) - 05 90 28 41 33 ou 0873 30 23 42 (coût d'un appel local depuis la métropole) - www.manguiers.com - 6 bung. (2-6 pers.) location de préférence à la semaine 350 € pour 2 pers.* Situés à deux pas de la plage, ces agréables bungalows bien équipés sont nichés dans le fouillis d'un jardin tropical. Accueil sympathique et dégustation de fruits du jardin.

BUDGET MOYEN

Ti-Paradis – A1 - *Allée du Cœur, Ziotte (à 300 m de la plage de Grande-Anse) - 05 90 28 25 15 - www.ti-paradis.com - 7 bung. (4-6 pers.) 70 €/nuit, 490 €/sem. pour 2 pers. - 6 € - accès Wifi.* Ces confortables bungalows (dont un aménagé pour personnes à mobilité réduite) sont nichés dans la verdure. Pour se baigner, on a le choix entre la plage et la rivière Ziotte, toute proche. Une bonne adresse et un accueil sympathique.

Bungalows Piton – A1 - *Rte de Caféière (au-dessus de la plage de Grande-Anse) - 05 90 28 47 55 - www.pitonbungalows.com - 8 bung. (2-6 pers.) 75 €/nuit, 475 €/sem. pour 2 pers. - 8 €.* Dans un environnement paisible, des bungalows en bois de Guyane de style créole, confortables, tout équipés, composés d'une chambre et d'un vaste salon-terrasse. Table d'hôte le soir : *15 € le plat du jour.* Le lieu abrite aussi un centre de plongée *(voir « Activités », p. 216)*.

POUR SE FAIRE PLAISIR

Bungalows Arsenault – A1 - *Chez Gisèle et Réginald, rte de Caféière, Ziotte (à 300 m de la plage de Grande-Anse) - 05 90 28 47 74 - www.bungalows-arsenault.com - 3 bung. (2-4 pers.) 300 € pour 3 nuits et 560 €/sem. pour 2 pers.* Il vous faudra rester au minimum 3 nuits pour profiter du cadre idyllique de cet écolodge et de ces bungalows en bois élégamment meublés, avec grande terrasse ventilée et vue splendide sur la mer et la forêt. Ensemble très spacieux et confortable, avec douche écolo extérieure. Excellent accueil.

UNE FOLIE

Caraïb' Bay Hôtel – A1 - *Allée du Cœur, Ziotte (à 400 m de la plage de Grande-Anse) - 05 90 28 41 71 - www.caraib-bay-hotel.com - CC - 12 duplex (4-6 pers.) 144 €/nuit, 623 €/sem. pour 2 pers. - accès Wifi payant - service de laverie payant.* Label Association guadeloupéenne d'écotourisme. Dans un très beau jardin tropical se dressent d'élégantes villas aux couleurs vives comprenant chacune 2 duplex équipés d'une kitchenette. Idéal en famille, malgré des salles de bains un peu étroites. Le gérant vous donnera de bons conseils pour les balades aux alentours. Services hôteliers.

Taïnos Village – A1 - *Plage de Grande-Anse - 05 90 28 44 42 - www.tainosvillage.com - CC - 6 cottages 300 €/nuit, 1 800 €/sem. - accès Wifi.* Voici un endroit unique en Guadeloupe : imaginez de vastes maisons de bois construites en Indonésie et remontées ici. L'ensemble, serti dans un écrin de verdure et meublé en teck, a énormément de charme. Accès direct à la plage. Saladerie à midi, restaurant le soir, *voir Le Zum Zum p. 216.*

Sur les hauteurs de Deshaies

UNE FOLIE

Habitation Tendacayou – A1 - *Sur les hauteurs de Deshaies (suivez le fléchage depuis la N 2) - 05 90 28 42 72 ou 06 90 64 08 70 - www.tendacayou.com - 8 bung. (2-8 pers.) 130/200 € pour 2 pers.* Un endroit magique. Les propriétaires ont superbement intégré chaque construction à la végétation : on a l'impression d'habiter dans les arbres. Depuis la terrasse du « château Mango », vaste espace pour 8 pers., on croit être dans la nacelle d'une montgolfière. Chaque unité, conçue différemment, possède tout le confort. Le petit bungalow près de la piscine est le moins tranquille de tous. Très bon accueil. L'endroit compte également un Spa (hammam, massages, soins esthétiques, etc.). *Voir aussi le restaurant de l'hôtel Le Poisson rouge, p. 216.*

Ferry

POUR SE FAIRE PLAISIR

Au Ti Sucrier – A1 - *Chemin de Bornave (face à la plage de Leroux, env. 3 km au sud de Deshaies) - 05 90 28 91 29 - www.autisucrier.com - 12 studios et 2 apparts. (2-4 pers.) : 735 €/sem. pour 2 pers. (location à la semaine uniquement en haute saison) - 11 € - accès Wifi payant.* Cette résidence hôtelière de charme propose des studios bien équipés et de plain-pied, dans un jardin tropical à flanc de colline, avec terrasse et vue dégagée sur la mer. Propose aussi des locations de voiture, des excursions et de la plongée.

UNE FOLIE

Le Rayon vert – A1 - *La Coque Ferry - 05 90 28 43 23 - www.hotels-deshaies.com - 22 ch. : 164 € et bung. (2 pers.) : 194 €, poss. de loger un enfant - accès Wifi.* Au cœur d'un jardin foisonnant, des logements à la décoration raffinée qui ont tous vue sur la mer. Très belle piscine à débordement, jacuzzi. Ambiance chaleureuse. Au restaurant, cuisine originale à base de produits frais : nage de ouassous au thé vert, dorade à la citronnelle... *Comptez 30 €.*

RESTAURATION

Deshaies

BUDGET MOYEN

Chez Lélette – A1 - *Bd des Poissonniers - 05 90 28 99 07 - tlj sf merc. - plat du jour complet à 15,50 €, menu langouste à 29 €.* Bonnes grillades et spécialités créoles préparées par la sympathique Lélette, à déguster sur la terrasse d'une case toute simple au bord de l'eau.

Le Coin des pêcheurs – A1 - *R. de la Vague-Bleue - 05 90 28 47 75 - tlj sf vend. et dim. soirs, et merc. - 16/22 €.* Ce petit restaurant accueillant, avec terrasse au-dessus des flots, met l'accent sur les produits de la mer. Bon rapport qualité-prix.

L'Amer – A1 - *R. de la Vague bleue (face à la mairie) - 05 90 28 50 43 - tous les soirs sf dim. - 20 €.* C'est incontestablement le meilleur restaurant des alentours : ambiance feutrée, terrasse au bord de l'eau, cuisine inventive et raffinée. Le menu antillais présente un très bon rapport qualité-prix. Service diligent.

2

Sur les hauteurs de Deshaies

UNE FOLIE

Le Poisson Rouge – A1 - *Restaurant de l'habitation Tendacayou (voir « Hébergement », p. 215) - 35/60 € - réserv. indispensable - le dimanche midi, formule gastronomique à 60 €, le soir (merc.-sam.), formule table d'hôte à 35 €.* Le restaurant, qui a pour cadre une ancienne cuve à rhum transformée en aquarium, propose une cuisine de très bon niveau laissant la place d'honneur aux poissons et aux légumes du pays. Le midi (merc.-sam), restauration légère au Petit Poisson rouge.

Grande-Anse

PREMIER PRIX

Bon à savoir – A1 - À midi, vous trouverez plusieurs snacks et restaurants sur la plage de Grande-Anse proposant poissons et plats créoles à des prix très raisonnables. Parmi ceux-ci, nous vous recommandons plus particulièrement **Chez Liline** pour son généreux poisson grillé.

UNE FOLIE

Le Zum Zum – A1 - *Restaurant du Taïnos Cottages (voir « Hébergement », p. 214-215) - merc.-sam. le soir - 40 €.* Thierry Larade propose un délicieux menu d'inspiration créole, régulièrement renouvellé, à base de produits du marché.

POUR FAIRE UNE PAUSE

Boulangerie F. Nemorin – *Bd des Poissonniers - ✆ 05 90 82 90 30 - tlj jusqu'à 13h-14h.* Une boulangerie traditionnelle reprise de père en fille. Quelques tables pour prendre le petit déjeuner ou un café. Glaces, sandwichs, boissons variées et accueil très sympathique.

EN SOIRÉE

La Kaz – *Bd des Poissonniers - ✆ 06 90 59 67 16 - tlj - 10/30 €.* Rien ne vous empêche de vous y restaurer, mais ce petit établissement est surtout un bar sympathique et un bon endroit pour écouter de la musique live le sam. soir.

ACHATS

Marché – *Deshaies - lun.-sam. 7h-13h.*

ACTIVITÉS

Plongée

Piton plongée – *✆ 05 90 28 47 55 - www.pitonbungalows.com - comptez 38 € la plongée, 45 € le baptême.* Membre du réseau Tortues marines de Guadeloupe. S'adresser à **Bungalows Piton** – *Rte de Caféière (au-dessus de la plage de Grande-Anse).*

Tropical Sub – *Bd des Poissonniers - ✆ 05 90 28 52 67 - tlj sf dim., sorties à 9h30 et 14h30 - 38 € la plongée et 45 € le baptême.* Ce centre bien implanté propose de plonger sur une dizaine de sites aux alentours de Deshaies.

Excursions, découverte des cétacés

Guadeloupe Évasion Découverte – *Bourg - ✆ 06 90 42 28 69.* Très versé dans l'écotourisme, Jean-Pierre, guide biologiste, propose de vous amener découvrir la mangrove *(60 €)* ou observer les cétacés *(50 €)* à bord d'un catamaran.

Pêche au gros

Joao Fishing – *Bourg - ✆ 06 90 19 02 79 (Marc) ou 06 90 81 11 59 (David) - www.joaofishing.com. Comptez 160 € pour une journée de pêche (3 pers. minimum).* Organise aussi des promenades en mer : *70 € la journée.*

Deux pêcheurs dans la mangrove.
Yves Talensac / Photononstop

SAINTE-ROSE ET SES ENVIRONS B1

2

Fondée en 1636 sous le nom de Grand Cul-de-Sac, Sainte-Rose est l'une des plus anciennes localités de la Guadeloupe. Son activité a longtemps été organisée autour de la culture de la canne à sucre, qui est en constant recul. Ce bourg commerçant de 17 019 habitants ne mérite qu'une courte halte. En revanche, ses environs offrent de nombreux centres d'intérêt, avec notamment la visite de la réserve naturelle du Grand Cul-de-Sac Marin.

★ Le Grand Cul-de-Sac Marin BC1

Ste-Rose est le principal point de départ pour une visite de la réserve du Grand Cul-de-Sac Marin *(voir p. 69 et www.guadeloupe-grandculdesac.com)*. Plusieurs opérateurs installés sur le port de Ste-Rose proposent à peu près la même excursion, par groupes de 4 à 12 personnes, à la demi-journée ou à la journée. La balade comprend la visite guidée de la mangrove (avec explication de son écosystème), la visite de l'**îlet aux Oiseaux** (de préférence l'après-midi, moment où les oiseaux reviennent se poser), la visite de l'**îlet Caret** avec découverte du récif corallien en plongée de surface (matériel fourni) et repas sur la plage avec ti-punch et grillades *(voir « Activités », p. 220-221)*.

Les plages de Sainte-Rose B1

La **plage des Amandiers**, à la sortie de Ste-Rose en allant vers Deshaies, est ombragée, avec plusieurs carbets (sans sanitaires). Dans cette même direction, la longue plage de sable de **Clugny**, agréable et ombragée, se prolonge au nord par la charmante plage de l'**Anse des Îles**.

★ L'écomusée créole B1

1h30 à 2h de visite.

À 2 km du bourg par la D 19, rte de Sofaïa, ravine Cheval - ☎ 05 90 28 67 98 - www.ecomusee.gp - mar.-dim. 9h-16h30 - 12,50 €, 21,50 €, avec le déjeuner (1 plat).

Ce lieu charmant et passionnant vous initiera aux trésors botaniques de la Guadeloupe et à leurs utilisations traditionnelles. Il rassemble en effet toutes les plantes de la **pharmacopée créole**, ainsi que les principales épices que chaque famille se devait de cultiver autour de sa maison. Des panneaux explicatifs pertinents jalonnent le parcours. Ils ne remplacent toutefois pas la captivante visite guidée proposée tous les matins à 10h. Le midi, la table d'hôte propose un menu *(27 €)* et des plats *(12,50 €)* utilisant les ressources du jardin.

★ La Case An Tan Lontan B1

Bis (faites env. 3 km sur la N 2 vers le Lamentin, puis prenez à droite la dir. de Bis) - ✆ 05 90 25 90 00 ou 06 90 47 94 99 ou 06 90 47 13 04 - mar.-dim. 9h-16h - 5 € - appelez pour réserver.

Une visite de Ste-Rose serait incomplète sans un détour par la « maison d'antan » du sympathique Frantz Montella. Ce Guadeloupéen passionné et passionnant initie aux traditions, à la découverte et à la préservation de son île. Dans son petit musée, la « case an tan lontan », construite selon les techniques traditionnelles, il rassemble des objets d'autrefois. Il propose aussi diverses animations, telles que balade à la découverte de la forêt et du « bwa bandé » avec déjeuner traditionnel au feu de bois *(25 €)* et possibilité de bivouaquer *(10 €)*.

Les chemins du rhum B1

Les environs de Ste-Rose, dévolus à la culture de la canne à sucre dès le 17e s., ont compté de très nombreuses **habitations sucrières**. Leur nom désigne encore les différents quartiers de la commune : la Ramée, Comté de Lohéac, Belle-Vue, etc. Au 19e s. et au début du 20e s., la production de rhum a progressivement éclipsé le sucre, puis la plupart des distilleries ont fini par fermer. Vous apercevrez dans le paysage de nombreux vestiges de cette industrie, attaqués par la rouille. Dans le parc de l'hôtel **la Sucrerie du Comté**, route de Deshaies, une vieille locomotive sur ses rails rappelle qu'au début du 20e s. la canne à sucre était acheminée par voie ferrée étroite.

Pour un exposé plus complet sur la culture de la canne à sucre, rendez-vous au **musée du Rhum** *(Bellevue, du bourg de Ste-Rose, prenez la N 2 vers le Lamentin, puis tournez à droite passé la rivière Viard - ✆ 05 90 28 70 04 - http://musee-du-rhum.fr - lun.-sam. 9h-17h - 6 €)*. La famille Reimonenq produit du rhum depuis 1916. Elle a créé ce musée où différents objets et panneaux expliquent la culture et les utilisations de la canne à sucre. On trouve aussi une **collection de coutelas** unique, provenant du monde entier. À l'étage, intéressante **collection d'insectes** et exposition de **maquettes de navires** anciens. Vente et dégustation de rhum en fin de parcours.

Pour parfaire, avec modération, votre soif de connaissance du rhum, rendez-vous au **domaine de Séverin** *(faites environ 3 km sur la N 2 vers le Lamentin, puis prenez à droite et suivez le fléchage, ✆ 05 90 28 91 86 - www.severinrhum.com - lun.-sam. 9h-17h30 - balades en petit train à 9h30, 10h45 et 11h30, ainsi qu'à 14h30 et 15h45 en saison - 9 €)*. Ici, on a fait les choses en grand. Une visite en **petit train** qui permet de découvrir le site, auquel s'est ajouté un élevage de ouassous (pêche le vend. matin). Vente de rhum et dégustation à la boutique, où l'on trouve aussi de très bonnes confitures et des sauces maison.

★ Le saut des Trois-Cornes A1

Env. 3 km. Balade facile de 2h30, à éviter absolument par temps de forte pluie. Du bourg de Ste-Rose, faites env. 6 km sur la D 19 jusqu'au parking de Sofaïa.

Les **« bains » de Sofaïa**, piscine alimentée par une source d'eau chaude

sulfureuse qui faisait la joie des visiteurs et soignait les rhumatisants, ont malheureusement été remplacés par une douche.
Au-dessus de la source, un **chemin botanique** bien balisé, précédé de panneaux d'explication, conduit à une ravine à la végétation exubérante. On peut s'arrêter là, ou descendre vers la **cascade du saut des Trois-Cornes** par une série de lacets et de pentes raides. Le lit de la rivière est très dangereux par temps de pluie. Au retour, suivez le fléchage.

NOS ADRESSES À SAINTE-ROSE

HÉBERGEMENT

Voir la carte de microrégion.

BUDGET MOYEN

Gîtes Au Grand Bleu – A1 - *Chez M. et Mme Lorentz, lot. Beauvalon, Clugny (8 km au nord de Ste-Rose) - ✆ 05 90 21 05 66 ou en métropole 03 84 36 54 76 - http://pagesperso-orange.fr/villa-grand-bleu-guadeloupe/ - - 3 studios (4-6 pers.) 60 €/nuit pour moins de 4 nuits, 390 €/sem. - poss. de location de voiture.* Gîtes confortables et bien équipés, sur une hauteur ventilée avec vue, au-dessus de la plage de Clugny.

POUR SE FAIRE PLAISIR

La Créolina – B1 - *Chemin de Lachaise (à la sortie de Ste-Rose en dir. de Pointe-à-Pitre, prenez à droite la r. de Bebel après le collège, elle se prolonge par le chemin de Lachaise) - ✆ 05 90 28 84 21 ou 06 90 75 96 25 - www.lacreolina.com - - 2 studios : 90 €/nuit, 450 €/sem., 2 gîtes (2-4 pers.) : 695 €/sem. et 1 cabane de luxe (2 pers.) : 105 €/nuit et 550 € /sem. - accès Wifi.* Ce charmant ensemble de bungalows noyés dans un joli jardin tropical respire la tranquilité et la convivialité, d'autant qu'Isabelle et Dominique contribuent à rendre votre séjour très agréable.

La Sucrerie du Comté – B1 - *Comté de Lohéac (5 km du village en venant de Deshaies) - ✆ 05 90 28 29 13 - www.primeahotels.com - CC - 52 ch. et studios (2-4 pers.) : deux formules au choix : studio avec kitchenette (95 €) ou ch. avec services hôteliers (103 €) - séjour minimal de 3 nuits - tarifs dégressifs possibles - 6 € . Poss. de demi-pension (21,50 €).* De petites unités disseminées dans un parc de 5 ha, sur le site d'une ancienne sucrerie-distillerie. Les logements sont simples mais confortables, tous dotés d'une terrasse.

Habitation Séverin – B1 - *Cadet (faites env. 3 km sur la N 2 vers le Lamentin, puis prenez à droite et suivez le fléchage) - ✆ 05 90 28 29 13 - www.habitation-severin.com - CC - 3 ch. (2-3 pers.) : 98 € (séjour minimal de 2 nuits), 1 bung. (2-3 pers.) : 350 €/sem. et 3 appart. (2-4 pers.) : 490 €/sem. - accès Wifi.* Un petit havre de paix niché au cœur du domaine Séverin. Chambres et studios équipés d'une kitchenette ont été aménagés avec beaucoup de goût dans l'ancienne demeure de l'Habitation. Le bungalow se trouve en face. Mobilier et salles de bains rétro contribuent au charme du lieu, où tout est pensé dans le moindre détail.

UNE FOLIE

Aquarelle's Villas – B1 - *1 domaine de Nogent, entre Ste-Rose et Deshaies - ✆ 05 90 68 65 23 - www.aquarelles-villas.com - CC - 15 villas (4-10 pers.) 384 €/nuit pour 4 pers. (séjour de 3 nuits au minimum) - 11 €.* Dans une zone résidentielle, ces villas de luxe très bien équipées

2

bénéficient d'un grand confort : elles possèdent toutes une piscine individuelle et un accès direct à la plage. Au restaurant, on dîne du merc. au dim. soir pour env. 30 €.

RESTAURATION

BUDGET MOYEN

Le Bon Accueil – B1 - *Chez Yoyo, bd St-Charles (parallèle au bord de mer) - ✆ 05 90 28 11 72 - tlj le midi sf dim. - 10/20 €.* Le nom du restaurant est amplement mérité. Mme Yoyo est le modèle vivant de la gentillesse et de l'hospitalité guadeloupéennes. Délicieuse et généreuse cuisine mitonnée à l'ancienne, service diligent, addition légère.

Le Poulpe – B1 - *Bord de mer, ✆ 05 90 28 74 21 - plusieurs menus à partir de 13 €.* Agréable terrasse entourée de bananiers, où l'on sert de bons plats traditionnels. L'endroit est réputé pour sa fricassée de chatrou.

Ti Lolo – B1 - *Voir Habitation Séverin dans « Hébergement », p. 219 - tlj sf dim. 12h-13h30 - 19/23 €.* Propose une excellente formule préparée avec des produits cultivés sur place. Une très bonne adresse.

POUR SE FAIRE PLAISIR

Clara – B1 - *Bord de mer - ✆ 05 90 28 72 99 - tlj sf dim. soir et merc. - 30 €.* Le bar vous attend pour un ti-punch sous un carbet, avant de passer à table à l'étage où, dans un décor élégant, on sert une excellente cuisine créole remise au goût du jour.

L'Arbre à pain – B1 - *Bd St-Charles (parallèle au bord de mer) - ✆ 05 90 28 70 87 - tlj, fermé mar. et dim. soir - 20/30 €.* La table a bonne réputation (délicieuses spécialités antillaises), mais l'attente peut décourager.

ACTIVITÉS

Plongée

Alavama – *✆ 05 90 28 65 49 ou 06 90 63 60 81 - www.alavama.com - plongée 34 €, baptême 44 €.* Un centre très sérieux où le souci de l'environnement n'est pas un vain mot. Deux sorties quotidiennes orchestrées par deux animateurs. Rendez-vous à 8h45 ou 13h45 pour rejoindre les spots de la barrière de corail et des alentours des îlets Kahouane et Tête-à-l'Anglais.

Excursions en bateau

Plusieurs prestataires proposent à peu de choses près des excursions identiques pour des tarifs équivalents. *Comptez 25/30 € la demi-journée et 50/60 € la journée.*

Regy Balade – *✆ 06 90 63 33 27 ou 06 90 62 82 24.*

Bleu, Blanc, Vert – *✆ 05 90 28 38 49 ou 06 90 63 82 43 - www.bleublancvert.com.* Randonnées d'une demi-journée en Zodiac, par groupes de 4 pers. *(35 €/pers.).*

Coco Mambo – *✆ 06 90 35 92 06 - http://pagesperso-orange.fr/coco.mambo/.*

Nico Excursions – *✆ 05 90 28 72 47 ou 06 90 53 09 65 - www.nicoexcursions.com.*

Excursions en kayak

Bon à savoir – Une expérience originale et sympathique : découvrir la mangrove et les abords des îlets en pagayant sur une dizaine de kilomètres, seul ou avec un guide, là où les bateaux ne peuvent passer. Prévoir chaussures en plastique, chapeau, crème solaire et équipement de plongée de surface. *Comptez 30 € la demi-journée et 50 € la journée. Il est aussi possible de juste louer le kayak (env. 20 €/jour).*

Tam Tam Pagaie – *Départ du port de Morne Rouge - ✆ 05 90 28 13 85 ou 06 90 75 70 02 - www.guadeloupe-kayak.com.* Membre de l'Association guadeloupéenne d'écotourisme.

Rando Passion – *Départ du port de Morne Rouge - ✆ 05 90 28 98 73 (18h-20h) ou 06 90 49 83 77 - www.randopassion.fr.* Christian, guide naturaliste, très soucieux des problèmes d'environnement, est un accompagnateur passionnant. Loue également des minicatamarans à moteur électrique.

Les Saintes 3

Le Pain de Sucre depuis la route menant au Chameau, Terre-de-Haut.

MPFD M. Pineau

A
B
1
2
3
TERRE-DE-BAS
0
1 km
N
Pte à Vache
Anse à Chaux
Pte Noire
Grande-Anse
Grande-Anse
Pte du Gouvernail
Anse Pajot
293
Anse à Dos
D 213
Ancienne Poterie
Grande Baie
Petites-Anses
Mare du Grand Trou
D 213
Anse du Petit Étang
Pointe Sud
Trace du Dessus de l'étang
Trace du Pied de l'étang
Trace des Falaises
Trace du Morne
SE LOGER
À la Belle Étoile 1
Amante Aimé (Maison d') ... 3
Chapelle (Résidence de la). 5
Maracudjs (Les) 7
Raymond Petit (Gîte de) ... 9
Soleil La 12
SE RESTAURER
Eugénette (Chez) 4
Pointe Bombard
79
Îlet à Cabrit
Pointe à Cabrit
Anse sous le Vent
Fort Joséphine
Pointe Sable
BASSE-TERRE TROIS-RIVIÈRES
Pain de sucre
TROIS-RIVIÈRES
Petite Anse
Anse à Cointe
Havre à Seines
79
309
LE CHAMEAU
TERRE-DE-BAS
Pointe Bois Joli
Anse Crawen
51
Pointe du Fer à Cheval
Pointe à Nègre
la Redonde
PETITES-ANSES
LE CHAMEAU ★★★ Vaut le voyage
Pain de sucre ★★ Mérite un détour
Pompierre ★ Intéressant
Mare du Grand Trou À voir
LES SAINTES
0
1 km

LES SAINTES

3

TERRE-DE-HAUT

SE LOGER

- Anne-Marie et Daniel Bride (Chez) 2
- Bois Joli (Hôtel Le) 4
- Boone (Chez) 6
- Gisèle et Philippe Maisonneuve (Chez) 10
- Iguann'La (Résidence) 12
- Kazatimal (Gîtes) 14
- Lô Bleu (Hôtel) 17
- Paradis Saintois (Le) 20
- Petits Saints (Les) 23
- Véronique et Rony Bride (Chez) 25

SE RESTAURER

- Case aux épices (La) 1
- Couleurs du monde 3
- Génois (Le) 5
- Mambo (Le) 7
- Paillote (La) 9
- Saladerie (La) 15
- Salako Grill (Le) 17
- Ti'Kaz La 21
- Toumbana (La) 23
- Triangle (Le) 28

C D

Terre-de-Haut

★★★

NOS ADRESSES PAGE 229

S'INFORMER

Office du tourisme de Terre-de-Haut – C2 - *39 r. de la Grande-Anse (à côté de la mairie) - ✆ 05 90 99 58 60 - www.omtlessaintes.fr - mar.-vend. 8h30-12h, 15h-17h, sam. 9h-12h, 15h-17h, dim. 9h-12h.*

SE REPÉRER

Carte de microrégion *(p. 224-225)* - carte IGN 4605 GT.

À NE PAS MANQUER

Le panorama depuis le fort Napoléon ; une plongée de surface à la plage du Pain-de-Sucre.

ORGANISER SON TEMPS

Si vous ne passez qu'une journée sur l'île, faites un tour en minibus le matin *(voir « Visite » p. 229)* puis allez à la plage l'après-midi ou essayez-vous à l'une des activités nautiques proposées (*voir « Activités » p. 234-235*).

AVEC LES ENFANTS

La baignade, évidemment, mais aussi les balades en canot transparent ou en minicatamaran à fond de verre ne manqueront pas de séduire les plus jeunes.

Au sud de la Basse-Terre, le petit archipel des Saintes concentre le meilleur de la Guadeloupe : belles plages, somptueux paysages, fonds marins exceptionnels. Les deux îles habitées, Terre-de-Haut et Terre-de-Bas, forment chacun un univers à part. Terre-de-Haut, peuplée de descendants de pêcheurs bretons, prospère grâce à la manne touristique. Les vacanciers sont en effet nombreux à débarquer chaque matin pour repartir le plus souvent le soir même. Mais l'archipel mérite que l'on y séjourne plusieurs jours pour apprécier sa douceur et sa beauté et pour se laisser aller au dépaysement complet que procurent ses îles enchanteresses.

Se promener Carte de microrégion

★★★ LE TOUR DE L'ÎLE

La baie des Saintes est classée parmi les plus belles du monde. C'est aussi un site stratégique longtemps brigué par les marines française et anglaise. En outre, la présence de descendants de marins bretons et poitevins arrivés au 17e s. revêt une importance hautement symbolique pour ce petit bout de France. Il est vrai qu'il leur a fallu du courage pour s'accrocher à ce rocher aride, où la **pêche** fut longtemps la seule ressource. Considérés comme des pêcheurs hors pair, les Saintois avaient mis au point une barque gracieuse en bois de poirier-pays, spécialement adaptée aux flots de

Terre de Haut vue du Chameau.
MPFD M. Pineau

la mer des Antilles. S'il reste encore quelques pêcheurs, les barques saintoises ont presque toutes disparu et le **tourisme** est aujourd'hui la principale activité de l'île.

Conseil – Bien que l'idée soit tentante et le moyen de transport pratique a priori, évitez de louer un scooter si vous n'en avez jamais fait, le relief étant particulièrement accidenté.

Le **bourg de Terre-de-Haut** (C2) étire ses commerces et ses cases le long de rues parallèles à la mer. Celles-ci se rejoignent au square, face à la mairie, où un monument célèbre les premiers marins débarqués sur l'île. Tout près de là, l'**église** en pierre volcanique a été endommagée par le séisme de novembre 2004, mais a été rapidement reconstruite. La rue descend vers le débarcadère qui fait face à l'îlet Cabrit, où subsistent les vestiges du **fort Joséphine**. Ce pénitencier de sinistre mémoire a servi d'antichambre au bagne de Cayenne jusqu'en 1902.

En continuant vers la plage de l'**anse Mire** (C2), on aperçoit une étrange maison en forme de bateau. Puis commence la difficile ascension jusqu'au **fort Napoléon**★★★ (C1) *(✆ 06 90 61 01 51 - tlj sf j. fériés 9h-12h30, dernière admission à 12h - 4 €)*. Vous serez récompensés par une **vue** extraordinaire sur l'archipel. Le fort fut construit entre 1845 et 1867 pour faire face à d'éventuelles menaces anglaises, mais les travaux furent achevés bien après le départ des Anglais : l'ouvrage n'a été utilisé que pour l'incarcération des opposants politiques pendant la Seconde Guerre mondiale. Un petit **musée des Arts et Traditions populaires** consacré aux Saintes a été aménagé dans l'ancienne caserne et un **jardin botanique**

L'ARCHIPEL DES SAINTES

À 15 km au sud-est de la Basse-Terre, l'archipel des Saintes couvre 19 km^2. Il est constitué de deux îles principales, Terre-de-Haut et Terre-de-Bas, ainsi que de quelques îlets inhabités. Il compte aujourd'hui 3 000 habitants.

UNE TERRE D'INSPIRATION

Originaire des Vosges, le peintre **Didier Spindler** est venu aux Saintes et n'en est jamais reparti. Le coup de foudre fut immédiat. « Le rouge sang des hibiscus, le vert, le jaune ou l'orange des madras empilés les jours de marché; les cascades roses ou mauves des bougainvilliers; la blancheur odorante des frangipaniers; les tendres pastels bleu ciel, turquoise ou saumon des façades de maisons. Ma peinture est imprégnée de la passion que j'éprouve pour le monde qui m'entoure. » De fait, cet artiste local réputé a trouvé dans la nature des Saintes une palette de couleurs à sa mesure. On peut découvrir ses toiles dans sa galerie rue Jean-Calot et sur les murs du restaurant Couleurs du monde. Autre artiste inspiré par les lieux : **Claude Édouard**. Professeur d'architecture, dessinateur, photographe, marin, mélomane, il est lui aussi tombé sous le charme des Saintes. Sa passion : récupérer les débris de bois provenant de bateaux échoués et en faire des compositions aussi belles qu'émouvantes. On peut les admirer dans son restaurant La Saladerie (*voir « Restauration », p. 233*) ou sur son site *www.edouardrecupart.com.*

planté de cactées occupe le talus bordant le chemin de ronde. On y aperçoit fréquemment des iguanes.

Conseil – Suivez de préférence la visite guidée (40mn) proposée à intervalle régulier, car elle offre un bon résumé de l'histoire de l'île et du fort.

En redescendant vers le bourg, une route conduit à la **plage de Pompierre★** (D2), la plus agréable de l'île. Plusieurs carbets ont été aménagés à l'ombre des cocotiers. Ses abords calmes se prêtent à la plongée de surface.

La **trace des Crêtes★★★** (D2) part de l'extrémité est de la plage et rejoint normalement la **plage de Grande-Anse**, très belle étendue de sable, déserte et interdite à la baignade. Il n'est plus possible d'effectuer la randonnée dans sa totalité, mais rien ne vous empêche d'en parcourir une partie depuis l'un ou l'autre des points de départ puis de revenir sur vos pas.

Pour vous rafraîchir, rejoignez par la route la paisible **anse Rodrigue** (C3). La plongée de surface permet d'observer une faune abondante, sur le versant gauche face à la mer, surtout en fin d'après-midi. De là, reprenez la route vers le bourg et redescendez au débarcadère de Fond Curé en direction de l'**anse du Figuier** (C3), petite plage bien abritée.

La route du **Pain de Sucre★★** (B2) part du débarcadère de Fond Curé et conduit en une vingtaine de minutes de marche (et plusieurs côtes !) au-dessus du fameux cône constitué d'orgues basaltiques. Un chemin pierreux mène à une petite plage ombragée de cocotiers, dont les eaux claires offrent le plus beau spectacle sous-marin de l'île en plongée de surface. Ne faites surtout pas le tour du rocher à la nage, car les bateaux de plaisance passent très près.

Poursuivez vers l'extrémité de l'île, jusqu'au **morne du Bois Joli** (A3), que domine une croix. En contrebas, la plage de sable gris de l'**anse Crawen** (B3) a longtemps été le refuge des amateurs de naturisme, pratique désormais interdite.

Pour profiter d'un **panorama** vraiment exceptionnel sur l'archipel, il vous faut emprunter à pied la piste goudronnée qui part en pente raide de la route du Pain-de-Sucre et grimpe ensuite jusqu'au **Chameau★★★** (B3), point culminant des Saintes, à 309 m. Malheureusement, le site est en partie gâché par la présence d'une décharge.

Bateaux à voile aux Saintes.
Itzak Newmann / Iconotec / Photononstop

NOS ADRESSES À TERRE-DE-HAUT

Voir la carte de microrégion.

INFORMATIONS UTILES

Banques
Distributeurs automatiques près du débarcadère et à la Société Générale (après la mairie).

Bon à savoir – Les distributeurs sont souvent vides le w.-end. Prévoyez du liquide, même si la plupart des établissements acceptent les cartes de crédit.

Internet
Terre-de-Haut.Net – *Dans la rue Jean-Calot, non loin du débarcadère, sur la droite, à l'étage - ✆ 05 90 81 53 57 - lun.-sam. 9h-12h, 14h-19h, dim. 9h-12h, 15h-18h) - 3 €/30mn, 5 €/h.*

Santé
Vous trouverez dans le bourg deux **médecins**, ainsi qu'une **pharmacie** et un **dispensaire**.

Services aux navires
Yacht Club – *Plage de la Colline, Fond Curé - ✆ 05 90 99 57 82.*
VHF 68, station d'eau, assistance technique, laverie (la seule de l'île), douches, livraisons à bord, Internet, possibilité de commander des repas.

VISITE

En minibus
Si vous ne passez qu'une journée à Terre-de-Haut, des minibus peuvent vous faire découvrir les principaux centres d'intérêt de l'île. Le programme est invariable : visite du fort Napoléon, baignade à la plage de Pompierre, balade dans le bourg, vue sur la plage de Grande-Anse, avec le déferlement de ses énormes rouleaux, et la pointe du Bois Joli. Départ à 9h30, retour à 12h30. Comptez 10 €/pers. (entrée du fort non comprise). Les bus stationnent tous devant l'église.

ARRIVER / PARTIR

En bateau

Bon à savoir – Les bateaux ont tendance à partir en avance : prévoyez d'être un peu plus tôt à l'embarcadère ! Les horaires changent régulièrement. Ils sont affichés à l'office du tourisme.

Liaisons maritimes entre Les Saintes et Pointe-à-Pitre, St-François, Trois-Rivières, Marie-Galante et la Martinique.

Brudey Frères – *Voir « Trois-Rivières » et « Basse-Terre », p. 173 et 181.*

L'Express des îles – *Voir « Pointe-à-Pitre », p. 117.* Également quelques liaisons pour la Martinique.

Caribbean Spirit – *Voir « Pointe-à-Pitre », p. 117.*

Comatrile – *Voir « Ste-Anne » et « St-François », p. 132 et 140.* Pour Marie-Galante (St-Louis) : 2 rotations par semaine depuis Les Saintes.

CTM Deher – *Voir « Trois-Rivières » et « Basse-Terre », p. 173 et 181.*

Sté Maritime des îles du Sud – *Voir « Trois-Rivières », p. 173.*

En avion

Il n'y a plus de liaison aérienne régulière, mais l'office du tourisme peut vous communiquer les coordonnées de pilotes privés.

TRANSPORTS

En scooter

Location de scooters – Certes, ce moyen de transport permet de se déplacer en toute liberté dans l'île, mais leur prolifération devient vraiment gênante.

De plus, Les Saintes ne sont pas le meilleur endroit pour s'initier à ce mode de transport. Enfin, on signale des cas d'indélicatesses avec les chèques de caution. Par ailleurs, les gendarmes sont intraitables sur le port du casque. Comptez 25 € pour une journée de location.

En vélo

Tropico Vélo – *Galerie marchande Sea-Side, derrière l'église - 05 90 99 88 78.* Location de VTT et de vélos pour enfants (*4 €/h, 9 €/j*). Le problème : il n'y a pratiquement pas de terrain plat sur l'île !

En taxi

Taxi Jean-Paul – *05 90 99 52 32 ou 06 90 30 56 80.*

Navettes avec Terre-de-Bas

Vedettes interîles – *05 90 90 04 48.* En général, 3 départs le matin et 2 l'après-midi dans chaque sens. Durée du trajet 10mn. Les horaires sont fluctuants, renseignez-vous auprès de l'office du tourisme (panneaux à l'extérieur).

Bateau-taxi – *05 90 99 58 04 ou 06 90 55 88 32 - entreprise.interservices@orange.fr.* Raymond Molza peut vous promener et même vous ramener vers la Grande-Terre ou la Basse-Terre, une solution pas si onéreuse si l'on est nombreux.

HÉBERGEMENT

PREMIER PRIX

Chez Boone – B2 - *Pain-de-Sucre (sur le chemin menant à la plage), à 2 km du centre du village - 05 90 99 52 31 - www.boonevacances.com - 2 appart. : 60 €, 1 bung. : 45 €, 1 studio : 40 € et 2 ch. (2-6 pers.) : 20 € pour 2 pers.* Jacques Boone, décédé fin 2008, était une figure incontournable des Saintes. Cet octogénaire originaire de Dunkerque a été planteur de café, fabricant de cercueils et trafiquant de whisky... Il a relaté ses aventures dans plusieurs livres que vous trouverez sur place.

Boone a construit de ses mains la maison, magnifiquement située au-dessus de la plage du Pain de Sucre, où vous trouverez un grand appartement ouvert aux alizés, ainsi qu'une petite chambre. À côté, le bungalow est tout aussi agréable. La deuxième maison comprend un grand appartement, un studio spacieux et une chambre. L'ensemble offre un rapport qualité-prix exceptionnel. Réservez à l'avance en haute saison.

Chez Véronique et Rony Bride – B2 - *851 rte du Bois-Joli, Pain-de-Sucre - ✆ 05 90 99 85 68 - rony.bride@wanadoo.fr - 1 appart. (5 pers.) 30 €/nuit pour 2 pers. et tarifs à la sem.* Un beau logement de 70m² au rez-de-chaussée de la maison des propriétaires qui sont absolument charmants. Frais et bien équipé (lave-linge), terrasse et belle vue sur la baie.

Chez Anne-Marie et Daniel Bride – B2 - *Pain-de-Sucre, accès par un chemin pierreux - ✆ 05 90 99 55 71 - 1 studio (2-3 pers.) 50 €/nuit ou 320 €/sem.* Les amoureux de calme, de nature et de solitude apprécieront ce studio bien équipé, au rez-de-chaussée de la maison des propriétaires. La terrasse (50 m²) donne sur un jardin derrière lequel se profile le Pain de Sucre. Accès à la plage par un chemin en pente.

BUDGET MOYEN

Chez Gisèle et Philippe Maisonneuve – D2 - *75 impasse Jean-Auguste Molinié - Rte de Pompierre - ✆ 05 90 99 55 52 - www.chezgiseleetphilippe.com - 5 studios (2-4 pers.) 58/79 € pour 2 pers. et 1 ch. - 8 €.* Sur une hauteur dominant la plage de Pompierre, des studios de différentes tailles, propres et bien équipés. Les salles de bains sont un peu étroites. Au dîner, Philippe vous invite à partager son menu, inspiré par sa pêche du jour *(22 €).*

Kaza Timal – C2 - *403 rte de l'Anse Rodrigue - ✆ 05 90 81 22 94 - http://kazatimal.ifrance.com - 2 ch. (2-3 pers.) : 65 € et 1 studio (4 pers.) - accès Wifi.* Les chambres bien équipées (frigidaire, cafetière) et le studio avec kitchenette sont situés sur une hauteur, dans un jardin fleuri. L'accueil charmant et attentionné de Christian et Josy rendra votre séjour très agréable.

Résidence Iguann'La – C2 - *151 r. de la Grande-Anse - ✆ 05 90 99 56 57 - 3 studios et 1 appart. (2-6 pers.) 70/90 € pour 2 pers.* Ensemble très bien tenu de logements correctement équipés. Le plus grand (6 pers.) offre un excellent confort, avec un balcon pour chaque chambre et une terrasse.

POUR SE FAIRE PLAISIR

Le Paradis Saintois – C2 - *211 rte de Pré-Cassin - ✆ 05 90 99 56 16 - www.paradissaintois.com - 1 ch. : 33/63 €, 3 studios : 61/92 € et 5 appart. (2-6 pers.) : 100/133 € pour 2 pers. (tarifs dégressifs selon la durée du séjour (jusqu'à -50 %). Location à partir de 3 nuits).* Au milieu des bougainvilliers, des hibiscus et des amandiers, vous pourrez plonger dans la piscine de la propriété. Les appartements, composés de 2 chambres, sont sympathiques. L'un d'eux dispose d'une piscine privative. Les studios comportent une kitchenette et une minisalle de douches. Terrain de pétanque et barbecue.

Hôtel Le Bois Joli – B2-3 - *Rte du Pain-de-Sucre (peu avant l'anse Crawen) - ✆ 05 90 99 50 38 ou 05 90 99 52 53 - www.hotelboisjoli.fr - 8 bung. : 203 €, 22 ch. :*

3

95/145 € - accès Wifi - navettes plusieurs fois par jour pour le bourg. Véritable institution au charme désuet, cet hôtel tranquille borde la plage. Un peu plus haut, un agréable bungalow tout équipé avec grand balcon ouvre sur la mer. Les chambres avec balcon possèdent une bonne literie mais leurs salles de bains ne sont pas très grandes. Celles de l'ancien bâtiment n'ont pas toutes vue sur la grande bleue. Vaste piscine très agréable. On mange correctement au restaurant pour 30 €.

UNE FOLIE

Les Petits Saints – C2 - *R. de la Savane - 05 90 99 50 99 - www.petitssaints.com - CC - 11 ch., 1 appart. et 2 studios 110 €/240 €.* Cet établissement de bon standing est tenu par Laurence et Jean, sympathique couple de « métros », dans un cadre extrêmement agréable sur les hauteurs du bourg. La décoration des parties communes, véritable bric-à-brac de meubles et de bibelots chinés ici et ailleurs, se retrouve dans les chambres et les suites, qui ont pour la plupart vue sur la mer. Attention, certaines salles de bains sont minuscules. Le soir, ne manquez pas de dîner au restaurant *(voir p. 234).*

Hôtel Lô Bleu – C2 - *R. Benoît-Cassin, Fond Curét - 05 90 92 40 00 - www.lobleuhotel.com - CC - 10 ch. 115/138 € - connexion Wifi.* Cet hôtel confortable, au décor élégant, est idéalement situé en bord de mer (on ne peut toutefois pas se baigner). Il dispose de chambres impeccables avec balcon, décorées par des artistes locaux. Certaines ont vue sur la mer, d'autres sur le village.

Voir aussi le restaurant dans « Restauration » p. 233.

RESTAURATION

Bon à savoir – Plus qu'ailleurs, la basse saison est synonyme de baisse d'activité aux Saintes, en particulier pour les restaurants. Beaucoup ferment un mois entre mai et septembre, ou, au mieux, allègent leurs horaires. Ne soyez pas surpris de trouver certaines portes closes.

PREMIER PRIX

Vous trouverez dans le bourg des boulangeries, dont le **Ti Saintois** (C2), ouvertes dès 6h (idéales pour les viennoiseries du petit déjeuner et les sandwiches du pique-nique), ainsi que plusieurs épiceries et superettes.

Le Salako Grill - chez Z'Amour – D2 - *50 m avant la plage de Pompierre - tlj sf dim. - plats 7-10 €, sandwiches 3-5 €.* Installé dans un agréable jardin, il propose du poulet grillé ou des brochettes de poisson, à déguster sur place ou à emporter pour pique-niquer sous un carbet de la plage.

BUDGET MOYEN

La Toumbana – C2 - *R. de la Grande-Anse (face au cimetière) - 05 90 99 57 56 - tlj sf dim. - 10/20 €.* Ce restaurant discret niché dans un petit jardin fleuri concocte pour le déjeuner un menu créole à 10 €. Bon rapport qualité-prix. Le soir venu, le dîner est éclairé à la lumière des néons : dommage…

Le Mambo – C2 - *R. Jean-Calot, à droite du débarcadère - ☏ 05 90 99 56 18 - tlj du matin au soir - 11/15 €.* Quelques tables en terrasse et une salle agréable pour déguster de belles assiettes créoles *(12/15 €)*. Le soir, les pizzas les plus originales de l'île : thon frais, langouste, etc. Très bon rapport qualité-prix et excellent accueil.

La Saladerie – C2 - *Ruelle de l'Anse-Mire (sur la route du Fort-Napoléon) - ☏ 05 90 99 53 43 - tlj sf lun. et mar. - 15/20 € - réserv. conseillée.* Sur une jolie terrasse verdoyante, bien ventilée, avec vue sur la rade des Saintes, on sert de grandes salades composées, du poisson et de la viande marinés ou grillés à des prix raisonnables. Ambiance jazzy très plaisante. Ponton pour les bateaux. Les très belles compositions de Claude Édouard, le propriétaire des lieux, ornent les murs (*voir encadré p. 228*).

La Paillote – C2 - *Baie de Marigot - ☏ 05 90 99 50 77 - tlj à midi - 16 €.* Une grande terrasse couverte au bord de l'eau. Un rapport qualité-prix correct. Spécialités de la mer dont un succulent court-bouillon de poisson réputé, à commander à l'avance.

Le Triangle – C2 - *R. Benoît-Cassin - ☏ 05 90 99 50 50 - tlj sf dim. - 19 €.* On accède à ce restaurant de bord de plage, bien signalé par une enseigne multicolore, par une étroite venelle entre deux maisons. La cuisine antillaise familiale y est simple, goûteuse et servie prestement avec le sourire.

Le Génois – C2 - *R. Jean-Calot, à gauche du débarcadère - ☏ 05 90 98 25 99 - midi et soir - 20/23 €.* On ne peut pas rater ce petit restaurant avec son impressionnante tête d'espadon en guise d'enseigne. Agréable terrasse au-dessus des flots où l'on se régale de quiches, de poisson fumé et de salades composées.

POUR SE FAIRE PLAISIR

La Case aux épices – C2 - *Plage de la Colline, Fond Curé - ☏ 05 90 98 07 88 - tlj à midi - 18/29 €.* Cette belle case en bois ouverte aux quatre vents et sa terrasse surplombent une petite plage peu touristique. L'endroit est décoré avec goût et la cuisine est délicieuse. Les cocktails, les grandes salades *(18,50 €)* et les plats « métros » ou créoles vous séduiront. La carte est courte, mais tout est ultra frais. Spécialités de langouste *(25/29 €)*.

Lô Bleu – C2 - *Voir « Hébergement » p. 232 - tlj sf merc. soir, sam. et dim. midis - 19,50 €.* La terrasse qui donne sur la plage est particulièrement agréable. On y déguste une cuisine raffinée qui s'illustre dans un bon menu du marché. Parfait aussi pour prendre un cocktail le soir.

Couleurs du monde – C2 - *Débarcadère - ☏ 05 90 92 70 98 - tlj sf mar. et merc., salon de thé l'après-midi - 18/30 € - réserv. vivement conseillée, surtout si vous souhaitez dîner en terrasse.* Un sympathique restaurant doté d'une galerie surplombant le débarcadère, une décoration brocante, de petits objets chinés à acheter et des œuvres de Didier Spindler au mur *(voir encadré)*. Cédric, jeune chef orginaire du pays Basque, propose une cuisine métissée pleine de créativité : un délice. Grande assiette « Couleurs du monde » à 18 €.

Ti'Kaz La – C2 - *Fond Curé - ☏ 05 90 99 57 63 - tlj sf mar. soir et merc. - 20/35 €.* C'est l'une des grandes tables des Saintes. Philippe Dadé propose des spécialités créoles revisitées et quelques plats comme les pieds de cochons ou le jarret d'agneau à la jamaïquaine, que ses fans refusent de voir disparaître de la carte. Belle terrasse couverte au bord de l'eau et décoration raffinée.

Les Petits Saints – C2 - *Voir « Hébergement » p. 232 - tlj sf lun. - 18/32 € - réserv. indispensable.* On goûte une cuisine créole et « métro » inventive. Les grandes assiettes *(18 €)* constituent un très bon choix, mais les plus gourmands se laisseront tenter par le menu du jour *(32 €)*. Un véritable moment de bonheur.

FAIRE UNE PAUSE

Tropico Gelato – C2 - *R. Jean-Calot, sur la dr. après le débarcadère - 8h-18h.* Si vous rêvez d'une bonne glace maison, vous trouverez ici une trentaine de parfums (même les cornets sont maison), mais aussi des viennoiseries, des quiches, des paninis et quelques tables dehors pour déguster le tout.

La Crique – C2 - *Débarcadère - 8h-20h.* Un endroit agréable, au bord de l'eau, pour siroter un planteur ou d'excellents jus de fruits frais. Bien pour le petit déjeuner ou à midi *(menu tartine à 15 €)*. Les toiles colorées de la maîtresse des lieux décorent la salle.

ACHATS

Galerie d'art

Kaz An Nou – *Rte du Marigot (à proximité de l'église) - ✆ 05 90 99 52 29.* L'atelier-galerie de Pascal Foy. Après avoir confectionné de ravissantes façades miniatures de cases créoles, il évolue vers un travail plus abtrait, avec toujours le souci de conserver une trace vivante de ce patrimoine en voie de disparition.

Pierres

Bruno Sinsoillier – *sinsoillier.bruno@wanadoo.fr.* Ancien marin, entrepreneur en bâtiment la semaine et créateur de bijoux le w.-end, Bruno Sainsoillier collecte des pierres sur toutes les plages et façonne de superbes bijoux et objets. Il reçoit sur rendez-vous dans son atelier.

EN SOIRÉE

Une seule adresse : **Chez Cécile** *(r. Benoît-Cassin)*, un bar à cocktails très animé face à l'anse Fond Curé. Le week-end, on danse dans le fond de la salle.

ACTIVITÉS

Plongée

La limpidité des eaux a fait la réputation des Saintes. Les fonds marins sont considérés comme les plus beaux des îles de Guadeloupe. Cette clarté s'explique en partie par la présence de courants assez forts. De nombreux spots sont donc réservés aux plongeurs confirmés, mais les débutants, sous bonne escorte, trouveront aussi leur bonheur. Ainsi, le spot du **Petit Jardin**, près de l'îlet Cabrit, est accessible à tous les niveaux. Non loin du rivage, vous ne descendrez pas à plus de 20 m de fond pour découvrir des coraux peuplés de carangues, de barracudas et de bancs de poissons.

Les alentours de Terre-de-Bas, accessibles avec les clubs de Terre-de-Haut, comptent plusieurs spots réputés, également accessibles aux débutants. La **pointe du Gouvernail** permet de suivre le pourtour d'un tombant le long d'une avancée rocheuse.

Les abords du **Petit-Pâté**, gros caillou sortant de la mer, au nord de Terre-de-Bas, sont accessibles aux plongeurs de niveau 1 lorsqu'il n'y a pas trop de houle. Le **Sec Pâté** est réputé pour être l'un des plus beaux spots des Caraïbes. Cette montagne sous-marine est posée au milieu du canal des Saintes, donc très exposée aux vents et aux courants. Son approche exige un bon niveau.

Pisquettes – *Le Mouillage (au pied du fort Napoléon) - ✆ 05 90 99 88 80 - www.pisquettes.com.* Départ tlj à 9h30 et à 14h30. Sorties sur une vingtaine de sites. Env. 50 € pour une plongée, 52 € pour un baptême ; possibilité de sorties nocturnes.

Balades en mer

Phil à Voile – *Rte du Marigot - ✆ 05 90 99 58 69 ou 06 90 81 43 28.* Philippe Petit organise des balades en voilier autour des îles. Tarifs et programme sur demande.

Kayak et catamaran

Clear Blue Caraïbes – *R. Jean-Calot, à gauche du débarcadère - ✆ 06 90 65 79 81 - www.clearbluecaraibes.fr - de 8h au coucher du soleil, fermé lun. et en sept.* Une balade en molokini, un kayak totalement transparent, pour voir sur et sous l'eau : c'est l'expérience extraordinaire que vous proposent Yves et Sylvie, deux passionnés de faune et de flore aquatiques. Plusieurs parcours de 1h30 à 3h *(30 €)*, avec audioguide. Ils louent aussi un bungalow de 2 pièces à la même adresse *(70 €)*.

Caraïbes Escapade – *Plage de la Colline, Fond Curé - ✆ 05 90 95 13 38 - www.caraibes-escalade.com.* Des minicatamarans à fond de verre pour découvrir la faune et la flore aquatique d'une manière originale. Comptez 20 € pour 2h de sortie accompagnée. Dans un autre genre, c'est aussi le seul **club d'escalade** de Guadeloupe ; rens. sur place.

Scooter des mers

Jet Saintes – *Plage du Marigot - ✆ 05 90 99 59 11.* Mary, monitrice diplômée, propose une initiation au scooter des mers *(30 mn, 65 € pour 2)* et des sorties accompagnées *(1h, 120 € pour 2)*.

Terre-de-Bas

NOS ADRESSES PAGE 238

S'INFORMER
Quelques informations disponibles à l'office du tourisme de Terre-de-Haut *(voir p. 226)* et sur le site officiel de la commune : *www.terrede bas-lessaintes.com.*

SE REPÉRER
Carte de microrégion A1 *(p. 224-225)* - carte IGN 4605 GT.

À NE PAS MANQUER
La plage de Grande-Anse et son ambiance animée le dimanche ; le panorama sur Terre-de-Haut depuis la route du Nord.

ORGANISER SON TEMPS
Si votre escale ne dure que quelques heures, contactez l'association Mapou qui organise des visites guidées *(voir p. 239)* ou contentez-vous de flâner aux abords de Grande-Anse.

Terre-de-Bas, peuplée de descendants d'esclaves, vit dans une douce torpeur que rien ne semble vraiment troubler. C'est l'un des lieux les plus tranquilles des Antilles. Pas de scooters, peu de touristes : l'endroit idéal pour profiter de la nature et des plages.

Se promener Carte de microrégion

LE TOUR DE L'ÎLE A1

La **plage de Grande-Anse**, où l'on se rend facilement à pied depuis le débarcadère, est la plus belle de l'île, avec son sable blond frangé de cocotiers.

La **crique de Grande Baie**, à 15mn à pied du débarcadère, abritait une ancienne poterie du 19e s. Un bon endroit pour la plongée de surface.

Si vous séjournez quelques jours à Terre-de-Bas, faites un tour à **Petites-Anses**, où sont rassemblés les bâtiments administratifs. À l'entrée du village, d'énormes iguanes ont investi les abords de la **mare du Grand Trou**. Vous pourrez les observer aussi sur la plage de la commune, peu propice à la baignade à causes de nombreux rochers. Les derniers fabricants de **salako**, coiffe traditionnelle des pêcheurs au 19e s., tressent encore ici ce drôle de chapeau en bambou recouvert de tissu madras. Vous pourrez l'acquérir, ainsi que d'autres créations originales, à la Maison de l'artisanat de Grande-Anse *(voir p. 239)*.

Les traces de Terre-de-Bas

Deux routes goudronnées rejoignent Petites-Anses, mais les plus courageux emprunteront de préférence les traces *(difficulté moyenne)* :

La **trace du Dessus de l'étang** *(départ de l'extrémité ouest de la plage de Grande-Anse. 2,1 km, 1h, déniv. 240 m, balisage bleu)* et la **trace du Pied de l'étang** *(départ du bas de la Route du Nord. 1,8 km, 45mn, déniv. 180 m, balisage rouge)* rejoignent la route du Nord (point de vue magnifique sur Terre-de-Haut depuis le belvédère) à partir de Grande-Anse.

Un iguane, Terre-de-Bas.
Jonathan / Photononstop

Plus longue, la **trace des Falaises** *(départ de l'extrémité ouest de la plage de Grande-Anse. 6,8 km, 3h, déniv. 240 m, balisage jaune)* part de Grande-Anse pour rejoindre Petites-Anses et l'anse à Dos, en réservant de beaux panoramas sur l'île.
La **trace du Morne** *(départ de la route du Nord. 1,7 km, 45mn, déniv. 180 m, balisage orange)* descend vers Petites-Anses à travers la forêt.

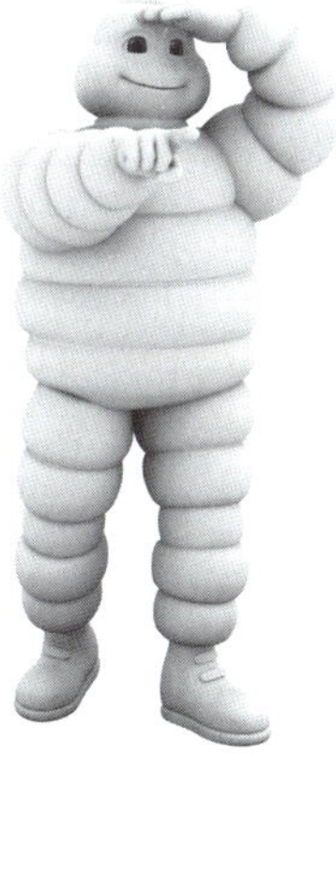

NOS ADRESSES À TERRE-DE-BAS

Voir la carte de microrégion.

INFORMATIONS UTILES

Banques – Il est prudent de se munir de liquide. Il n'y a pas de distributeur à Terre-de-Bas.

TRANSPORTS

Navettes avec Terre-de-Haut

Vedettes interîles – *05 90 90 04 48*. En général, 3 départs le matin et 2 l'après-midi dans chaque sens ; durée du trajet 10mn. Les horaires sont fluctuants, renseignez-vous auprès de l'office du tourisme de Terre-de-Haut *(panneaux à l'extérieur)* ou auprès de la compagnie.

Bus

Quelques minibus stationnent au débarcadère à l'arrivée des bateaux et peuvent vous emmener faire un tour de l'île. Vous pouvez aussi contacter : **Daniel Morvan** – *05 90 99 81 06 - env. 7 €/pers.*

HÉBERGEMENT

BUDGET MOYEN

Les Maracudjs – *R. de Grande-Anse (à droite à l'entrée du village) - 05 90 99 81 12 - - 3 ch., 1 case, 1 tipi 45/65 €* . Dany a su créer une ambiance écolo et décontractée autour d'un bar convivial. Il propose deux logements en bois très simples dans le jardin, avec sanitaires communs *(45 €)*, ou des chambres plus confortables *(65 €)*. Il peut vous accompagner dans vos randonnées ou vous conseiller sur les meilleurs spots de pêche sous-marine. *Voir aussi le restaurant p. 239.*

À la Belle Étoile – *Plage de Grande-Anse - 05 90 99 83 69 - - 2 studios (2-4 pers.) 60 € pour 2 pers.* Une occasion de dormir à la belle étoile sous un toit. L'endroit n'est pas luxueux, mais vous vous endormirez bercé par le bruit des vagues. *Voir aussi le restaurant p. 239.*

Gîte de Raymond Petit – *Près de la chapelle de Grande-Anse (s'adresser à Marguerite Bocage, près de la plage) - 05 90 99 81 19 - - 2 studios (2-3 pers.) 55/46 € (avec ou sans climatisation).* Dans une maison neuve sur la colline au-dessus de Grande-Anse, les studios de plain-pied sont bien équipés, avec grande véranda et vue sur la mer.

Soleil La – *Rte du Sud (à 200 m du débarcadère) - 05 90 92 30 93 - www.le-hamac.com/soleil-la.php - - 1 studio (2-5 pers.) 60 € pour 2 pers., 10 € par pers. supplémentaire.* Un studio agréable et très bien équipé, aménagé dans la maison des sympathiques propriétaires dont on partage la grande terrasse, avec piscine et vue sur la mer. Pour ceux qui recherchent la convivialité plus que l'intimité. *Voir aussi le restaurant p. 239.*

POUR SE FAIRE PLAISIR

Résidence de la Chapelle – *Sur les hauteurs de Grande-Anse (s'adresser à la quincaillerie « Chez Franky ») - 05 90 99 82 84 - - 3 studios.* Au sommet de la colline dominant Grande-Anse, cette spacieuse maison couleur saumon comporte un vaste appartement très confortable accueillant jusqu'à 6 pers. (*120 €/nuit, 750 €/sem.*), un studio pour 2 à 4 pers. (*80 €/nuit, 500 €/sem.*) et une studette au rez-de-chaussée, sur l'arrière, avec équipement minimal et sans vue (*50 €/nuit, 300 €/sem.*).

Maison d'Amante Aimé – Grande-Anse - ✆ 05 90 99 82 75 - *- 1 maison (4-6 pers.) 100 €/nuit pour 2 pers.* L'aimable Amante Aimé loue la maison de son fils, qui réside en dehors de l'île. Cette demeure toute blanche, en bord de plage, est impeccable. Cadre idéal pour passer quelques jours au calme entre amis.

RESTAURATION

Bon à savoir – Vous trouverez plusieurs épiceries-snacks sur la route entre le débarcadère et la plage de Grande-Anse.

BUDGET MOYEN

Les Maracudjs – *Voir « Hébergement » p. 238 - tlj midi et soir - 10-15 €.* Quelques plats et grillades.

Chez Eugénette – *Plage de Grande-Anse - ✆ 05 90 99 81 83 - tlj à midi - 12 € - réserv. indispensable.* C'est sans nul doute la meilleure table de l'île, réputée pour son poisson. Très bon menu et portions généreuses.

Soleil La – *Voir « Hébergement » p. 238 - tlj midi et soir - 12/15 €.* Ouverte à tous, la table d'hôte constitue l'une des seules possibilités de dîner dans les environs. Pas de menu fixe, mais une bonne surprise dans l'assiette selon le marché du jour.

À la Belle Étoile – *Voir « Hébergement » p. 238 - tlj à midi - 12/20 €.* Le restaurant donne directement sur la plage. Vous goûterez une bonne cuisine créole et de généreux plats de poisson. Accueil chaleureux. Possibilité de plats à emporter.

ACHAT

Artisanat

Maison de l'Artisanat – *120 r. Dans-Fond, Grande-Anse, Terre-de-Bas - ✆ 05 90 99 85 63.* Morvan Bertheau propose dans son petit atelier-boutique diverses créations originales, dont le traditionnel salako, un chapeau en bambou tressé recouvert de tissu madras aux origines asiatiques indéniables.

Le Mapou – La petite camionette de l'association se trouve souvent garée au niveau du débarcadère pour vendre les produits bios qu'elle produit *(voir ci-dessous).*

ACTIVITÉS

Ne manquez pas de prendre contact avec l'association **Le Mapou**, qui organise des promenades guidées *(2-3h)* au cours desquelles on vous explique l'histoire de l'île et son environnement naturel *(✆ 05 90 99 85 47 - gerard.beaujour-sebil@wanadoo.fr - sortie le merc. et le w.-end - 10 €/pers.).* L'association a également créé un jardin créole à l'ancienne (sur la route du Sud, visite sur RV) d'où sont issus liqueurs, infusions et cosmétiques bios, à base notamment d'huile essentielle de bois d'Inde, l'arbre-roi de Terre-de-Bas.

AGENDA

Fête de la Saint-Nicolas – *Le 6 décembre.* Procession et bénédiction de la mer.

MARIE-GALANTE
0
5 km
N
A
B
1
2
ST-FRANÇOIS
POINTE-À-PITRE
LES SAINTES
POINTE-À-PITRE
Grosse Pointe
Gueule Grand Gouffre
Anse à Coq
Caye Plate
les Coqs
LES BAS
Riv. du Vieux Fort
Plage de Vieux Fort
Anse Canot
Plage de Moustique
Chalet
D 205
Anse Chapelle
Anse Piton
St-Louis
D 201
la Barre de l'Île
Borée
Roches Noires
Plage de St-Louis
LES HAUTS
N 9
204
Anse Feuillard
D 206
les Sources
Moulin de Bézard
Marais de Folle Anse
Riv. St-Louis
D 202
LES GALETS
Plage de Trois Îlets
Distillerie Poisson
Distillerie Bielle
Distillerie Bellevue
D 201
Grand-Anse
D 204
les Galeries
N 9
Capesterre-de-Marie-Galante
GRAND-BOURG
N 9
Château Murat
Plage de la Feuillère
D 203
Plage de Petite Anse
Pointe Deshaies
Pointe des Basses
Château Murat ★ Intéressant
Anse à Coq À voir
Circuit conseillé avec ville de départ

Marie-Galante 4

À 43 km au sud-est de Pointe à-Pitre :

Le tour de Marie-Galante

★

13 000 habitants

NOS ADRESSES PAGE 247

S'INFORMER
Office du tourisme de Marie-Galante – *R. du Fort (à gauche en venant du débarcadère), Grand-Bourg - ✆ 05 90 97 56 51 - www.ot-mariegalante.com - lun.-vend. 9h-13h (en haute saison).* Abondante documentation avec, notamment, un bon topoguide sur les randonnées *(3,50 €).*

SE REPÉRER
Carte de microrégion *(p. 240)* - carte IGN 4604 GT.

À NE PAS MANQUER
Le moulin de Bézard ; la plage de l'anse Feuillard.

ORGANISER SON TEMPS
Visiter les principales curiosités et profiter des plages peut se faire dans la journée, mais l'île mérite un séjour d'au moins trois jours pour apprécier tous ses charmes.

Galette posée sur la mer à l'est de la Guadeloupe, Marie-Galante fait rêver. Son nom charmant évoque la douceur des îles lointaines chantée par Laurent Voulzy, la nonchalance et le rhum. Rien n'est plus vrai. Ce havre de paix vit au rythme lent d'une économie qui repose encore largement sur la culture de la canne. Il n'est pas rare, au moment de la récolte, de croiser des cabrouets, ces vieilles charrettes tirées par des bœufs. Marie-Galante, dont les paysages rappellent ceux de la Grande-Terre, est une Guadeloupe paysanne qui s'ouvre progressivement au tourisme. Avec ses plages superbes, ses bourgades paisibles, ses champs de canne à sucre ondoyant sous les alizés, ses tables accueillantes, l'île a tout pour séduire.

Circuit conseillé Carte de microrégion

Comptez au moins une journée.

GRAND-BOURG A2

Le chef-lieu s'anime à l'arrivée des bateaux qui transportent les passagers venus de Guadeloupe, appelée ici « le continent ». L'**église Notre-Dame-de-Marie-Galante** fait face au débarcadère, au centre du village. Malgré les cyclones, elle a conservé sa façade néoclassique du début du 19e s. L'**hôtel de ville** de style Art déco a été construit en 1931. Un marché se tient sur la place tous les matins.
Quittez Grand-Bourg par la N 9 en direction de St-Louis. À environ 1,5 km, sur la gauche, les ruines de l'**Habitation Roussel-Trianon**, ancienne distillerie du 19e s., se dressent dans un champ. Plus loin, toujours sur la gauche, on

Capesterre-de-Marie-Galante.
Brigitte Merle / Photononstop

aperçoit la **sucrerie Grande-Anse**, la seule en activité, surtout en février-mars durant la récolte.

Pour rejoindre St-Louis, poursuivez par la N 9 ou empruntez la route côtière *(D 206)*. Choisissez d'abord la N 9 pour vous rendre à la **distillerie Poisson** *(✆ 05 90 97 03 79 - lun.-sam. 7h-12h)*. Fondée en 1870, elle produit le fameux **rhum du Père Labat** *(voir p. 81)*. On peut visiter les installations et acheter les produits à la boutique. Le rhum vieux, caractérisé par des arômes iodés très originaux, est l'un des meilleurs de la Guadeloupe.

Revenez sur vos pas en direction de Grand-Bourg et, au croisement, prenez à droite la D 206. Vous longez la mer à gauche, tandis qu'à droite s'étend le **marais de Folle Anse**. La longue **plage de Trois Îlets**, peu ombragée, possède quelques carbets pour s'abriter du soleil. La baignade y est sans danger. C'est aussi, de mai à septembre, un lieu de ponte pour les **tortues marines**. L'ONF organise des sorties d'observation nocturnes *(rens. ✆ 05 90 97 49 55)*.

SAINT-LOUIS ET LE NORD A-B1

Les premiers colons français s'implantèrent en 1648 à Vieux-Fort. Après le séisme de 1843, la paroisse se déplaça vers la baie de St-Louis. La seconde ville de l'île par sa population est une bourgade tranquille où il n'y a pas grand-chose à faire, sinon aller voir le petit **cimetière marin**, près de la **plage** ombragée et bordée de restaurants.

Au nord du village, en bord de mer, vous trouverez un petit marché où des dames proposent de bons sirops de fruits locaux. Un peu plus loin sur la droite se dresse l'**église** et, juste en face, un étonnant Christ en croix de couleur rouge roucou *(voir p. 246)*.

MARIE-GALANTE

Avec ses 158 km², Marie-Galante est la plus grande des « dépendances » de la Guadeloupe.

L'ÉCONOMIE CYCLONIQUE
Les cyclones semblent rythmer la vie économique : après chaque catastrophe, les infrastructures sont renouvelées et les habitants indemnisés… jusqu'au prochain cyclone. Faute d'activité, l'île se vide de ses jeunes. Le développement touristique profite à une poignée de Marie-Galantais, mais l'île survit grâce aux emplois publics et aux aides versées par la métropole.

En poursuivant vers le nord, vous arrivez à la **plage de Moustique**, la bien nommée. Prévoyez un répulsif. Continuez vers Vieux-Fort et prenez le premier chemin à gauche. Il débouche sur l'**anse Canot**, petite plage de sable clair très agréable, ombragée, équipée de tables et de carbets. En vous baignant, méfiez-vous de la pente du rivage.
À quelques centaines de mètres au nord, la **rivière de Vieux-Fort** débouche près de la plage du même nom. On l'appelle aussi **plage du Massacre**, car les Caraïbes y assassinèrent les premiers colons. Elle est moins abritée et ombragée que l'anse Canot, mais possède aussi plusieurs tables pour le pique-nique. Attention à la mer souvent agitée.

La trace de Vieux-Fort A1

10 km. Comptez env. 3h. Boucle sans difficulté.
Conseil – Partez entre 5 et 6h du matin : la chaleur peut être incommodante. Prévoyez de l'eau et une protection contre les moustiques.
Depuis la plage de Vieux-Fort, traversez la route, repérez le balisage vert et remontez le cours de la rivière à votre gauche. Continuez sur quelques centaines de mètres à travers un paysage de mangrove. Parvenu à la route, vous pouvez aller jusqu'à la plage de Moustique et revenir au point de départ par l'anse Canot, ou suivre la route sur 200 m environ, puis prendre le chemin à gauche. Vous remontez ensuite ce chemin avant d'arriver à l'**ancien moulin de Merlet** qui offre un beau point de vue à la fois sur la mer et sur la Guadeloupe. Poursuivez dans un paysage de forêts et de pâturages jusqu'à la route. Suivez-la par la gauche sur environ 100 m, puis prenez à droite le chemin qui conduit au **Trou Massacre**, une ravine où les Anglais auraient été précipités à la Révolution française. Longez la côte sur la droite pour rejoindre la plage de Moustique, qui vous permettra de regagner votre point de départ.
Repartez de la plage de Vieux-Fort en direction du nord. Après environ 3 km, empruntez le chemin fléché sur la gauche qui conduit à la **Gueule Grand Gouffre**. La mer a creusé un trou spectaculaire dans lequel elle s'engouffre. La prudence est de mise, surtout avec des enfants. Par beau temps, on aperçoit la Grande-Terre. Revenez sur la route et poursuivez vers le hameau des Coqs.

La boucle de l'anse à Coq B1

3 km. Balade facile avec baignade d'env. 1h30.
Le départ de la boucle se fait de la petite **chapelle Ste-Thérèse**. Rejoignez et longez la route sur 300 m jusqu'au **hameau des Coqs**, où un apiculteur vend son miel. Juste en face, un chemin bordé d'acacias descend vers la mer sur environ 800 m. Remarquez, incrustés dans le récif corallien, des tessons de poterie, restes d'une **ancienne indigoterie.** La baignade est possible par mer calme. Longez l'anse, remontez à gauche par un chemin escarpé dans la forêt qui vous ramène à la route.
Poursuivez sur 2 km pour rejoindre la D 205, tournez à gauche vers la D 201 en direction de Capesterre-de-Marie-Galante.

La canne à sucre, indissociable de l'histoire de l'île.
Unclesam / Fotolia.com

★ CAPESTERRE-DE-MARIE-GALANTE A-B2

Ce bourg paisible, dont l'**église** et la **mairie** ont été reconstruites dans le style Art déco après le cyclone de 1928, fut un site important de la civilisation amérindienne. La **plage de la Feuillère**, au nord du village, est très agréable avec ses ombrages et ses restaurants. C'est aussi l'une des plus fréquentées et la plus appréciée des véliplanchistes.

L'ÎLE À SUCRE

En novembre 1493, au cours de son deuxième voyage, **Christophe Colomb** baptisa l'île **Santa Maria Galanda**, du nom d'un de ses navires. Les Amérindiens ne virent leur tranquillité troublée qu'en 1648, lorsque le **gouverneur Houël** implanta une colonie dans le nord, sur le site de Vieux-Fort. Bretons et Normands entreprirent de cultiver le coton, l'indigo, le tabac et le raisin, mais les rapports avec les autochtones se gâtèrent vite. Massacres de colons et représailles sanglantes se succédèrent.

La **culture du sucre** scella dès 1665 le destin de l'île : la population des esclaves africains devint supérieure en nombre à celle des Blancs. Au 19e s., après plusieurs occupations anglaises, l'économie sucrière connut son apogée. Vers 1810, l'île se couvrit de moulins à vent et fut surnommée l'**« île aux cent moulins »**. L'abolition de l'esclavage, en 1848, ne se fit pas sans heurt, et le 19e s. fut dans son ensemble marqué par une série de catastrophes : incendie de Grand-Bourg en 1838, séisme en 1843, cyclone et épidémie de choléra en 1865. Malgré ces drames, la modernisation des sucreries était en marche. En 1883 apparurent les premiers moulins motorisés. Mais la crise sucrière de la fin du 19e s. entraîna la disparition de la plupart des usines et la reconversion des autres en distilleries. On en comptera jusqu'à 18 en 1931.

LA MARE AU PUNCH

En 1849 éclate une révolte d'anciens esclaves de l'Habitation Pirogue, près de Grand-Bourg. Ils déversent le rhum et le sucre de l'habitation dans une mare, avant de se livrer à une gigantesque libation durant trois jours. C'est ce que raconte la légende qui précise aussi que l'on fit un sort peu aimable, c'est le moins que l'on puisse dire, aux curés et aux religieuses de l'endroit. Une chanson populaire et une stèle installée près de la « mare au punch » rappellent l'événement.

Si vous êtes à la fois amateur de plongée de surface et de marche, prenez la route des galets qui longe la côte au nord de Capesterre, faites environ 3 km jusqu'au lieu-dit Barreau, puis descendez à pied jusqu'à l'**anse Feuillard★**. Vous trouverez un magnifique « aquarium » à quelques dizaines de mètres de cette plage de sable déserte et peu ombragée. Ne vous aventurez pas en dehors du lagon en raison des courants. Chapeau et crème solaire obligatoires.

Le sentier des Galeries B2

Petite balade facile d'environ 1h.

Balisage couleur ocre. Depuis Capesterre, longez la mer vers le nord, continuez en sortant du village et faites environ 1,5 km jusqu'au lieu-dit de Capharnaüm.

Suivez le balisage jusqu'à la mer en traversant les pâturages. En retrait de l'eau se dressent de gros blocs de récifs coralliens, creusés de grottes appelées « **galeries** ». L'assaut des vagues les a sculptées, avant que les mouvements tectoniques ne les élèvent au-dessus de la mer. Longez le rivage vers le nord, reprenez à gauche pour rejoindre la route.

De Capesterre, prenez la route côtière *(D 203)* pour gagner Grand-Bourg en faisant une halte sur la **plage de Petite Anse**.

À environ 1,5 km avant Grand-Bourg, prenez à droite vers l'Habitation Murat.

★ Château-Murat A2

05 90 97 94 41 - lun.-vend. 9h-12h, 14h30-17h30 et w.-end 9h30-13h - entrée libre - poss. de visites guidées.

L'endroit, pompeusement appelé « écomusée », n'accueille qu'un petit centre de documentation sur l'histoire de Marie-Galante.

Le Château-Murat, édifice de style classique élevé sur une hauteur, est une reconstitution imaginaire de l'habitation sucrière originale. Il a été construit dans les années 1960 pour accueillir un hôtel de luxe. Ce projet est resté sans suite. L'exploitation sucrière a cessé son activité à la fin du 19e s. Visitez l'ancien moulin à bêtes, les magasins, la cheminée de la sucrerie, le moulin à vent de 1814, et un petit jardin de plantes aromatiques et médicinales.

LE ROUCOU

Le rocouyer (*Bixa orellana*), dont les feuilles rappellent celles du catalpa, a probablement été introduit aux Antilles par les Amérindiens venus d'Amazonie. L'**arbre** donne de belles fleurs roses qui se transforment en bogues. Celles-ci éclatent en séchant, laissant s'échapper de petites graines au fort **pouvoir colorant rouge** que les premiers habitants des Antilles utilisaient pour se teinter le corps, d'où leur surnom de « Peaux-Rouges ». Le roucou protégerait la peau du soleil et des moustiques. Pendant longtemps, les Hollandais l'ont utilisé pour colorer la croûte de leurs fromages.

Avant d'arriver à Grand-Bourg, la plage étire son long cordon de sable bordé de résineux et de cocotiers.

L'INTÉRIEUR DE L'ÎLE

Distillerie Bielle B2

À mi-chemin entre Grand-Bourg et Capesterre par la N 9, prenez à gauche en suivant le fléchage - ✆ 05 90 97 93 62 - lun.-sam. 10h-12h30, dim. en haute saison 10h-12h - visite libre.

Cette distillerie familiale (environ 120 000 litres de rhum par an) produit une belle gamme de rhums et de liqueurs, ainsi que des produits cosmétiques. Il est possible de visiter l'atelier de poterie juste à côté.

Distillerie Bellevue B2

En allant de Capesterre à Grand-Bourg, prenez à droite la D 202 et suivez le fléchage sur environ 4 km - ✆ 05 90 97 26 50 - 7h30-11h30 - visite libre.

Au milieu des champs de canne à sucre, dans une petite boutique, vous aurez l'embarras du choix parmi les rhums blancs et les liqueurs, dont un très bon punch au café.

De la distillerie, revenez sur la D 202, tournez à droite et suivez le fléchage en direction du moulin de Bézard.

★ Moulin de Bézard

✆ 05 90 97 20 93 - 10h-13h - entrée libre, n'oubliez pas le guide. Lors de notre passage, le moulin était fermé. Renseignez-vous à l'office de tourisme (voir p. 242).

En activité de 1814 à 1941, il a été entièrement rénové avec son toit pointu, son mécanisme de broyage et son gouvernail qui permet d'orienter ses ailes vers le vent. La passionnante visite de ce moulin « à l'ancienne », évocation des cent tours ou « sucrotes » construites au temps jadis sur des maçonneries résistant aux cyclones, est commentée par un guide compétent. Des artisans vendent leur production dans une boutique attenante.

NOS ADRESSES À MARIE-GALANTE

Voir la carte de microrégion.

INFORMATIONS UTILES

Banque

Distributeurs à Grand-Bourg. Possibilité de retirer de l'argent à la poste de Capesterre.

Santé

Hôpital Ste-Marie – *Morne Ducos, Grand-Bourg - ✆ 05 90 97 65 00.*

Internet

Connexion Wifi à l'office du tourisme de Grand-Bourg.

Cyber Espace – *Bd Maritime, à Grand-Bourg - ✆ 05 90 97 38 95 - mar.-dim. 8h-19h.*

Stations-service

À **Grand-Bourg**, station sur la droite à la sortie de la ville en dir. de St-Louis.

À **St-Louis**, quartier Desmarais, sur la N 9.

À **Capesterre**, Le Robert, sur la N 9, à env. 2 km en dir. de Grand-Bourg.

ARRIVER / PARTIR

En bateau

Liaisons maritimes entre Marie-Galante et Pointe-à-Pitre, St-François, les Saintes et la Martinique. Les bateaux desservent Grand-Bourg et St-Louis.

Brudey Frères – *Voir « Pointe-à-Pitre », p. 117.*
L'Express des îles – *Voir « Pointe-à-Pitre », p. 117.* Également quelques liaisons pour la Martinique.
Comatrile – *Voir « St-François », p. 139.*

En avion

Aucune liaison aérienne régulière entre Marie-Galante et le reste de la Guadeloupe, mais vous pouvez trouver une place en avion privé en vous adressant à **Tropic Airlines** – *☎ 05 90 20 20 18 - comptez 280 € pour 4 pers.*

TRANSPORTS

En bus, en stop

Des minibus assurent la liaison avec Capesterre à Grand-Bourg ou à St-Louis à l'arrivée des bateaux. Comme dans le reste de la Guadeloupe, il n'y a pas de transports publics et les horaires des bus privés sont aléatoires. Deux gares routières à **Grand-Bourg** – *L'une derrière l'église, l'autre, r. de la Savane.* À **St-Louis** – Les bus partent du centre-ville, non loin de la Poste. À **Capesterre** – *L'arrêt se trouve rue du Presbytère.* Solution alternative, plutôt efficace : le stop.

Location de voitures

C'est encore le meilleur moyen de découvrir Marie-Galante. Renseignez-vous sur les conditions de location, l'assurance, l'assistance et signalez tout défaut avant de prendre la route.
Hertz – *Au Kawann Beach Hotel, plage de Folle-Anse, à Grand-Bourg - ☎ 05 90 97 59 80 - www.hertzantilles.com.*
Les hôtels et les gîtes travaillent souvent avec l'un des loueurs indépendants de l'île, dont :
Magauto – *R. de la Savane, Grand-Bourg - ☎ 05 90 97 98 75 - http://membres.multimania.fr/magauto, ou à St-Louis : 1 r. Desmarais - ☎ 05 90 97 15 97 et à Capesterre : ☎ 05 90 97 34 19.* Comptez *34 €/j.* (cat. A). Permis de plus de 2 ans exigé et pas de location si vous avez moins de 25 ans. Loue aussi des scooters 100 cm³ à partir de *26 €/j.*
Locasol – *R. de l'Église (en sortant du débarcadère), Grand-Bourg - ☎ 05 90 97 76 58 - www.locasol.com.* Autour de 40 € pour une voiture et de 25 € pour un scooter. Pas de location pour les moins de 23 ans.

HÉBERGEMENT

Bon à savoir – **Kazamariegalante** propose un grand choix de villas, de gîtes et de bungalows à louer à tous les prix et dans toutes les localités. *Rens. : ☎ 06 90 62 03 38 - contact@kazamariegalante.com - www.kazamariegalante.com.*

Grand-Bourg et le Sud

BUDGET MOYEN

La Kallina – A2 - *Rte des Basses (prenez la D 203 en direction de Capesterre) - ☎ 06 90 53 96 42 - www.lakallina.com - - 16 bung. (2-6 pers.) 77 € pour 2 pers.* Des chambres avec ou sans cuisine extérieure *(50/61 €)* et des bungalows *(77 €)* proprets entourent une jolie piscine, dans ce qui ressemble à un petit village de vacances au cadre verdoyant.

POUR SE FAIRE PLAISIR

Isola Verde – A2 - *Corniche-des-Basses (prenez la D 203 vers Capesterre, tournez à gauche avant l'aéroport, puis prenez le chemin à droite) - ☎ 05 90 97 70 61 ou 06 90 32 87 09 ou 05 53 91 40 57 (en métropole) - www.location-villa-mariegalante.com - CC - 4 studios dans 2 villas*

(2-4 pers.) 400 €/4 j. (durée mini de séjour) ou 600 €/sem. pour 2 pers. (réservez plusieurs mois à l'avance). Le propriétaire, bricoleur hors pair, a fabriqué l'élégant mobilier colonial des deux belles villas qui occupent un site splendide, sur une hauteur. Tout est pensé pour votre confort : vastes chambres claires avec grand lit, cuisine bien équipée, cabine téléphonique à carte et, pour vous détendre au calme, un grand jardin planté de flamboyants.

Grand Palm – A2 - *Pointe-des-Basses (prenez la D 203 vers Capesterre et tournez à droite avant l'aéroport) - ✆ 05 90 97 73 95 ou 06 90 58 30 16 - http://grandpalm.lagalette.net/ - 3 bung. (2-4 pers.) : 95 € pour 2 pers. et 1 ch. (2 pers.) : 75 € pour 2 pers. - 10 €.* Régis Fraipont, le propriétaire, est un Cannois passionné de cartes géographiques et d'îles. Avec son épouse, il a aménagé un petit îlot de paix avec des bungalows de plain-pied ouverts sur un joli jardin. Ensemble très confortable, avec 3 jacuzzis, accès direct à la plage et copieux petits déjeuners avec yaourts et confiture maison.

Les Balcons de Passiflora – A2 - *Chemin Lalanne, Les Hauts-des-Basses - ✆ 05 90 97 50 48 - http://pagesperso-orange.fr/charly.location/ - 2 villas (2-4 pers.) 125 € pour 2 pers. (location pour 2 nuits mini., tarifs dégressifs pour plus de 2 nuits).* Catherine et Charly Ragoust proposent deux villas jumelles superbement décorées et équipées, avec grand jacuzzi commun, terrasse panoramique et jardin tropical.

Saint-Louis et le Nord

PREMIER PRIX

Le Refuge Hulman – A1 - *Rte des Sources, St-Charles (faites env. 1 km sur la route de Grand-Bourg, prenez à gauche à l'épicerie et montez par le chemin sur la gauche) - ✆ 05 90 97 02 95 ou 05 90 97 05 02 - www.refugehulman.com - 4 studios (2-4 pers.) 48 € pour 2 pers. - 6,50 €, poss. de demi-pension (25 €).* On jouit d'une belle vue de la terrasse des studios aménagés à l'étage de la maison du propriétaire. L'ensemble est fonctionnel, mais l'environnement un peu négligé. Location de voiture *(35 €/j.)*. Au restaurant Fortuna, possibilité de déjeuner et de commander des plats à emporter.

POUR SE FAIRE PLAISIR

Le Village de Ménard – A1 - *Vieux-Fort, environ 4,5 km au nord de St-Louis - ✆ 05 90 97 09 45 - www.villagedemenard.com - 4 studios : 75 €, 8 bung. : 90/125 € et 1 villa (2-7 pers.) : 125 € pour 3 pers.* Dans un jardin tropical tranquille, tout près de l'anse Canot, ce village de vacances se compose de bungalows en bois ou en dur, avec terrasse, ainsi que de studios plus petits, correctement équipés. Barbecues, terrain de pétanque et agréable piscine avec restaurant *(ouvert tous les soirs, w.-end, midi et soir)*.

Habitation Bioche – A1 - *Chez Péguy et Guylène Selbone, rte des Sources, St-Charles (même itinéraire que celui du Refuge Hulman, mais poursuivez encore 500 m et tournez à gauche sur une petite route en pente très raide) - ✆ 05 90 97 00 39 ou 06 90 76 14 25 - www.habitation-bioche.com - 3 bung. (2-4 pers.) 85 €/nuit, 510 €/sem. pour 2 pers. (séjour de 3 nuits au minimum, la 7e et la 14e nuits sont offertes).* Les bungalows en bois au sommet d'une colline offrent un des plus beaux points de vue de l'île. L'ensemble est fonctionnel, avec une petite piscine. Très bon rapport qualité-prix.

4

Capesterre-de-Marie-Galante

PREMIER PRIX

Les Citronniers – B2 - *Desruisseaux (de Capesterre, prenez la N 9 vers Grand-Bourg, suivez la D 201 à droite, faites env. 4 km et tournez à droite au panneau, puis continuez jusqu'au bout du chemin) - ✆ 05 90 97 43 28 - 2 studios (2-3 pers.) 50 €/nuit, tarifs dégressifs.* Si vous recherchez le calme, vous trouverez votre bonheur dans l'un de ces deux studios très spacieux et bien équipés, à l'étage d'une maison en pleine campagne. La vue donne sur des champs de canne à sucre ou d'éoliennes. Très correct pour le prix, bon accueil.

BUDGET MOYEN

Le Repos – B2 - *Pichery (prenez la dir. de Grand-Bourg par la N 9 et tournez à gauche après env. 2 km) - ✆ 05 90 97 40 51 ou 06 90 41 50 24 - www.villas-lerepos-mariegalante.com - - 2 appart. : 55 €/nuit, 330 €/sem. et 3 villas (2-5 pers.) : 77 € pour 2 pers. (location de 3 nuits au minimum pour les villas. Remise de 10 % à partir de 7 nuits).* Les sympathiques propriétaires proposent des appartements et des villas impeccables, confortables, situés sur une hauteur d'où l'on peut contempler les champs de canne à sucre, la mer et, au large, le profil de l'île de la Dominique.

Le Jardin de Beauséjour – B2 - *Beauséjour (prenez la dir. de Grand-Bourg par la N 9 puis la D 201 sur la droite après env. 1 km) - ✆ 05 90 97 34 22 ou 06 90 91 34 22 - www.au-jardin-debeausejour.com - - 5 ch. : 60 € , 5 gîtes : 420 €/sem. et 1 villa (6 pers.) : 1 000 €/sem.* Vous aurez l'embarras du choix entre de petits bungalows de plain-pied donnant sur le jardin et des chambres avec balcon à l'étage d'un autre bâtiment ou 1 villa pouvant accueillir 6 pers. L'ensemble manque de charme, mais les prix sont attrayants.

POUR SE FAIRE PLAISIR

La Rose du Brésil – B2 - *Rte du Littoral, section Roche d'Or, sur la gauche, à environ 1,5 km de Capesterre en venant de Grand-Bourg - ✆ 05 90 97 47 39 ou 06 90 31 49 70 - www.manmandlo.fr - CC - 6 bung. (2-6 pers.) : 95-140 € pour 2 pers., 3 ch. d'hôtes (2-4 pers.) : 76-100 € et 1 villa (4-10 pers.) : 180-230 € - 12 €.* Les jolis bungalows, les chambres et la grande villa créole de cette résidence à taille humaine sont disséminés au cœur d'un jardin arboré, près de la plage de Petite Anse. L'ensemble est agréable, malgré la route toute proche. *Voir le restaurant La Rose gourmande p. 252.*

UNE FOLIE

Cap Reva – B2 - *Plage de la Feuillère - ✆ 05 90 97 50 00 - www.cap-reva.com - CC - 20 studios : 108 € et 12 duplex : 155 € .* Cet hôtel construit face à la plage de la Feuillère manque peut-être de discrétion, mais le confort de ses spacieux studios ou de ses duplex avec balcon et kitchenette, qui ont tous vue sur la mer, séduit. L'hôtel propose par ailleurs plusieurs activités appréciables en famille (VTT, beach-volley, pétanque, randonnée, etc.). Le restaurant Capelina est ouvert tlj midi et soir.

RESTAURATION

Bon à savoir – Une curieuse coutume marie-galantaise veut que de nombreux restaurants n'affichent pas clairement leurs tarifs… qui sont bien cachés à l'intérieur des établissements. Afin d'éviter les mauvaises surprises, n'hésitez pas à les demander avant de vous installer.

Grand-Bourg et le Sud

BUDGET MOYEN

Footy – A2 - *Bd Maritime (environ 150 m à droite en venant du débarcadère) - ✆ 05 90 97 99 19 - tlj sf dim. - 8/15 €.* Comme son nom le laisse deviner, c'est le rendez-vous des supporters de l'équipe de foot locale. Côté fourneaux, c'est du sérieux : cuisine créole authentique et copieuse (*12/15 €*). Service attentionné, très bon accueil et prix doux. Plats à emporter.

La Brise des Mers – A2 - *Bd Maritime - ✆ 05 90 97 46 22 - tlj sf dim. -15/18 €.* Un sympathique couple de Dunkerquois propose des plats simples, avec notamment d'énormes salades composées. Bonne ambiance au bar en soirée.

Aux Alizés des Basses – A2 - *Rte des Basses (sur la gauche avant l'aéroport) - ✆ 05 90 97 68 95 - midi et soir - menu à 19 € (café et ti-punch compris).* Ce petit restaurant de bord de route ne paie pas de mine, mais on y sert une cuisine créole familiale très correcte.

POUR SE FAIRE PLAISIR

Sun 7 Beach – A2 - *Rte des Basses, Murat - ✆ 05 90 97 87 58 - tlj sf lun. - 20/30 €.* Élégant restaurant de bord de plage avec une bonne cuisine française et créole. Arrivez tôt, car le service est vite débordé. Une fois par mois, animation en soirée avec DJ.

Saint-Louis et le Nord

PREMIER PRIX

Les **boudins** que vend la dame dans son petit *lolo* posté juste en face du marché sont réputés. À emporter ou à consommer sur place le samedi.

Délice saint-louisienne – *En face du débarcadère - 6h-19h.* Petits-déjeuners, snacks et plats légers.

BUDGET MOYEN

Au plaisir des marins – A1 - *Section Châlet, sur la plage, en allant vers Vieux-Fort - ✆ 05 90 97 08 11 - tlj sf lun. à midi - 12-25 €.* Bon choix de poisson pêché du jour par les propriétaires, à savourer les pieds dans le sable.

Le Coin Tranquille – A1 - *Plage de St-Louis (près du port) - ✆ 05 90 97 09 35 ou 06 90 42 14 98 - midi et soir - 15/18 €.* Agréable terrasse sur la plage où est servie une copieuse cuisine créole à base de produits frais. Le samedi, on y déguste du bébélé et du chaudage (pot-au-feu de Marie-Galante).

L'Assiette des îles – A1 - *Plage de St-Louis (après le club de plongée) - ✆ 05 90 97 03 39 - midi et soir - 15/20 €.* Grande terrasse en bord de plage où l'on déguste des spécialités créoles, du poisson surtout et de la fricassée de langouste. Succulent punch coco maison.

Les Alizés – B1 - *Fleurimont (faites environ 6 km sur la D 205 jusqu'à Grand Bassin, puis prenez à gauche vers Les Coqs, sur la gauche) - ✆ 05 90 97 12 40 - midi et soir (il est prudent de réserver par téléphone) - 20/25 €.* Jacqueline et Charly, de chaleureux Franc-Comtois, ont posé leurs valises dans ce coin un peu perdu de Marie-Galante après avoir beaucoup bourlingué. On savoure, dans une ambiance conviviale, de belles entrecôtes de bœuf de Guadeloupe, du lapin et du cabri. L'endroit s'anime les lun., merc. et vend. soir autour d'un orchestre local.

Capesterre-de-Marie-Galante

BUDGET MOYEN

Le Reflet de l'île – B2 - *R. Marine (tout près de la plage de la Feuillère) - ✆ 05 90 97 41 30 - tlj* *sf lun. et en sept. - 25 €.* Une cuisine familiale à base de produits locaux dans l'un des meilleurs restaurants de l'île. Attente raisonnable et service attentionné.

POUR SE FAIRE PLAISIR

Galantes Délices – B1 - *Habitation Grand-Bassin (faites environ 8 km par la D 201 et la D 205 jusqu'à Grand Bassin) - ✆ 05 90 97 31 27 - uniquement sur réserv., le soir et parfois le midi - 30 €.* Les propriétaires de cette vieille habitation sucrière reçoivent à leur table les touristes de passage, qu'ils traitent en amis en leur proposant un généreux repas à base de spécialités locales. Chambres d'hôte *(50 €/nuit).*

Rose gourmande – B2 - *Voir « Hébergement » La Rose du Brésil p. 250 - tlj à midi sf mar., merc.* Permet de bien dîner pour 20-30 €.

EN SOIRÉE

Grand-Bourg

El Rancho - Sategmag – *Quartier Grande-Savane - ✆ 05 90 97 81 60/80 39 (répondeur) - www.el-rancho.net.* Cinéma (1 film par semaine) : séance tous les soirs sf lun. et jeu. 7 €. Restaurant sur place.

Saint-Louis et le Nord

Chez Henri – *8 r. des Caraïbes (sur la plage, à côté de la mairie) - ✆ 05 90 97 04 57 - www.chezhenri.net - tlj sf lun.* Ce bar-restaurant agrémenté d'un espace artistique est l'un des endroits les plus animés de l'île. Il propose diverses expositions, des spectacles de théâtre et des concerts, notamment des groupes de jazz et des Caraïbes.

Capesterre-de-Marie-Galante

Le Touloulou – *Plage de Petite Anse - ✆ 05 90 97 32 63 - www.letouloulou.com.* Cours de salsa le vend. (20h-23h30) et discothèque de 23h à l'aube sam. et veilles de fêtes. Au restaurant, on déguste un menu langouste pour 30 €.

ACHATS

Artisanat

Océom – *Av. du Dr-Etzol, Grand-Bourg - ✆ 05 90 97 58 86 - www.oceom.fr - 9h-12h30.* Cet artisan crée de jolis bijoux avec de petits coquillages métallisés ou dorés à l'or fin. Sélection d'objets en bois, coco et calebasse.

Sirop batterie et produits locaux

Bon à savoir – Le « siwô » batterie est obtenu à partir du jus de canne à sucre cuit dans de gros chaudrons appelés « batteries ». Ce stade précède la cristallisation du sucre. Le sirop à la belle couleur brun sombre dégage un agréable parfum réglissé. Il sucre la pâtisserie, le ti-punch, le yaourt...

Les Délices de Siblet – *Siblet (à environ 1,5 km au sud de St-Louis par la N 9) - ✆ 05 90 97 02 87 - 9h-14h.*

Les Délices de Murat – *Section Murat, Grand-Bourg, au niveau de la plage dite du 3e pont - ✆ 05 90 97 95 36 - 9h-17h30.* Éloi Chassela, personnalité très attachante, se montre intarissable sur Marie-Galante et son histoire. Il propose des punchs, du « siwô » batterie, de bons sirops de fruits et une liqueur originale de salsepareille radicale, paraît-il, pour soigner la toux.

Miel de la Belle Hôtesse – *À environ 1,5 km du centre-ville de Saint-Louis, sur la route menant à Vieux-Fort - ✆ 05 90 97 02 15 - tlj sf dim. 7h-13h.* L'accueillant Jean-Marc Hégésippe fait visiter ses installations et propose une dégustation de miel, ainsi qu'un punch miel-citron au succès vérifié.

Marché

Marché de Gand-Bourg – *Place de l'Église, Grand-Bourg - 6h-13h.*

ACTIVITÉS

Plongée

Les meilleurs sites de plongée de Marie-Galante sont situés sur les récifs coralliens au large de St-Louis et de Grand-Bourg. Près de St-Louis, les plongeurs de tous niveaux peuvent s'aventurer sur le site des **Zélingues**, où un jardin corallien côtoie un banc de sable le long d'un tombant. Les débutants se contenteront du jardin, car le banc de sable commence à - 25 m. Dans le même secteur, la **Tâche à Cat** leur convient bien pour une petite boucle entre des pâtés coralliens, où les poissons, en abondance, viennent quémander le pain des plongeurs. La plupart des autres sites demandent au moins le niveau 1. Au large de Grand-Bourg, il vous faudra descendre à - 20 m pour apercevoir de belles raies léopard, sur le spot de l'**Habitation Léopard**. Pour un baptême original, on peut vous faire plonger à - 6 m sur une épave située entre Grand-Bourg et St-Louis.

Ti'Bulles – *Beaurenom, près de la plage dite du 3e pont (à la sortie de Grand-Bourg sur la route côtière vers Capesterre) - ✆ 05 90 97 54 98 - www.tibulles-plongee.com.* Un moniteur confirmé vous accompagne en toute sécurité sur une douzaine de sites. Ambiance conviviale. Plongée 40 €, baptême 45 €.

Man Balaou – *Plage de St-Louis - ✆ 05 90 97 75 24 - www.plongee-marie-galante.com.* Trois moniteurs chevronnés vous guident sur les meilleurs spots de St-Louis. Plongée 38 €, baptême 45 €.

Sports nautiques

Cismag – *R. Hégésipe-Légitimus, St-Louis - ✆ 05 90 97 13 72.* Ce club loue hobbie-cats, planches à voile (*12 €/h*) et kayaks (*8 €/h*), des pédalos, et organise des excursions à la découverte de la mangrove. Vous rencontrerez les responsables sur la plage de Vieux-Fort.

Randonnées

Ecolambda – *St-Louis (prenez la D 205 sur env. 6 km jusqu'à Grand Bassin, empruntez à gauche la route de Vieux-Fort puis un chemin sur la droite en suivant le fléchage) - ✆ 05 90 97 31 80 - http://membres.multimania.fr/ecolambda/accueil.html - accueil tlj à 10h30, sf le lun., et sur RV.* Cette association de défense de l'environnement propose des itinéraires découverte dans la partie nord-est de l'île.

Équitation

La Bellencroupe – *En venant de St-Louis, sur la gauche en dir. de Vieux-Fort - ✆ 05 90 97 18 69 ou 06 90 36 46 33 - http://pagesperso-orange.fr/la.bellencroupe.* Ce club très sérieux propose plusieurs formules, à l'heure, à la journée ou pour plusieurs jours, sur les chemins et les plages. Comptez 40 €/2h, 60 € la demi-journée et 100 € la journée (avec pique-nique).

AGENDA

Terre de blues – *www.terredeblues.com. Tous les ans, plusieurs jours en mai.* Le plus grand événement musical de Guadeloupe : concerts, spectacles de danse, master class...

A
B
LA DÉSIRADE
0
2 km
Panorama du Chemin de croix
★★ Mérite un détour
Pointe Doublé
★ Intéressant
Plage à Fifi
À voir
1
2
N
OCÉAN ATLANTIQUE
Pointe à Claire
Plateau de l
Sentier du Grand Nord
Pointe du Grand Nord
Petites Anses
Morne Souffleur
Anse du Bord de la Mer au Frais
Panorama du Chemin de croix
Grand-Montagne
le Souffleur
Pointe du Petit Nord
Plage du Souffleur
Chemin du Latanier
BEAUSÉJOUR
Pointe Frégule
Pointe du Désert
Sentier de la Frégate
la Ramée
Plage à Fifi
Grande Anse
Anse des Galets
les Galets
Plage à Fanfan
Plage à Galets
Anse d'Échelle
Pointe des Colibris
ST-FRANÇOIS
A
B

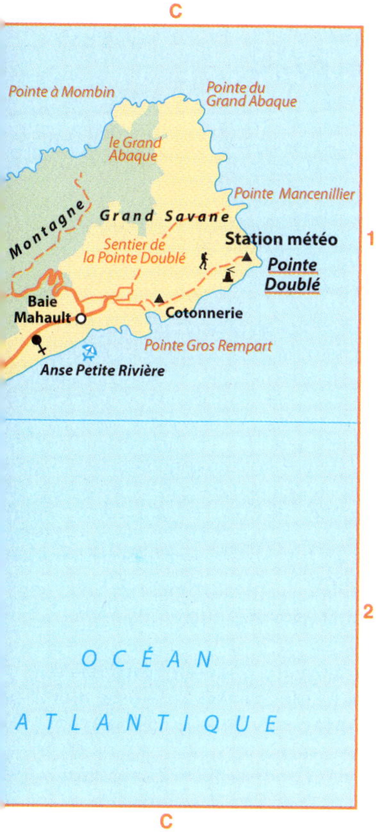

La Désirade 5

À 8 km à l'est des côtes de la Grande-Terre :

Le tour de la Désirade

★

1 595 habitants - 22 km²

NOS ADRESSES PAGE 261

S'INFORMER
Office du tourisme de la Désirade – *Pl. de la Capitainerie, face au débarcadère - ✆ 05 90 85 00 86 - otladesirade@wanadoo.fr - lun.-vend. 8h-12h, 14h-17h, sam. 8h30-11h, 15h-17h, dim. 8h30-11h.*

SE REPÉRER
Carte de microrégion *(p. 254-255)* - carte IGN 4604 GT.

À NE PAS MANQUER
Le panorama du Chemin de croix ; la plage à Galets, couverte de coquillages.

ORGANISER SON TEMPS
La fête à Cabri, pendant le week-end de Pâques, attire une foule considérable. Réservez votre voiture et votre hébergement longtemps à l'avance.

Si vous rêvez depuis toujours d'une île tranquille, pas vraiment déserte, mais où l'on peut prendre le temps… de ne plus penser au temps, alors ne cherchez plus, vous l'avez trouvée. Cette petite île au nom charmant, jusque-là épargnée par le tourisme de masse, est un havre de paix où la nature a conservé tous ses droits. On y vient pour profiter de ses superbes plages, faire de longues marches dans la nature et se laisser bercer par le bruit du vent. La Désirade possède juste ce qu'il faut de commodités – eau courante, téléphone – pour assurer le confort de ses habitants, mais ce n'est pas ici que vous rencontrerez le bruit ou l'agitation de la civilisation.

Se promener Carte de microrégion

La Désirade a la forme d'un rectangle de 11 km de long sur 2 km de large, qui s'étend de la pointe des Colibris, à l'ouest, à la pointe Doublé, à l'est. L'île se compose principalement d'un plateau de calcaire corallien surélevé sur un socle volcanique. Le plateau s'affaisse sur sa partie sud pour former une étroite bande côtière que longe la seule route de l'île. Celle-ci ne constitue qu'une seule commune répartie en quartiers ou sections : d'ouest en est, on trouve successivement les Galets, Beauséjour, « capitale » de l'île, le Souffleur et Baie-Mahault.

Bon à savoir – Si elles dépendent administrativement de La Désirade, les îles de la Petite-Terre, classées réserve naturelle, ne sont accessibles que depuis Saint-François, en excursion organisée d'une journée (*voir p. 139*).

BEAUSÉJOUR A2

Le principal village de l'île a été profondément affecté par les cyclones de 1928 et de 1989 (Hugo). Seules quelques vieilles cases ont résisté dans le

Plage de Beauséjour.
Rosine Mazin / Photononstop

centre de Baie-Mahault. Sur la place, face à l'église, se dresse la statue du **maire mendiant**, sobriquet attribué à Dary de Marcillac, maire de la Désirade qui demanda des aides pour reconstruire son île après le cyclone de 1928. Son action permit de remettre en état l'**église Notre-Dame de l'Assomption**, offerte par la ville de Saint-Claude. Elle fut démontée avant d'être acheminée en bateau et remontée sur place. Le bâtiment, précédé de canons retrouvés sur une épave, contient des bancs en bois de *gaïak* et un autel en poirier-pays, un bois dur que l'on trouve sur l'île. Remarquez une statue de la Vierge à l'Enfant du 18e s. et la maquette du bateau *Le Vétéran*, que l'on sort dans les rues du bourg tous les 16 août à l'occasion de la fête des Marins. À droite de l'église, le **presbytère**, beau bâtiment du 18e s. entièrement en bois, a toujours résisté aux cyclones. Sur le côté gauche de l'église, la statue de Victor Schœlcher côtoie un monument aux marins disparus en mer, décoré d'ancres de marine récupérées sur des épaves.

À l'est de l'église, une montée plutôt ardue mène à la **chapelle Notre-Dame-du-Calvaire**, bâtie en 1905, où aboutit la promenade solennelle du Vendredi saint. Le **panorama du Chemin de croix★★** est magnifique sur la côte sud de la Désirade et de Beauséjour, les îles de la Petite-Terre *(voir p. 136)* et la côte nord de la Grande-Terre. De là, une piste traverse le haut du plateau d'est en ouest mieux vaut disposer d'un véhicule tout-terrain pour s'y aventurer. Cette vaste étendue, qui culmine à 273 m, est couverte d'une végétation rase qui s'épaissit sur le versant nord du plateau, plus humide. L'endroit, balayé par les vents, accueille une quarantaine d'éoliennes au-dessus de Souffleur et de Baie-Mahault. Elles assurent une grande partie de la production énergétique de l'île.

En prenant la direction des Galets à partir de Beauséjour, de préférence à pied, l'intéressant petit **cimetière**, sur la gauche, abrite de touchantes tombes à lambis. En suivant cette route, on aperçoit, sur la droite, la plus importante **saline** de l'île, aujourd'hui désaffectée. Le sel fut longtemps l'une des principales ressources de la Désirade. L'abandon de son exploitation a entraîné le

Une île presque oubliée

« Desirada » serait le nom donné par Christophe Colomb à cette île tant désirée, que les marins découvraient après des semaines passées en mer.

L'ÎLE DES RELÉGUÉS

La Désirade fut un important centre de culture amérindienne. Plus d'une vingtaine de sites archéologiques ont été recensés. Les fouilles réalisées au **morne Cybèle**, sur la côte sud-est, ont révélé ce qui pourrait être un lieu de culte datant des 3e-4e s. Les Amérindiens vécurent dans l'île sans heurt jusqu'au 18e s en cultivant le coton. Au cours de ce siècle, la Désirade fut choisie comme **lieu de relégation**, en raison de son isolement et des difficiles conditions de vie que l'on y rencontrait. La France envoya les lépreux à partir de 1728, puis, de 1763 à 1767, ceux qui étaient jugés comme des « mauvais sujets ». Autrement dit, les « jeunes gens tombés dans des cas de dérangements de conduite capables d'exposer l'honneur et la tranquillité des familles ». En tout, 45 turbulents embarquèrent à La Rochelle pour la Désirade.

DU COTON AU TOURISME

Au 18e s., l'île, impropre à la culture de la canne à sucre, se peupla de pêcheurs, venus de l'ouest de la France, et de planteurs de coton. Ces derniers firent appel à l'esclavage, dans une moindre proportion qu'ailleurs en Guadeloupe. Ceci explique le caractère européen conservé par une bonne partie de la population. Lorsque la **culture du coton** devint moins rentable, l'activité des Désiradiens se concentra sur la **pêche** et sur une agriculture de subsistance. Il y a quelques années encore, l'île était presque oubliée. L'eau courante n'est arrivée qu'en 1991 et le cyclone Hugo, en 1989, l'a profondément meurtrie. Mais, même si les jeunes sont contraints de s'exiler pour travailler, tous restent très attachés à leur île et comptent à présent sur un tourisme maîtrisé pour développer leur bout de terre.

Vue sur la Désirade.
Tino / Fotolia.com

remplissage des salines par des eaux stagnantes où prolifèrent les moustiques. Au-dessus, à flanc de morne, on aperçoit des grottes qui, au 17e s., auraient servi de refuge aux flibustiers.

LA POINTE DES GALETS A2

Cette pointe, au bout de la route, offre une belle vue sur l'extrémité ouest de la Désirade et, au loin, sur tout le nord de la Grande-Terre. C'est l'endroit idéal pour observer les iguanes qui nichent parmi les mancenilliers. En continuant sur la gauche, un chemin de terre longe les falaises jusqu'à la **pointe des**

PIRATES ET FLIBUSTIERS

Le mot flibustier vient du holladais *vrijbuiters* (libres butineurs), nom que se donnaient les corsaires des Provinces-Unies au 17e s. Dès le 16e s., les Antilles attirent une foule d'aventuriers pour lesquels le **traité du Cateau-Cambrésis (1559)** est une aubaine. Celui-ci stipule en effet qu'au-delà d'une certaine limite le droit international ne s'applique plus. Anglais et Français en profitent pour autoriser leurs flibustiers à attaquer les navires espagnols. Pour la forme, ces pirates officiels étaient munis d'une lettre d'habilitation, ou « lettre de marque », qui faisait d'eux des **corsaires au service du roi.** En pratique, la différence est ténue entre corsaires et pirates. Les uns comme les autres, lorsqu'ils étaient pris, étaient pendus haut et court. L'âge d'or de la flibuste aux Antilles eut pour théâtre les eaux de l'île de Saint-Domingue et sa petite voisine, l'île de la Tortue. Mais, entre le 17e s. et le 18e s., nombre de corsaires œuvrèrent dans les Petites Antilles, s'implantant notamment dans les dépendances de la Guadeloupe et en Martinique. En 1705, pas moins de 1 500 flibustiers restaient actifs dans cette partie des Caraïbes, à leur compte ou comme auxiliaires de flottes royales ou privées. Leur souvenir rôde partout à la Désirade.

Colibris, où se dresse une croix. Prenez à droite en tournant le dos à la mer, pour rejoindre la **plage à Galets**, particulièrement tranquille et couverte de coquillages. Au-dessus, on aperçoit quelques vestiges de constructions en pierre. C'est tout ce qui reste du camp qui accueillait les « mauvais sujets » au 18e s. De là, un chemin, qui passe entre l'aérodrome et la route, rallie l'agréable **plage à Fanfan** et se prolonge jusqu'au bourg de Beauséjour.

★ VERS LA POINTE DOUBLÉ B2-C1

En quittant Beauséjour vers Baie-Mahault, la **plage à Fifi** (B2) est aménagée (tables et sanitaires). C'est le seul endroit de l'île où le camping est autorisé. La route longe une ancienne saline au-dessus de laquelle est érigé le beau collège tout blanc, d'où l'on profite d'un superbe point de vue.

Vous arrivez ensuite à **Souffleur** (B2) : le nom se rapporte autant aux vents qu'aux baleines qui fréquentent la côte de janvier à mars. La longue plage de sable, avec sanitaires, est la plus agréable de l'île.

En continuant sur la route, à droite, se dresse la petite **chapelle de Baie-Mahault** (C1). Plusieurs fois ravagée par les cyclones, elle a néanmoins conservé son aspect original du 18e s. La messe y est célébrée en créole chaque dimanche à 9h30. Un peu plus loin, sur la droite, un chemin conduit à la jolie plage de l'**anse Petite Rivière** (C1), où vous trouverez un restaurant *(voir « Restauration », p. 263)*. C'est un bon coin de plongée de surface, mais méfiez-vous du courant dans la partie est du lagon, près des rochers.

En poursuivant vers l'est, une route bitumée conduit jusqu'à la station météo. Sur la droite, les restes de l'ancienne **léproserie**, envahis par la végétation, côtoient un petit cimetière romantique en bord de mer où l'on enterrait surtout les religieux de l'institution. Un peu plus loin, on aperçoit l'ancienne **cotonnerie** (C1) qui fonctionna de 1918 à 1922. Un panneau donne quelques explications sur la culture du coton. Vous arrivez ensuite au **phare** (C1) qui fonctionne à l'énergie solaire, puis à l'**ancienne station météo** (C1), toujours en attente d'un hypothétique musée. Elle domine la **pointe Doublé★** (C1), dans un paysage sauvage de cactées balayé par les vents.

NOS ADRESSES À LA DÉSIRADE

INFORMATIONS UTILES

Beauséjour

Banques – Le seul distributeur automatique se trouve à la poste de Beauséjour. Prévoyez des espèces, car il est parfois vide.

Poste / Téléphone – Poste à Beauséjour. Les cabines téléphoniques publiques sont souvent en panne, mieux vaut compter sur votre mobile.

Internet – L'office de tourisme peut vous dépanner pour une connexion *(voir p. 256)*.

Santé / Sécurité – On trouve un **médecin** et une **pharmacie** à Beauséjour.

Stations-service – Une station au port de Beauséjour.

Baie Mahault

Fotofirst – *24 centre commercial Destrellan, Baie Mahault - ✆ 05 90 26 01 00.* Propose le tirage sur papier de vos photos numériques en 1h.

ARRIVER / PARTIR

En bateau

Liaisons maritimes uniquement avec St-François *(voir p. 140)*.

Comatrile – *Voir « St-François », p. 140.* Propose des excursions à la journée, avec escale à la Désirade.

En avion

Aucune liaison aérienne régulière entre la Désirade et le reste de la Guadeloupe, mais vous pouvez trouver une place en avion privé en vous adressant à **Alpha Aviation** – *Aérodrome de St-François - ✆ 05 90 88 70 10.*

TRANSPORTS

Location de voitures ou scooters

Les loueurs installés à la marina de Beauséjour pratiquent à peu près les mêmes prix, soit env. 35-40 €/j. pour un 4x4 et autour de 15/20 € pour un scooter. Si vous n'êtes jamais monté sur un scooter, évitez d'en louer un. Il est formellement déconseillé d'en faire sur la piste du plateau.

Carib Location – *Marina - ✆ 05 90 20 21 35 - www.carib-location.com.*

Villeneuve Location – *Marina (près de l'office de tourisme) - ✆ 05 90 20 04 26.*

Taxis

Les taxis affichent le même tarif : 1 € pour Beauséjour, les Galets et le Souffleur ; 2 € pour Baie-Mahault. Une visite guidée de l'île d'est en ouest (2h30) coûte 10 € par pers. Nous vous recommandons **Michel Pain** – Taxi et guide compétent *(✆ 05 90 20 08 85 ou 06 90 76 25 32)*. Vous le rencontrerez sur la marina à **Aventure Désirade** (formule bateau + visite + repas pour 44 €).

HÉBERGEMENT

Beauséjour

BUDGET MOYEN

Oüaliri Beach Hotel – A2 - *R. Schœlcher - ✆ 05 90 20 20 08 - www.oualiri.com - ▤ ✕ CC - 6 ch. 66 € ☕ - possibilité de demi-pension (15 €/pers.) ou de pension complète (35 €/pers.) - accès Wifi.* Un charmant petit établissement ocre et vert situé en bord de plage. Les chambres sont claires et impeccables, un peu petites néanmoins. Excellent accueil. Possibilité d'excursions dans l'île.

Baie-Mahault

PREMIER PRIX

Gîtes Désirada – C1 - *Baie-Mahault - ✆ 05 90 20 00 48 - www.desirada-gites.com - ▤ ⛱ 🚭 -*

1 pavillon (7 pers.) : 80 €/nuit, 75 € à partir de la 2e nuit, 470 €/sem. pour 2 pers. et 4 studios (2-4 pers.) : 45-50 €/nuit, 270-300 €/sem. Les studios, bien équipés, sont situés à l'étage d'une maison. Le pavillon dispose de 3 chambres et d'une agréable terrasse avec vue.

Gîtes de la Grande Source – C1 - *R. du Souffleur, Baie-Mahault - ✆ 05 90 20 03 88 ou 05 90 20 09 64 - www.antilles-info-tourisme.com/guadeloupe/source.htm - ✕ - 4 bung. (2-5 pers.) : 46 €/nuit, 275 €/sem. pour 2 pers.* Mme Pioche, très aimable, propose, dans un jardin, des bungalows individuels assez simples mais correctement équipés, avec terrasse. On peut prendre ses repas sur place midi et soir *(comptez env. 15 €)*. Le fils de la propriétaire, moniteur diplômé, vous guidera si vous souhaitez faire la belle randonnée du sentier de la rivière.

BUDGET MOYEN

Gîte des Remparts – C1 - *Baie-Mahault (près de l'ancienne cotonnerie) - ✆ 05 90 20 08 01 ou 06 90 38 61 72 - www.location-vacances-antilles.com - - 3 studios (2-3 pers.) : 54 €/nuit, 263 €/sem. et 1 appart. (2-5 pers.) : 70 €/nuit, 362 €/sem. pour 2 pers. (tarifs dégressifs à partir de la 2e nuit).* Des petits studios, proches les uns des autres, sans prétention mais fonctionnels et un appartement de 2 chambres, situés dans un endroit très calme où vivent de nombreux iguanes. Tous ont vue sur la mer.

Les Galets

BUDGET MOYEN

Chez Mireille et Patrick – A2 - *Face à l'anse des Galets - ✆ 05 90 20 04 01 - http://plibelviela.free.fr - - 1 appart. (2-6 pers.) 60 €/nuit pour 2 pers. - 6 € - possibilité de demi-pension (25 €/pers.) ou de pension complète (40 €/pers.).* Derrière la maison des propriétaires, vous profiterez d'un vaste appartement composé de 2 chambres et de 2 salles d'eau. L'ensemble, très fonctionnel, convient aux familles. Les iguanes qui nichent dans la soupente du garage sont une attraction permanente. Très bon accueil. Le petit déjeuner est offert le premier jour.

Le Souffleur

BUDGET MOYEN

Club Caravelles – B2 - *Après la plage du Souffleur - ✆ 05 90 20 04 00 - www.desiradoo.com - - 3 bung. (2-5 pers.) 65 €/nuit pour 2 pers., 390/sem. (séjour de 3 nuits au minimum de préférence) - 6 €.* Cet ensemble occupe un très bel emplacement au-dessus de la plage. Ces duplex avec mezzanine et terrasse sont bien équipés. Vous pourrez bénéficier des conseils éclairés du propriétaire, Patrick Gauberti, qui connaît bien l'île.

RESTAURATION

Bon à savoir – Si vous logez en studio, vous trouverez à peu près tout ce dont vous avez besoin dans les supérettes de Beauséjour. Il y a aussi une petite épicerie à Baie-Mahault. Pour vous approvisionner en poisson, rendez-vous chaque jour (sf dim.), à partir de 15h, sur le port. Pour les langoustes, comptez de 25 à 30 € le kg selon la saison. Une marchande vend des légumes à côté du restaurant Black & White.

Beauséjour

BUDGET MOYEN

Black and White – A2 - *R. Philippe-Pain - ✆ 05 90 20 08 43 - tlj sf merc. - 12/18 €.*

Pêcheur de son état, Jeannot Maston vous garantit la fraîcheur des dorades et thazards qu'il pêche tous les jours. Il est préférable de réserver : tout est préparé à la demande.

Lagranlag – A2 - *Près de la marina, à côté de l'hôtel Oasis - ✆ 05 90 20 01 00 - tlj sf lun. et en sept. - 20 €.* Grand choix de plats antillais servis sous un carbet bleu et jaune.

POUR SE FAIRE PLAISIR

La Payotte – A2 - *Sur la plage, à 200 m du port - ✆ 05 90 20 01 29 - tlj à midi, le soir sur réserv. - 25/30 €.* Cuisine créole et langoustes à déguster au bord de l'eau. L'endroit profite surtout de la clientèle amenée par les croisiéristes. Bondé le w.-end.

Baie-Mahault

BUDGET MOYEN

Chez Nounoune – C1 - *Plage de Petite-Rivière - ✆ 05 90 20 03 59 - midi - menu créole 17 € et menu langouste 30 €.* Un sympathique restaurant de plage, avec athmosphère et cuisine familiales.

ACHATS

Baie-Mahault

Marché – *Baie-Mahault - r. de la République - 6h-13h.*

AGENDA

Fête à Cabri – *Le w.-end de Pâques.* Concerts, danses, concours variés, tombolas et cabri à toutes les sauces dans les assiettes !

Fête des Marins – *Le 16 août.* Procession dans les rues de Beauséjour.

Notes

Notes

Notes

Notes

INDEX GÉNÉRAL

Basse-Terre : villes, curiosités et régions touristiques.
Schœlcher, Victor : noms historiques ou termes faisant l'objet d'une explication.
Les sites isolés (châteaux, abbayes, grottes...) sont répertoriés à leur propre nom.

A

B

INDEX GÉNÉRAL

INDEX GÉNÉRAL

M

N

INDEX GÉNÉRAL

O

P

Q

R

S

T

CARTES ET PLANS

CARTES GÉNÉRALES

CARTES DES MICRORÉGIONS

PLANS DE VILLE

PLAN DE SITES

CHANGEMENT DE NUMÉROTATION ROUTIÈRE !

Sur de nombreux tronçons, les routes nationales passent sous la direction des départements. Leur numérotation est en cours de modification. La mise en place sur le terrain a commencé en 2006 mais devrait se poursuivre sur plusieurs années. De plus, certaines routes n'ont pas encore définitivement trouvé leur statut au moment où nous bouclons la rédaction de ce guide.

LÉGENDE DES CARTES ET PLANS

Curiosités et repères

- Itinéraire décrit, départ de la visite
- Église
- Mosquée
- Synagogue
- Monastère - Phare
- Fontaine
- Point de vue
- Château - Ruine ou site archéologique
- Barrage - Grotte
- Monument mégalithique
- Tour génoise - Moulin
- Temple - Vestiges gréco - romains
- Temple : bouddhique - hindou
- Autre lieu d'intérêt, sommet
- Distillerie
- Palais, villa, habitation
- Cimetière : chrétien - musulman - israélite
- Oliveraie - Orangeraie
- Mangrove
- Auberge de jeunesse
- Gravure rupestre
- Pierre runique
- Église en bois
- Église en bois debout
- Parc ou réserve national
- Bastide

Sports et loisirs

- Piscine : de plein air - couverte
- Plage - Stade
- Port de plaisance - Voile
- Plongée - Surf
- Refuge - Promenade à pied
- Randonnée équestre
- Golf - Base de loisirs
- Parc d'attractions
- Parc animalier, zoo
- Parc floral, arboretum
- Parc ornithologique, réserve d'oiseaux
- Planche à voile, kitesurf
- Pêche en mer ou sportive
- Canyoning, rafting
- Aire de camping - Auberge
- Arènes
- Base de loisirs, base nautique ou canoë-kayak
- Canoë-kayak
- Promenade en bateau

Informations pratiques

- Information touristique
- Parking - Parking - relais
- Gare : ferroviaire - routière
- Voie ferrée
- Ligne de tramway
- Départ de fiacre
- Métro - RER
- Station de métro (Calgary, ...) (Montréal)
- Téléphérique, télécabine
- Funiculaire, voie à crémaillère
- Chemin de fer touristique
- Transport de voitures et passagers
- Transport de passagers
- File d'attente
- Observatoire
- Station service - Magasin
- Poste - Téléphone
- Internet
- H Hôtel de ville - Banque, bureau de change
- J POL. Palais de justice - Police
- GNR Gendarmerie
- T U M Théâtre - Université - Musée
- Musée de plein air
- Hôpital
- Marché couvert
- Aéroport
- Parador, Pousada (Établissement hôtelier géré par l'État)
- A Chambre d'agriculture
- D Conseil provincial
- G Gouvernement du district, Délégation du Gouvernement Police cantonale
- L Gouvernement provincial (Landhaus)
- P Chef lieu de province
- Station thermale
- Source thermale

Axes routiers, voirie

- Autoroute ou assimilée
- Échangeur : complet - partiel
- Route
- Rue piétonne
- Escalier - Sentier, piste

Topographie, limites

- Volcan actif - Récif corallien
- Marais - Désert
- Frontière - Parc naturel

Comprendre les symboles utilisés dans le guide

LES ÉTOILES

★★★ **Vaut le voyage** ★★ **Mérite un détour** ★ **Intéressant**

HÔTELS ET RESTAURANTS

9 ch.	Nombre de chambres
☕ 7,5 €	Prix du petit-déjeuner en sus
50 € ☕	Prix de la chambre double, petit-déjeuner compris
bc	Menu boisson comprise
▤	Air conditionné dans les chambres
✕	Restaurant dans l'hôtel
🍷	Établissement servant de l'alcool (à l'étranger)
⛱	Piscine
CC	Paiement par cartes de crédit
⊘	Carte de crédit non acceptée
P	Parking réservé à la clientèle
Tram	Station de tramway la plus proche
M	Station de métro la plus proche

SYMBOLES DANS LE TEXTE

👪	À faire en famille
↻	Pour aller au-delà
👣	Promenade à pied
🚲	Randonnée à vélo
♿	Facilité d'accès pour les handicapés
A2 B	Repère sur le plan

Manufacture française des pneumatiques Michelin
Société en commandite par actions au capital de 304 000 000 EUR
Place des Carmes-Déchaux - 63000 Clermont-Ferrand (France)
R.C.S. Clermont-Fd B 855 200 507

Dépôt légal : 08-2010 – ISSN 0293-9436
Imprimeur : La Tipografica Varese, Italie
Imprimé en Italie : août 2010